크세노폰 소작품집

크세노폰 소작품집

히에론
아게실라오스
라케다이몬의 국제
수단과 방법
기병대 사령관
기마술
사냥술
아테네의 국제

크세노폰 지음 | 이은종 옮김

주영사

| 서론 |

"그러네, 크세노폰. 나는 그대가 아테네인이라고 들었네. 그리고 그것이 그대에 대해 아는 전부였네. 이제 나는 그대의 말과 행동을 칭송하네. 그리고 많은 이들이 그대처럼 되기를 바라네. 그렇게 하는 것이 모두에게 유익할 걸세." _《아나바시스》 제3권 1장 45절에 나오는 페르시아인 케이리소푸스의 말

현대의 여러 저자들은 이 책에 나오는 크세노폰을 향한 모든 찬미의 말에 이의를 제기해 왔다. 《아게실라오스》와 《수단과 방법》은 비평가들의 혹평을 가장 많이 받았는데, 《아게실라오스》는 문체 때문에, 《수단과 방법》은 주제 때문에 그랬다. 이 책에 실린 그의 작품에 대해서는 《사냥술》과 《아테네의 국제》를 제외하고는 어떤 것도 여기서 비판하지 않기로 하자(《사냥술》도 작품의 주요 부분을 크세노폰이 쓰지 않았다고 자신 있게 말할 수는 없다. 《아테네의 국제》는 매우 흥미롭지만 아주 그럴싸하게 비논리적이다).

여러 종류의 모음에서 한 사람의 작품으로 보기에는 이상한 점들

이 분명 있긴 하다. 대부분의 저자는 오직 한 가지 방식으로 글을 쓰므로 저자의 다른 작품을 읽을 때면 그 저자가 썼다는 것을 쉽게 알아본다. 그러나 크세노폰은 그렇지 않다. 《헬레니카》에서는 곳곳마다 다른 방식이 분명하다. 크세노폰은 역사물, 대화물, 칭찬물, 기술논문, 수필 등 여러 종류의 산문에 도전했고, 예전에 읽은 글에서 아이디어를 얻어 글의 종류에 맞는 문체로 글을 썼다. 《헬레니카》의 앞부분에서 우리는 그가 투키디데스의 방식으로 쓰려고 했던 것을 발견한다. 《아게실라오스》의 서사 부분에서는 그보다 앞섰던 철학자 고르기아스를 본떴다는 것을 분명히 알 수 있다. 물론 우리는 그가 왜 이 방식 또는 저 방식을 적절하게 생각했는지 항상 이해할 수 있지는 않다. 그는 《아게실라오스》의 역사 부분에서 《헬레니카》의 단락들을 거의 똑같이 반복한다. 그는 여기서 바꾸고 저기서 한두 개를 더하곤 한다. 현재의 독자는 왜 그렇게 사소하게 수정했는지 알 수가 없다. 그러나 아무리 번역이 좋지 않을지라도 독자는 수사와 역사물 사이의 문체 차이를 발견할 것이다.

우리가 더 흥미로워 하는 것은, 크세노폰이 알고 설명했던 주제의 다양성이다. 물론 그는 어떤 주제에서 다른 사람보다 더 잘 알 수 있을 것이다. 그러나 그가 전문이 아닌 분야에서도 그는 알 만한 가치가 있는 것들을 우리에게 많이 알려 준다. 그는 고차원의 재정 문제에서 허우적거리지만, 그 경우에도 어떤 현대의 비평가들이 그에 대해 말하듯 얼간이는 아니다. 정부의 형태와 국가가 부강해지는 비결에 대한 그의 생각은 심오하지는 않지만 몹시도 분명하고 논리정연하다. 전쟁에 대한 생각에서는 그가 전문가다. 말과 말타기, 기병대의 조직과 지휘에 관해서는 당시에 알 수 있는 모든 것을 알았다. 특별히 그의 《기마술》은 상당히 걸작이다.

소크라테스와 마찬가지로 그는 남에게 도움이 되려고 항상 노력했다. 아마도 우리에게는 그에 대해 가르치는 선생들이 너무 많은 듯하다. 그의 책에 대해 설명과 경고와 비난이 너무나 많다. 그가 자신의 아들들을 가르칠 일련의 교재를 만들기 위해 글을 썼다는 어떤 이의 주장도 놀랍지가 않다. 하지만 그의 작품을 모두 읽은 독자라면 그의 진정한 목적은 모든 이에게 유익을 주려는 것이라는 것을 확실하고도 충분히 알 수 있다. 그리고 자상하게도 그에게 그 모든 이란 그를 추방했던 아테네 시민들을 가리켰다. 일반적으로 추방당한 사람은 그의 동료 시민들이 땔감으로 쓸 석탄을 확보하게 하는 데 시간을 쓰지 않는다. 다행히도 동료 시민들은 그에게 감사를 표시했다. 그들은 추방을 철회했지만, 애석하게도 그가 아테네로 돌아오게 하기에는 너무 늦은 때였다. 그는 코린토스에서 죽었다. 자애롭고 재능 많은 이 아테네 신사의 소작품들은 고대 그리스 시대의 생활과 관습을 알게 해주지만, 그것 외에도 오늘날에도 읽을 가치가 크다. 간결한 것도 장점이다. 크세노폰은 지나치게 세세하기 때문에 길이가 긴 그의 작품은 지루한 경향마저 있다.

크세노폰은 문체는 단순하고 자연스럽다. 그는 분명 수사법을 쓰지만 적절하게 사용하며, 《아게실라오스》에서 종종 했던 것을 제외하면 침착하고 현명하게 사용한다. 아티카 학파와 후기 소피스트들은 그를 단순함의 모범으로 삼았다.

《라케다이몬의 국제》를 제외하고 이런 소작품의 형태는 기원전 문학에서는 거의 발견되지 않는다. 그러나 키케로의 친구 아티쿠스의 친구였던 아티카 학파의 마그네시아의 데메트리오스는 그 모든 작품을 크세노폰의 작품 목록에 포함시켰다.[1] 키케로 이전에 있던 어떤 그리스 저자나 라틴어 저자도 그 작품들의 이름을 인용하지 않았다. 키케로는 《아게실라오스》를 칭찬했고, 그의 작품 《가이우스 마닐리우스의 폼페이 장군 칭송》을 구성하는 데 사용했다. 세심한 독자라면 여기저기서 들리는 울림을 들을 것이다. 《국제》[2]는 그 작품이 지니는 가치에 걸맞지 않는 주목을 빠르게 받았다. 이소크라테스는 그의 작품 《파나테나이쿠스》에서 크세노폰의 《국제》에만 해당하지는 않겠지만 그에 대해 비판적으로 언급했다. 아리스토텔레스와 특별히 초기 스토아 학파였던 제논과 그의 추종자들은 크세노폰의 《국제》를 스파르타에 대한 글을 쓸 때 권위작으로 활용했다. 크세노폰의 소작품은 단순히 그 작품을 편집했던 사람에게만 영향을 끼치지 않았다. 균형 잡히고 혼합된 형태의 국제를 꿈꾸는 사상가들은 그 작품에서 활용성을 발견했다. 우리가 예상할 수 있듯이 플라톤은 그의 《법률》에서 그것을 무시했지만 아리스토텔레스는 그의 《정치》에서 그렇지 않았다. 폴리비오스는 그의 여섯 번째 책에서 분명 크세노폰에게 빚을 졌다. 이소크라테스는 《히에론》에서 주제와 표현을 빌려와 그의 《평화론》에 사용했다. 흥미롭게도, 크세노폰은 같은 해에 이소크라테스의 표현을 빌려와 《수단과 방법》에 사용함으로써 그에게 찬사로 보답했다. 우리는 《히에론》이, 참주의 불행이 공통의 주제였던 키니코스 학파가 제일 좋아했던 작품이라고 안심하고 추측할 수 있다. 폴리비오스

---

1 디오게네스 라에르티오스의 글에는 데메트리오스가 《라케다이몬의 국제》에 대해 이의를 제기했다고 하는데, 이는 믿기지가 않는다.
2 크세노폰이 쓴 《아테네의 국제》와 《라케다이몬의 국제》 모두를 가리키는 것 같다. — 역주

시대에 여행가 일리움의 폴몬은 《크세노폰의 작품에 나오는 탈것에 대하여》(《아게실라오스》 8장 7절 참조)라는 흥미로운 제목의 책을 썼는데, 거기서 크세노폰의 《국제》에는 나오지 않는 스파르타인의 관습을 언급한다. 율리우스 네포스는 그가 왕으로 있을 때 《아게실라오스》를 이용했다.[3] 《수단과 방법》은 한꺼번에 세상에 나오지 않았지만, 그 작품이 특별한 경우를 위해 쓰여 일반적인 적용의 여지가 거의 없다는 점은 놀랍지 않다. 우리는 여기서 그 작품의 단락(1장 2~8절)을 언급하면서 기원후 2세기의 소피스트 아리스티데스가 그의 《파나테나이쿠스》에서 언급했던 아티카 지역의 특성에 대해 예상할 수 있다. 《기병대 사령관》과 《기마술》의 초기 역사에는 언급할 만한 가치가 있는 이상한 환경이 나온다. 우리가 키케로를 통해 알듯이, 대(大)카토는 그것들을 읽고 크세노폰을 높이 칭찬했다. 대카토의 《농업론》의 시작 방법은 그가 크세노폰의 두 작품을 그의 연구에 포함시킨 것은 아닌지 의심하게 만든다. 카토가 그리스어를 시작했을 나이를 생각했을 때, 만약 그가 정말로 《기마술》에 매달렸다면 그 작품을 "매우 힘든 일"로 여겼을 것이다. 《기마술》은 같은 주제에 대해 썼던 시몬의 작품을 권위작의 자리에서 내쫓지는 못했다. 그러나 후기의 저자들이 두 작품 중에서 어떤 것을 더 높게 쳤는지는 종종 알기가 불가능하다. 율리우스 폴룩스가 《기마술》에 대해 언급하기는 했지만, 우리는 그 작품이 기원전에 쓰였는지 확인할 수 없다. 아마도 테오프라스토스는 《사냥술》에서 무언가를 이미 발췌했을 것이다. 기원전 30년에서 기원후 8년까지 활동했던 시인 그라티우스가 《사냥술》에 무언가 빚

---

[3] 현재는 그가 그 작품을 직접 이용하지는 않았다고 한다. 하지만 나는 이것을 믿을 수 없다.

진 것이 있는 것은 분명하지 않다. 그가 자신의 말을 다루는 데 도움을 얻으려고 시몬이나 크세노폰을 찾아가지 않았기 때문에 그럴 가능성 또한 없다.

크세노폰의 소작품들에 대한 기원후의 역사에 대해서는 우리가 들어가기 불가능하다.

일반적으로 말하자면,《히에론》과《아게실라오스》는 아티카 학파와 소피스트들이 가장 많이 읽었지만, 로마인들은 대부분 그 모든 작품을 무시했다.[4] 크세노폰의 작품 역사에서 특별한 위치에 있는 한 그리스인 저자를 언급하지 않을 수 없다. 프루사의 디오(절정기 기원후 90년)는 아리아노스처럼 크세노폰을 그의 문체의 본보기로 삼았으며, 크세노폰의 말과 사상에 심취했다. 군주와 참주에 관한 디오의 강연들에는《히에론》과《아게실라오스》의 내용이 많이 나온다. 또한 디오의 강연 III.135~136에서는《사냥술》을 분명하게 흉내 냈다. 할리카르나소스의 디오니시오스는 칭송의 유형으로《아게실라오스》를 인용했다. 로마인 예찬자들에게 그 작품은 본보기였다. 그 작품의 영향력은 네포스의《아티쿠스》, 타키투스의《아그리콜라》, 소(小)프리니의《파네지릭》의 구성에서 느낄 수 있으며, 레오에 따르면 발렌티니안 황제의 책 제30권에 나오는 암미아노스 마르켈리오스(절정기 기원후 370년)에 대한 균형 잡힌 평가에서도 느낄 수 있다. 마지막으로 우리는 아테네인 필로스트라토스(카라칼라 시대)가 쓴《아폴로니오스》에 나오는 재미있는 한 단락을 소개하고자 한다. 그 주석학자는 그 단락에서《사냥술》에 대해 빈정거리는 것처럼 보인다.

---

4 크세노폰의 작품 중에서는《키로파에디아》와《소크라테스 회상》만이 로마인들에게 강력한 지위를 얻었다.

10

필로스트라토스는 기록했다. "그들(아폴로니오스와 인도에 있는 그의 동료들)이 용을 사냥하는 법을 들으려고 나를 찾아왔다. 사냥에 푹 빠진 사람들이 산토끼가 무엇이고, 어떻게 행동하고, 앞으로 어떻게 행동할지, 어떻게 잡을 것인지에 대해 너무 많이 듣는 것은 매우 우스꽝스러운 일이라서, 우리는 이 고귀하고 경이로운 스포츠에 대한 기록을 무시해야만 했다."

히에론

"복종하려고 하지 않는 백성과 법에 의해 통치하지 않고 지배자의 뜻대로 강요하는 지배가 바로 폭정이다."   _《소크라테스 회상》제4권 6장 12절

"제가 생각하기에, 신들은 저에게 탄탈로스처럼 사는 게 어울린다고 여기는 복종하지 않으려는 백성을 폭압적으로 지배하도록 하신 것 같습니다. 탄탈로스는 혹시 두 번씩이나 죽지 않을까 두려워하면서 지옥에서 영원히 지낸다고 합니다."   _《오이코노미쿠스》끝부분

《히에론》은 히에론과 케오스의 시모니데스 사이의 가상의 대화이다. 히에론은 기원전 478년부터 467년까지 시라쿠스를 지배했던 참주였고, 케오스의 시모니데스는 시인으로서 자애로운 참주가 그의 궁전에서 유흥을 나누었던 수많은 이방인 유명인사 중의 한 사람이었다.《히에론》의 목적은 이중적이다. 첫째는, 백성의 이익을 고려하지 않고 지배하는 참주가 일반 개인보다 행복하지 못하다는 것을 보여 주기 위함이다. 둘째는,

참주는 어떻게 그의 백성으로부터 사랑을 받을 수 있는지, 그렇게 하는 것이 자신에게도 행복이라는 것을 보여 주기 위해서다. 이 주제는 소크라테스 학파의 공통 주제였다.[5] 소크라테스가 직접 이 주제를 논했고, 플라톤은 시라쿠스의 궁전을 처음 방문했을 때 디오니소스 1세에게 이에 대한 자신의 생각을 말했다고 한다. 크세노폰이 소크라테스와 그 위대한 참주를 한자리에 불러 모으는 게 가능했더라면 우리는 《소크라테스 회상》에서와 같은 대화를 볼 수 있었을 것이다.[6] 이소크라테스는 니콜레스(기원전 374년)에게 했던 연설에서 많은 이들이 미덕을 행하며 사는 것이 좋은지 참주처럼 사는 게 좋은지 궁금해한다고 말하며, 테살리아의 지배자 야손(기원전 359년 또는 358년)에게 보내는 편지에서 일반 개인으로 사는 게 더 행복하다고 말한다.

《히에론》이 쓰인 연도를 알고 싶어 하는 현대의 독자들은 크세노폰과 동시대를 살았던 참주들의 기록을 뒤적이며 그가 이 작품을 쓰도록 만든 어떤 사건이 있었는지 발견하려고 했다. 예를 들어, 그로테는 기원전 388년 또는 384년의 올림픽 축제에서 발생했던 한 사건을 지목한다. 그 둘 중 한 연도에서 웅변가 리시아스는 올림픽 연설을 하는데, 거기서 그는 참주들에 대한 증오심을 불러일으켜, 디오니소스의 시라쿠스를 없애기 위해 그리스인이 뭉쳐야 한다고 선동했다. 따라서 이 작품의 작성 연대는 기원전 383년경이어야 한다는 것이다. 또 다른 견해는, 크세노폰

---

5 프루사의 디오는 그의 세 번째 대화에서 소크라테스의 입을 빌려 참주의 행복에 대해 이야기한다.
6 프루사의 디오가 그의 네 번째 대화에서 디오게네스와 페르시아 왕을 함께 부른 것처럼 말이다.

이 이 대화를 기원전 367년에 권좌에 막 오른 디오니소스 2세에게 바치는 일종의 경고문이라는 것이다. 세 번째 견해는, 기원전 370년에 암살당했던 페레의 야손의 종적을 특별히 맘에 두고 크세노폰이 썼다는 것이다. 이 견해도 변형이 있는데, 그것은 크세노폰이 앞에서 언급한 이소크라테스의 편지를 이미 읽었고, 이소크라테스의 편지처럼 대화 형식으로 이제 테살리아의 권력을 서로 나눠가지게 된 야손의 자녀들에게 경고조의 글을 썼다는 것이다. 마지막 견해는, 글 속에 나오는 언급으로 지지되는 견해인데, 히에론이 말하길 많은 참주들이 그들의 부인에게 목숨을 잃는다고 했던 것처럼(3장 8절), 야손의 조카이자 테살리아의 공동 지배자였던 알렉산드로스가 기원전 359년에 처가 형제에게 살해되는데, 그게 부인 테베가 부추겨서 그랬다는 것이다.

그러나 크세노폰이 《히에론》을 쓸 때 특별한 목적이나 사건을 맘에 두었다고 추측할 필요는 분명 없어 보인다. 그것은 그가 흥미 있어 하던 주제에 대한 소크라테스 스타일의 대화였을 뿐이다. 소크라테스 학파가 그랬던 것처럼 그는 일반적인 참주를 마음에 두었다. 그리고 당연하게도 플라톤이 그의 책 《국가》의 제9권에서 그랬던 것처럼 디오니소스 1세의 종적을 주목하며 참주정에 대해 글을 썼던 것이다.[7] 작품이 쓰인 시점에 대해 말할 수 있는 전부는, 《히에론》에 나오는 수사와 언어를 보고 판단하건대, 그의 인생 후반부에 쓰인 것으로 보인다.

대화 당사자들의 성격을 묘사하려는 시도는 없다. 히에론은 단연코

---

[7] 《국가》 제9권 579b와 《히에론》 1장 11절은 아주 유사한 점이 있다. 만약 《히에론》이 나중에 나온 작품이라면 크세노폰이 이전에 《국가》를 읽었다는 느낌을 떨칠 수가 없다. 《국가》가 기원전 380년부터 370년 사이에 쓰였으므로 그럴 가능성이 있다.

우리가 핀다로스와 바킬리데스의 시를 통해 아는 역사상의 인물 히에론이 아니다. 그는 위대한 전사도 계몽군주도 아니다. 그리고 그의 권력과 법적 지위의 진정한 토대를 암시하는 것도 없다. 그는 단지 좀 더 나은 유형의 참주였을 뿐이다. 시모니데스에 대해서는, 그가 합창단에 비유하기를 즐겨한다는 점을 묘사함으로써 그의 재능에 대해 희미하게나마 암시를 준다. 그러나 크세노폰은 어디에서도 그가 궁중시인이라는 것을 나타내려고 하지 않는다. 그랬더라면 1장 14절에 시모니데스가 군주를 칭찬하는 구절을 가져와야만 했을 것이다. 1장 22절에 나오는 그 시인의 발언은 선한 삶을 좋아하는 사람에게는 몹시 부적절하다. 8장에서 크세노폰은 아주 엷은 위장마저도 버리고, 시모니데스는 확실히 크세노폰이 되어 나타난다. 그는 지배자에게 몇 가지 권고 사항을 제시하면서 끝맺는 장들을 맺는데, 이는 《기병대 사령관》과 《수단과 방법》에서 했던 것과 같다.

《히에론》은 천진난만한 스타일의 소작품이지만 매력적이다. 《향연》에서와 마찬가지로 여기서도 플라톤이 같은 주제를 가지고 비교할 수 없이 탁월한 글을 썼다는 점이 우리의 쾌활한 저자에게는 불행한 일이다.

크세노폰이 참주에게 했던 조언의 골자는, 참주는 좋은 군주가 하는 것처럼 통치하려고 노력해야 한다는 것이다. 같은 조언이 이소크라테스가 기원전 370년경에 썼던 《헬렌》에도 나온다.[8] 크세노폰은, 백성보다 더 낫지 않은 사람에게는 지배하는 일이 어울리지 않다고 보았다.[9]

---

8 아리스토텔레스도 《정치》 1313a에서 이에 동의한다.
9 《키로파에디아》 제8권 1장 37절

아게실라오스

"지배란 무엇이며, 지배자는 어떤 사람을 말하는가?"

― 《소크라테스 회상》 제1권 1장 16절

"복종하려는 백성과 국가의 법에 의한 지배가 왕도(王道)이다."

― 《소크라테스 회상》 제4권 6장 12절

아게실라오스는 기원전 398년에 두 명의 스파르타 공동 왕의 한 사람이 되었다. 그는 마흔 살이 넘어 왕위에 올랐지만, 거의 40년 동안 통치했고 왕성하게 직무를 수행하다 아마도 기원전 361년부터 360년 사이의 겨울에 죽었다. 야전 사령관으로서의 그의 오랜 경력은 기원전 396년의 소아시아 원정에서 시작한다. 우리는 크세노폰이 언제 아게실라오스의 소아시아 원정에 합류했는지 확실히 모를 뿐더러, 그가 기원전 395년에 리디아의 총독 티사페르네스를 치려는 아게실라오스의 작전을 목격했는지 여부를 확신 있게 말할 수 없다. 그러나 그는 분명 그 다음 해에 아게실라오스와 함께 있었고, 그와 함께 소아시아에서 그리스로 돌아왔다. 그는 기원전 394년 여름에 아게실라오스 밑에서 그의 동료 시민들을 대적해 코로네이아 전투에서 싸웠다. 그 결과 그는 아테네에서 추방당한다. 그는 스파르타에서 조금 지낸 뒤 올림피아 근처의 스킬루스로 이주한다. 그곳에는 스파르타인이 선물한 땅이 있었다. 아게실라오스가 주라고 했을 것은 의심할 여지가 없다.

크세노폰은 항상 영웅을 숭배했고, 이상적인 스파르타인의 특성과 리쿠르고스가 만든 제도들을 칭송했다. 그는 아게실라오스에게서 그가 생각하는 좋은 왕의 체현을 보았다. 이소크라테스와 마찬가지로 크세노폰도 스파르타 군주제를 가장 이상적인 형태의 군주제로 보았던 것은 의심의 여지가 없다. 그의 영웅이 죽은 바로 뒤에, 그는 영웅을 추모하며 이 헌사를 지었다. 수사적 치장이 있음으로 불구하고 《아게실라오스》에는 급하게 지었다는 표시가 난다. 급하게 지었기 때문에 《헬레니카》에서 폭넓게 가져왔을 것이다. 그렇다면 크세노폰은 왜 그렇게 서둘러야 했을까? 몇몇 강력한 암시들이 있지만 하나같이 아게실라오스가 악평에서 자유롭지 않다는 점을 상정하기 때문에, 우리는 아게실라오스에 대한 악평이 있었다고 결론을 내릴 수 있다. 아게실라오스에 대해 칭찬 일색이 아닌 무언가가 쓰였다는 가능성이 충분히 있다. 《아게실라오스》는 칭송이 주목적이지만 방어가 부수적인 목적이기도 하다.

그 몇 해 전에 이소크라테스는 기원전 374년에 암살당한 키프로스의 살라미스 왕 에바고라스를 칭송하는 작품을 남겼다. 이소크라테스는 그가 "한 사람의 미덕을 산문으로 칭송하는" 최초의 사람이라고 말한다. 만약 그의 말이 그의 이전에 아무도 역사상의 인물에 대한 칭송을 산문으로 쓰지 않았다는 것을 의미한다면, 그의 주장이 계속될 수 있을지가 매우 의심이 된다. 아마도 그는 한 사람의 행적을 성격과 묶어서 칭송하는 최초의 사람이라는 것을 의미했을 뿐이다. 그는 영웅의 미덕을 나타내면서 그 행적의 중요성도 지적한다. 이것이 바로 이소크라테스가 《에바고라스》에서 했던 것이다. 크세노폰은 《아게실라오스》의 처음 부분(1장과 2장)에서 《에바고라스》를 확실한 본보기로 삼았다. 아게실라오스의 업적을 현명하게 골라 연대순으로 이야기하며, 《헬레니카》의 특정 부분을 사소하게 표현을 바꾸며 반복한다. 그리고 이야기 속에 왕의 행적을 예로 들면서 왕의 성격에 대한 묘사가 엮여 들어간다.

왕의 행적에 대한 이야기를 마치면서 크세노폰은 그의 미덕을 언급한다(3장에서 9장). 이 부분에 해당하는 것이 《에바고라스》에는 없다. 그러나 여기서도 크세노폰의 아이디어는 원조가 아니다. 큰 미덕으로 열거한 신앙심, 정의감, 자제력, 용기, 지혜는 항상 같은 순서로 나온다.[10] 플라톤의 《향연》에서 시인 아가톤은 사랑의 신의 정의감, 자제력, 용기, 지혜를 칭송했고, 소크라테스는 그 칭송이 고르기아스를 떠올리게 한다고 말했다. 크세노폰은 《소크라테스 회상》의 마지막에서 소크라테스의 신앙심, 정의감, 자제력, 지혜에 대해 썼다. 그 분류의 순서는 의심의 여지 없이 고르기아스로 거슬러 올라간다. 크세노폰은 이 미덕들에 애국심과 몇몇 사소한 탁월함을 더했다. 그는 그의 칭송을 정중한 에필로그로 마무리한다(10장).

이 에필로그에는 아게실라오스의 미덕에 대한 요약이 첨부된다(11장). 여기서도 역시 같은 순서의 분류가 반복된다. 요약은 소피스트 코락스에 의해 도입된 장치였고, 요약의 사용은 고르기아스가 쓴 것으로 간주되는 웅변 《팔라메데스》의 끝에서 확립된 것으로 보고 있다. 현존하는 고르기아스의 《장례식 웅변》은 요약으로 보인다. 이소크라테스에게도 이 요약의 사례는 있다. 《에바고라스》는 《아게실라오스》의 11번째 장에 무언가를 기여했다.

《아게실라오스》의 구조가 특별한 점은, 그것이 영웅의 행동과 미덕을

---

10 《키로파에디아》 제8권 1장 23~33절에서 크세노폰은 키루스의 신앙심, 정의감, 자제력을 열거한다.

서론 17

나누어 다룬다는 것이다. 크세노폰은 칭송의 한편에서는 이소크라테스를 따랐고 다른 한편에서는 고르기아스를 따랐다. 물론 결과는 구성의 통일성 부족이다. 그렇지만 이 작품을 네포스와 키케로는 극찬했고, 네포스가 키케로의 친구인 아티쿠스를 묘사하는 작품에 본보기가 되었음은 분명하다.

라케다이몬의 국제

"라케다이몬 사람 리쿠르고스가 법에 대한 복종을 가장 신성한 것으로 확립하지 않았다면 오늘날의 스파르타는 어떤 면에서도 다른 나라와 다르지 않으리라는 것을 그대는 깨닫지 못했는가?"

_《소크라테스 회상》 제4권 4장 15절

"아테네인이 원로에 대한 존경심을 라케다이몬인에게 언제 보일 것이며 …… 그들이 라케다이몬인의 훈련법을 언제 도입할 것이며 …… 지배자에 대한 그들의 복종의 수준까지 언제 도달할 것이며 …… 그들이 이룬 화합을 언제 달성할 것인가?" _《소크라테스 회상》 제3권 5장 16절

크세노폰이 이 작품에서 의도했던 목적은 라케다이몬인의 위대함과 명성이 "리쿠르고스가 만든 법" 때문이라는 것을 보여 주려는 것이었다. 그는 라케다이몬의 국제에 대해 글을 쓰려는 의도가 없었다. 그리고 이곳저곳에서 라케다이몬의 국제를 그의 독자에게 익숙한 것으로 언급하

지만, 왕의 지위와 특권에 관해 언급한 것은 오직 마지막 장에서이고, 심지어 "국제"라는 단어도 마지막 장에서야 나온다. 8장에 나오는 에포로스의 권한에 대한 언급도 그저 예시에 불과하다. 10장을 넘어서는 그의 주제에 대한 시각을 점차 잃어버린다. 스파르타 군대의 탁월함을 언급하는 11장과 12장은 스파르타의 국제와는 거의 상관이 없으며, 왕의 권한을 언급하는 13장은 국제에 대해서는 아무런 언급도 없다. 14장은 분명 나중에 덧붙인 첨부이고, 15장도 마찬가지다.

그렇다면 책의 제목이 부정확하다. 그럼에도 그 제목을 저자가 직접 골랐다는 것은 의심의 여지가 없다. 처음 10개의 장은 성격이 동일하고, 한편의 완전한 에세이 형태를 띠고 있다. 분명 이야기를 시작했을 때 크세노폰은 스파르타의 "힘"이 스파르타 군대 조직에서 유래한다고 의도하지 않았다. 그는 서두에서 스파르타의 힘은 스파르타의 국제와 "원리"에서 유래한다고 분명하게 말했다. 그리고 이들 원리 중 하나가 비굴하게 목숨을 부지하느니 영광스럽게 죽는 것을 선호하는 것이고(9장), 이것이 스파르타가 군사력에서 힘을 갖게 된 이유로 설명하기에 충분하다는 것이다. 크세노폰이 처음 10개의 장을 쓴 뒤에 그 원고를 보관하고 있다 나중에 군대와 전쟁에서 왕의 역할과 "리쿠르고스의 법"을 어기는 것과 왕의 헌법적 지위에 관한 내용을 첨부했을 가능성이 있다.[11] 군대를 다루는 첨부의 요지는 이야기의 적절한 요지가 아니다. 이 첨부의 요지는 라케다이몬인이 힘과 명성을 갖게 된 이유가 그들의 군대 때문이라고 말

---

11 어떤 이들은 처음의 13개 장이 좋은 시절의 스파르타에서 있었던 일을 묘사한다고 주장한다. 비록 E. 메이어와 퀼러 같은 위대한 권위자들이 13개 장이 모두 같은 시기에 쓰였다는 데 동의하지만, 나는 그들이 옳다고 믿을 수 없다.

하려는 것이 아니라, 라케다이몬인은 전쟁 기술자들이며, 그들에 비하면 다른 그리스인들은 그저 아마추어일 뿐이라는 것이다(13장 5절). 마지막 장에서는 아무런 요지도 내세우지 않고 그저 왕에 대한 어떤 사실들만 언급하는데, 그것이 정말로 "국제"에 대해 쓰는 것이다.

14장은 이상하면서도 당혹스럽다. 그래서 많은 이들이 그 장을 비논리적이라고 주장한다. 그 장은 환멸의 기운 속에서 쓰였으며, 이전 장들에 있던 몇몇 이야기들과 상충된다. 글 내부의 증거는 그 장이 분명 레욱트라 전투(기원전 371년) 이전에 쓰였고, 어쩌면 기원전 378년 이후에 쓰였을 가능성도 있어 보인다. 그렇지만 크세노폰이 사람들을 구체적으로 지적하지 않았다는 점을 주목하라. 그는 소수의 스파르타 권력자들, 지배자들, "하모스트"에게 분노를 쏟고 있다. 그들이 "리쿠르고스의 법"과 크세노폰의 영웅이었던 아게실라오스가 그렇게 엄격하게 고수했던 원리들을 어겼기 때문이다.

그렇지만 어조의 변화는 분명하다. 그리고 기원전 381년에 스파르타 포에비다스 장군이 테베의 성채를 차지하는 과정에서 발생한 추문으로 크세노폰의 마음속에서 인상이 바뀐 이유를 찾고 싶어진다. 크세노폰은 《헬레니카》에서 그것을 하늘에 대한 잔악무도한 행위와 같은 범죄로 비난했다. 또한 기원전 378년에는 스파르타 장관 스포드리아스가 테베인들에게 설득을 당하거나 뇌물을 받아 피레에프스를 빼앗으려고 했다. 그 계획은 실행되지 않았고, 스포드리아스는 그 역겨운 반역의 행위로 재판에 넘겨졌으나 무죄 방면 되었다. 아마도 14장의 두 번째 부분에서는 스포드리아스에 대해 은밀하게 언급했을 것이다. 이 두 범죄를 아게실라오스 왕이 신문했던 부분은 아주 신빙성이 없으며, 자연스레 크세노폰은 《아게실라오스》에서 이에 대해 암시하지 않는다.

글에 대해서(1장부터 5장까지) 독자는 저자가 스파르타에 체류하면서 라케다이몬의 국제를 목격할 수 있는 훌륭한 기회가 있었는데도 그에 대해서 언급하지 않은 것을 보고 아쉬워할 수 있다. 심지어 크세노폰은 그의 논지를 뒷받침하는 원시적인 제도마저도 거의 언급하지 않고, 그의 목적에 맞는 사실만을 고른다. 그는 라케다이몬인의 깜짝 놀라운 결혼 관습을 다루지만, 사실과 완전히 일치하지 않는다. 물론 스파르타에 있었던 기이한 성적 방종도 숨긴다. 그는 소년들과 청년 조직의 계층에 대해 다루지 않거나 자세한 언급을 하지 않는다. 그리하여 9장 5절에서는 우연히 "공 게임의 참가자들"을 언급하지만 스파르타인[12] 사이에서 특별한 의미를 지녔던 "공 게임 하는 사람들"이라는 용어에 대해 수고스럽게 설명하지 않는다. 그가 그들에 대해 글을 썼다면 들어갈 알맞은 장소는 아마 4장 6절일 것이다. 그가 거의 일관되게 사용했던 공동식사, 즉 스파르타 용어로 "시스카니아"와 그와 같은 어원의 단어에 대해서는 전혀 설명하지 않는다. 2장 9절에 나온 아르테미스 오르티아 제단에서의 태형 의식[13]에 대해서는 너무 혼란스러워 그것을 분명 목격했을 크세노폰이 본문에 나온 대로 썼을 것이라고 여겨지지 않는다.

우리가 글의 방식에 대해 어떻게 생각하든, 같은 영역에서 이전에 있던 글을 빌려와 쓰는 것이 크세노폰의 특징이었다. 한때 소크라테스의 제자였던 정치인 크리티아스는 《라케다이몬의 국제》라는 제목의 산문을

---

12 에페보스(Ephebos)가 더 이상 아니지만 그렇다고 완전한 성인도 아닌 남자들을 가리킨다(파우사니아스 《그리스 묘사》 제3권 14장 6절 참조).
13 이 의식은 인간 희생제사의 대용이었다.

이미 쓴 적이 있다. 이 산문에서 그는 스파르타의 국제를 여러 나라와 비교했고, 헬라니코스와 투키디데스처럼 리쿠르고스를 무시했지만, 현존하는 그의 작품은 크세노폰이 특별히 방법론에서 크리티아스에게 분명 빚을 졌고 아마도 글의 세부적인 면에서도 그랬을 것이라는 점을 보여 준다. 플라톤이 크세노폰의 것은 빼고 크리티아스의 《국제》를 그의 《법률》에 사용했을 것은 의심의 여지가 없다.

스파르타 제도의 탁월함은 물론 소크라테스 학파에서 늘 거론되던 주제였다. 너무 강조를 하면 그에 대한 저항은 피할 수 없다. 이소크라테스는 《파나테나이쿠스》에서 그 주제에 계속 매달렸던 사람들에 대해 신랄하게 비판한다. 그가 말한 다른 것으로는, 어떤 이들은 스파르타 정치인들을 반신반인(半神半人)인 것처럼 말하며, 리쿠르고스의 최고의 아이디어는 아테네에서 빌려 왔다는 것이다. 《파나테나이쿠스》는 기원전 342년 또는 그 무렵에 쓰였다.

수단과 방법

"도시의 현재 재원을 어디서 조달했으며 그 총액은 얼마인지 내게 말하게. 뭐든 부족한 액수는 올리고 주는 것은 무엇이든 공급하기 위해 분명 그 문제를 고민했을 터이니." ― 《소크라테스 회상》 제3권 4장 5절

글 내부의 증거에 따르면 《수단과 방법》은 기원전 355년에 쓰인 것으로 보인다. 저자가 크세노폰이 아니라고 할 만한 신빙성 있는 이유는 없

다. 어법과 문체가 그의 것이고, 표현된 의견이 그의 것이 아니라고 할 만한 것은 없으며, 심지어 그럴 것 같지도 않다. 글의 시작 부분에서 그는 《키로파에디아》의 끝부분에서 했던 말(제8권 8장 4절)을 반복한다. 《히에론》과 《기병대 사령관》에 나왔던 것과 비슷한 단락이 있으며, 종결 부분에 쓰인 말과 느낌이 철저히 크세노폰 스타일이다. 우리는 분명 글이 훈계적일 것이라고 예상할 수 있었고, 그가 농업에 관심이 있어 하는 증거를 찾고 싶었다. 그러나 이 글이 정치인 에우불로스의 재정 정책을 지지하기 위한 의도였다면, 그런 특징이 부족해 보이는 이유는 분명해진다. 이것은 크세노폰의 마지막 작품이다. 그는 이 글을 쓴 몇 달 뒤에 죽었을 것이다.

기원전 370년 또는 그 무렵부터 크세노폰은 코린토스에 살았다. 아테네에서 추방된 몇 년 뒤에 그는 에우불로스의 제안으로 추방이 철회되었다. 그렇지만 그는 고국으로 돌아가지 않았고, 그의 두 아들을 아테네 기병대에 복무하게 하려고 아테네에 보냈다.

기원전 355년 아테네는 강력한 동맹국들과의 재앙스러운 전쟁 때문에 심각한 재정 고갈 문제를 겪는다. 평화가 정착되었던 것은 에우불로스를 통해서였다. 그 다음해 에우불로스는 실질적으로 국가의 재정을 통제할 권한을 손에 쥐었고, 즉시 국가의 재정을 늘리고 시민들을 가난에서 벗어나게 할 일에 착수했다. 이 당시 시민들의 형편은 우리가 《수단과 방법》에서 보듯이 비참한 상황이었다. 게으르고 가난에 찌든 시민들은 국가가 자신들을 돌봐주기를 바랐다. 무역은 거류 외국인이 장악했고, 그중 많은 이들이 아시아인이었다(2장 3절). 에우불로스가 직면한 문제들에 어떻게 대처했는지 우리는 정확히 알지 못한다. 그러나 그는 기금의 "이론적" 통제자였으므로, 부유한 사람들에게 세금을 부과해 충분한 돈을 거두었고, 그리하여 사람들에게 전례가 없는 규모로 돈을 분배할 수 있었다. 웅변가 데이나르코스의 말에서 우리는 또한 에우불로스가 기병대의 수준을 향상시킬 조치를 도입했다고 추측할 수 있다. 그리고 그의 재임 기간이 끝났을 때, 아마도 기원전 339년에, 방치되었던 라우리온 광산에서 동업 형태의 개인들과 사기업들이 다시 한 번 열정적으로 채굴하기 시작한다.

에우불로스의 이런 실행들과 크세노폰의 책에 있는 몇몇 제안들과의 유사성은 명백하다. 글은 분명 500명의 평의회에 전달되었다. 저자는 글의 특성을 엄격하게 실제적인 것에 한정한다. 현재 닥친 재난의 이유를 탐색하려는 것이 여기서의 목적이 아니다. 《소크라테스 회상》의 저자는 아테네인이 뭐가 잘못되었는지 충분히 알았다. 그러나 순간의 문제는 어떻게 하면 돈을 많이 벌어들일 수 있을까였으므로, 국민의 습관을 바꾸자고 요구하는 것은 무익한 일이었다. 현재의 상황을 있는 그대로 받아들여야 했고, 그걸 가지고 최선을 다해야 했다. 사람들의 의욕을 떨어뜨리는 실업 수당 제도는 물론 어쩔 수 없이 인정해야 했다. 그렇다면 자본은 크세노폰의 계획에 따라 소득세를 부과하면서 늘려야 했고(1년 동안인지 그보다 많은 해 동안인지는 나오지 않는다.), 그 돈을 가지고 호텔을 세우고 피레에프스와 아테네를 찾는 방문객과 상인들을 위한 시설을 제공하고, 국가 소유의 상선 선단을 확충해야 했다. 광산의 운영 개선을 위해 받아들여야 할 많은 조치들에 글의 많은 분량을 배정했다. 그중 일부는 국가사회주의적인 것도 있고(4장 30절), 주식회사 형태의 제안도 있다(4장 32절). 내부 교역을 촉진하기 위해 거류 외국인을 장려하는 것은 필수였다. 크세노폰이 이들 외국인, 즉 리디아인, 프리지아인, 시리아인을 포함한 외국인에게 귀족 기병대에 들어갈 자격을 주자고 제안한 것은 충격적이다.

재정 회복을 위해서는 평화를 유지하는 것이 필수라는 주장은 에우불로스의 정책과 부합한다.

그 몇 년 전에, 그러니까 기원전 355년에 80대의 나이에 이른 이소크라테스는 아테네가 그리스 세계를 달래기 위해 노력해야 한다는《평화론》을 발표하였다. 그의 글은 표면적으로는 민회에 전달하는 장광설이었지만 그 주제는 정치 도덕에 관한 것이었다. 크세노폰이《수단과 방법》을 쓰기 전에 그걸 읽었다고 암시할 만한 것들이 분명 있다.

기병대 사령관[14]

"아마도 그대는 기병대 지휘관으로서, 기병대를 사용해야 할 경우라면 언제든 국가의 이익을 위해 무언가를 할 수 있다고 생각하는 것 같네."

_《소크라테스 회상》제3권 3장 2절

기병대 사령관의 임무에 관한 담론은 아테네와 테베 사이의 전쟁 발발을 예상할(7장 3절) 만한 이유가 있었던 때에 쓰였고, 그때가 아마도 기원전 365년이었을 것이다. 글은 겉으로는 높은 자리에 오르는 개인에

---

14 제목에 대한 그리스 원문의 문자적 의미는 "기병대의 지휘에 관한 담론"이다.

게 전달하는 것으로 보이지만, 그런 성향은 지속되지 않으며 글의 후반부로 갈수록 특히 그렇다. 크세노폰이 젊은 시절이었던 기원전 409년과 그 다음 해에 아테네 기병대의 일원이었다는 것은 거의 확실하다. 그리고 최근에 그의 두 아들을 기병대에 복무하게 하려는 목적으로 아테네에 보낸 것도 맞다. 그는 기병대에 대해 깊이 알았고, 기병대를 활용하는 것에 대한 지식은 분명 《키로파에디아》, 《아나바시스》, 《소크라테스 회상》에 분명하게 드러난다. 우리의 글은 《소크라테스 회상》에서 소크라테스의 입을 통해 나오는 기병대장의 임무에 관한 언급의 해설로 비쳐질 수도 있다(제3권 3장 1절).

크세노폰이 그 담론을 쓸 때 아테네는 평화 상태였다. 그러나 평화 시에도 비록 장식이긴 해도 기병대의 행렬은 중요 축제에서 두드러지는 모습을 띠므로 기병대의 임무는 중요했다. 물론 전쟁 훈련은 항상 용맹스럽게 수행되었다. 그때에 기병대에 아주 안 좋은 일이 있었다. 만연한 가난과, 민회와 그 직속 대리인들의 나태함 때문에, 두 주체는 매년 기병대 지휘관("히포라투스")을 뽑았고, 기병대의 숫자도 법으로 정한 1,000명에 현저히 미치지 못하는 650명까지 떨어졌다. 그리고 말의 수준과 기병들의 효율성도 개선해야 할 필요가 너무 많았다. 이런 상황에서 다른 사례에서와 마찬가지로 크세노폰의 훈계는 실제적인 결과를 낳았으며, 만티네이아 전투(기원전 361년)에서 아테네 기병대가 전장에서 아주 믿을 만한 역할을 할 수 있었다.

크세노폰은 기병대 내에서 보병을 사용할 것을 추천했고(5장 13절), 그의 언급은 당시 보병대가 정규적으로 그 역할을 수행하지 않았다는 사실을 암시한다. 그로부터 40여년 뒤에 쓰인 《아테네의 국제》에서, 아리스토텔레스는 보병대를 기병대에 보통적으로 추가하는 것을 언급한다. 《소크라테스 회상》에서 기병대 사령관은 전속력으로 갈 수 없는 말은 제외시킬 것을 설득받는다. 아리스토텔레스는 크세노폰이 활용했던 바로 그 표현을 반복하면서 평의회가 그런 말(馬)을 지적하고 제외시켜야 한다고 말한다. 이 두 개선책은 최소한 크세노폰에게서 기인한다. 그런 권위 있는 사람의 조언이 완전히 무시당했을 것이라고는 보기 어렵기 때문이다.

아테네를 구성하는 10개의 각 부족은 100명의 기병대를 부양할 책임을 졌다. 그 목적을 위해 선출된 10명의 관리가 매년 명부를 작성했고,[15] 이것은 분명 두 명의 기병대 사령관의 지시에 따라 이루어졌다. 10개의 각 연대의 우두머리는 대령("필라르쿠스")이었으며 통제의 세부 사항을 책임졌고, 지시를 내리는 것과 연대의 조건과 장비에 대한 책임을 졌다. 두 명의 기병대 사령관은 각각 다섯 개의 연대를 휘하에 두었는데, 이유는 전장에서 기병대의 주된 임무가 보병대의 측면을 보호하는 것이었기 때문이다. 의식 행사에서는 각 연대장이 연대의 앞에서 행진하였고, 각 사령관은 다섯 연대의 앞에서 행진하였다.

기병대 복무를 위한 준비는 여전히 후견인의 통제 아래에 있던 때(1장 11절), 그러니까 18세 이전에 시작되었다. 따라서 매년 기병대에 가입시키는 목적은 나이가 들거나 다른 이유로 기병대에서 탈퇴한 사람들의 자리를 채우기 위한 것이었다. 이는 또한 모든 신입 대원이 젊은이가 아니었고, 충분한 숫자의 젊은이를 모으기 어려웠다는 말은 분명 나이 든

---

15 아리스토텔레스가 글을 쓸 때는 분명 그랬다.

사람을 가입시켰다는 뜻이 된다. 이들 나이 든 사람은 말 위에 곧바로 올라타는 것을 훈련시킬 수 없어서 "페르시아 방식"을 이용해 말에 오르도록 도와주어야 했다.

모든 지원자는 말을 동반해 민회 앞에 나타나 시험을 통과해야 했다. 시험을 통과한 지원자는 말과 장비를 구입하는 데 들었던 돈을 돌려받을 법적 권리를 가졌으나, 연대장은 때로 대원에게 지급되어야 할 돈을 가로채기 위해 끼어들기도 했다. 기병대원은 전시뿐만 아니라 평시에도 말을 관리하기 위해 하루 1드라크마에 해당하는 수당을 받았다. 그리고 이를 감당하기 위해 국가는 매년 거의 40탈란톤이나 들었다고 크세노폰은 말한다. 신입 대원에게 드는 초기 비용은 국가의 부담이 되지 않았는데, 이유는 기병대를 떠나는 대원은 받은 금액을 후임자에게 건네야 했기 때문이다.

모든 기병은 마부의 조력을 받았지만(5장 6절), 마부는 대열에서 달리지 않았을 뿐더러 무장도 하지 않았다. 또한 선도기병도 있었다(4장 4절). 사령관은 주위에 근위중대를 두었는데(1장 25절), 우리가 그들에 대해 아는 것이라고는 그들이 민회 앞에서 시험을 통과해야만 했다는 것이다(아리스토텔레스《아테네의 국제》49절).

저자의 목적은 물론 기병대의 자질 향상을 위한 제안을 하는 것이었다. 우연찮게도《기병대 사령관》은 아테네 기병대의 조직과 그 운용에 관한 주요한 권위작이고, 의식 행진에 관해 세부 사항을 많이 담고 있다.

크세노폰의 단편작 중 이것만큼 그의 특징을 완전히 드러내는 것도 없다. 특별히 "신과 협업하다."라고 빈번히 훈계하는 것을 주목하라. 이것이 그가 주장하는 처음이자 마지막 주장이다. 그는 "내가 그렇게 자주 말하는 것이 놀랍다면, 그대가 자주 위험에 노출된 것을 알게 되었을 때 그런 놀란 감정이 멈출 것이라고 확신하네." 그는 경험에서 나오는 말을 하고 있다

기마술

"말에 관련된 일을 어쩔 수 없이 하게 되는 것을 보니, 그대는 그 일을 몰라서는 안 된다는 것이 상식이라고 생각하지 않는가?"

_ 《오이코노미쿠스》 3장 9절

《기마술》은 그 주제에 관해 현존하는 가장 완전하고 오래된 작품으로서 《기병대 사령관》을 쓴 바로 뒤에 쓰였다(12장 14절). 이것은 걸작이다. 본문은 상당히 훼손되었고, 복원의 도움을 받더라도 쉽게 읽기 어렵지만, 그래도 여전히 풀리기를 바라는 심각한 문제들은 존재하지 않는다. 크세노폰이 마음에 두었던 그리스 기병대에서 쓰던 말과 현재의 승마 말 사이의 가장 중요한 차이를 고려한다 할지라도, 우리가 저자의 생각을 따르는 데 심각한 문제는 없다. 그리스 기병대의 말은 파르테논 신전의 조각상에서 볼 수 있듯이 몸집이 작은 콥종과 같은 말이다. 그 말은 타기 약간 어려운 종이고, 그런 조건을 고려할 때 비록 기병대가 전장에서 언제나 효과적인 군대가 아닐지라도 개별 그리스 기병의 실력이 부족하다고 추측하는 것은 잘못이다. 그런 추측 또한 파르테논 신전의 조각상에서 드러나지 않는다. 말은 거세 되지 않았고 편자를 달지도 않았

다. 그들은 물어뜯도록 놔두었으며, 기수는 등자나 안장이나 재갈의 도움도 받지 않았다. 부유한 젊은 아테네인이 말을 탔지만 단순히 여흥을 위해 자주 타지는 않았다. 그는 보통 예비 기병대원의 일원으로서 말을 탔다("기수"와 "기병대원"을 가리키는 단어가 같다는 것이 중요하다). 때로는 경주 대회를 완수하기 위해 말을 탔으며, 혹시 부자였다면 말을 타고 사냥을 했다.[16] 따라서 이용하는 걸음걸이는 자연스레 걷기, 속보, 전속 질주였다.

실제로 말을 타는 사람은 분명 어떤 세부사항에서 그리스 기마술이 현대의 기마술과 다르다는 것을 알아차릴 것이다. 그러나 그는 크세노폰의 원칙의 많은 부분이 말과 기수에 관한 현대의 지식에서 변하지 않은 채로 살아 있는 것을 발견하고서 분명 놀랄 것이다. 그리고 크세노폰이 말을 알아보는 훌륭한 판단자이자 재주가 뛰어난 기수라는 것을 인정할 것이다.

크세노폰은 "뻣뻣한" 재갈보다 "부드러운" 재갈을 추천한다(10장). 두 개의 "부드러운" 재갈은 현재 베를린박물관에 그림으로 남아 있고, E. 페르니체가 〈그리스 마구〉(베를린, 1896)라는 제목의 논문에서 그것을 기술하였다. 보이오티아의 한 무덤에서는 기원전 4세기에 속하는 청동 재갈이 아름다운 청동 입마개와 청동 굴레끈 장식과 함께 발견되었다. 그것은 굽은 분지가 있어 끝이 머리 굴레끈과 이어져 있고 분지에 고삐가 매달려 있는 완벽한 형태를 갖추고 있다. 크세노폰은 오직 재갈에만 관

---

[16] 훌륭한 기수였던 이스코마코스(《오이코노미쿠스》 11장 17절 참조)는 그의 농장에서 말을 데려오고 데려갔다고 말한다. 그는 농장에서 말을 타고 군사 훈련을 했다. 당연히 크세노폰은 그의 훈련을 묘사하고 있다.

심이 있었다. 이것은 두 개의 예에서 언급된다. 두 개의 축이 가운데를 잇는 두 개의 연결 고리로 이어졌는데, 하나의 고리가 다른 고리 속에 있다. 이 고리의 바로 옆에는 원판이 있는데, 각자 옆에 네 열의 날카로운 이빨로 덮인 원통이 있다. 그 원통 바로 옆에는 굴레끈에 연결된 분지가 있고, 이들 분지 바깥에는 고삐가 있다. 원판과 원통과 분지는 축을 따라 움직인다. 중간 연결 고리에는 각각 작은 사슬이 매달려 있는데 각각 세 개 또는 네 개의 고리로 되어 있다(10장 9절).

말을 손질하기 위해 밖으로 데리고 가거나 말을 빙글빙글 돌릴 때에는 입마개를 이용한다. 입마개는 몇몇 꽃병에 그려져 있다. 예를 들어, 아쉬몰리안박물관(212번)에 있는 검정 암포라 항아리는 입마개를 하고 이끌려 가는 말이 있고, 여기서는 굴레까지 하고 있다. 일상의 목적에 쓰이는 입마개는 끈이나 고리버들로 만든다. 아쉬몰리안 말의 입마개는 귀밑을 지나는 끝이 부착되어 있었다. 다른 그림의 예시는 E. 월폴의 《유럽과 소아시아 터키의 유물들》에 나오는데, 우리는 입마개를 하고 입마개에 매달린 고삐줄로 함께 묶인 두 마리의 말을 볼 수 있다. 한 마부는 손질 도구로 말의 등을 오른쪽에서 닦는다(5장 5절). 다른 마부는 말의 밑에 쭈그리고 앉아 들어 올린 말의 앞발을 점검하는데, 이 방법을 크세노폰은 허락하지 않는다. 고삐는 또한 굴레에 매달려 있으며 말에 올라타거나 입마개를 하지 않은 채 말을 이끌 때 사용한다(7장 1절). 고삐는 베를린박물관에 있는 아티카 퀼릭스 술잔 중 하나에서 분명하게 볼 수 있으며, 그 그림의 주제는 기병대 지원자의 심사이다. 다른 현존하는 사례들도 있다.

12장에서 크세노폰은, 말은 전시(戰時)에 이마 장식과 흉패, 넓적다리

보호대로 보호되어야 한다고 제안한다.[17] 그리스에서 이것이 쓰이게 된 것이 그의 제안의 결과인 것 같지는 않다. 그 근원은 아시아다. 크세노폰은 물론 만인대의 원정 중에 그것을 사용하는 것을 보았다.

이 글의 방법론적 구성은 우리가 《사냥술》에서 보았던 배열의 결핍과는 강하게 대조된다. 저자는 기마술에 대한 그의 기술을 겸손하게 언급하면서 글을 시작한다. 그리고 번역자는 여기서 말에 대한 지식이 짧고 형편없는 관계로 이 번역을 손에 쥐게 될 실제로 말을 타는 사람에게, 또는 혹시나 원래의 기술적 용어를 영어로 번역할 때 발견할지도 모를(분명 그럴 것이다.) 우스꽝스러운 왜곡에 대해 사과를 드린다. 짧고 특징 있는 서론을 지나 저자는 즉시 본론으로 들어간다. 다음은 본문의 나열이다. (1) 망아지를 사는 법. 젊은 말의 핵심과 크기(1장). (2) 젊은 말 길들이기(2장). (3) 길들인 말을 구입하는 법(3장). (4) 마구간과 마당(4장). (5) 마부의 임무(5장~6장). (6) 기수에 대한 가르침. 타는 법, 출발, 훈련(7장~8장). (7) 거친 말 다루는 법(9장). (8) 최고의 전마 만드는 법(10장 1~5절). (9) 재갈의 형태와 사용법(10장 6절). (10) 의식 행사를 위한 말(11장). (11) 기수와 말의 무장(12장 1~10절). (12) 공격 무기와 그 사용법(12장 11절). (13) 추가 정보를 위해 《기병대 사령관》에 대한 간략한 언급. 설명은 그 구성과 마찬가지로 명료하다.

글의 서두와 다른 곳에서 크세노폰은 시몬의 작품을 언급한다. 그 작품은 캠브리지 임마누엘칼리지 도서관에 보관되어 있다. 두 작품 모두 중요한 것들이 많이 있으므로 크세노폰이 시몬의 작품을 그저 되풀

---

[17] 이 장에서 보면 기수의 넓적다리는 넓적다리 보호대에 의해 보호되지 않는 것이 분명하다.

이했다고 하는 것은 불합리하다. 두 저자 모두 말의 부분을 묘사할 때 굽에서 시작해 머리로 올라갔다. 말에 대해 기술한 이후의 저자들은 그리스 저자든 로마 저자든 머리에서 시작한다.

사냥술

어떤 영국인이 "사냥하러 간다."고 한다면 그건 말을 타고 여우를 사냥하러 가는 것을 뜻한다고 이해한다. 기원전 4세기에 어떤 젊은 그리스인이 같은 말을 한다면 그건 맨발로 토끼를 잡으러 간다고 이해할 것이다. 당시의 보통 그리스 젊은이가 즐겼던 다른 두 종류의 사냥도 있는데, 그것은 빨강 사슴과 멧돼지였다. 만약 이 두 동물 중 어느 하나가 사냥의 목적이어도 그는 사냥하러 간다고 말했을 것이지만, 어느 경우든 명확히 말을 타고 한다고 하지 않는 이상 걸어서 사냥하는 것을 의미했다. 이것이 왜 글의 처음에 이에 대한 언급이 없으며(2장), 저자가 토끼 사냥부터 먼저 다루려고 했는지, 또한 왜 말을 타고 사냥을 하는 내용이 없는지, 우연이 아니라 왜 첨부에 해외에서 사냥을 하는 것이 들어가는지를(11장 3절) 설명한다.

귀족 가문의 아들들은 종종 말을 타고 사냥을 했고, 크세노폰의 아들들도 스킬루스에서 멧돼지, 가젤, 빨강 사슴을 사냥할 때는 분명 말을 탔다.[18] 그러나 이 글은 평균의 젊은이들을 위해 쓰인 글이므로 그들에

---

[18] 《아나바시스》 제5권 3장 10절. 우리는 종종 추측하는 것처럼 이 작품이 크세노폰의 아들들을 위해 쓰이지는 않았음을 알 수 있다.

게 가능한 범위의 사냥에 국한된다.

사냥의 기술은 다른 기술이나 솜씨처럼 신들이 켄타우로스 케이론에게 주었고, 그가 신들의 특별한 호위를 누렸던 많은 영웅들에게 전달했던 하나의 재능이다. 이 주제에 긴 수사의 서론이 바쳐지는데, 이것은 글의 나머지 부분에서 볼 수 있는 상세한 스타일과는 완전히 다른 것으로 공식적인 작문 법칙에서는 거의 완전하게 무시되었던 것이다. 서기 이전의 그리스 문학에서 이와 같은 서론은 존재하지 않았다. 정말이지 크세노폰에게 이런 종류의 긴 서론은 아주 낯선 것이다.

저자의 목적은 신참자에게 가르치는 것이다. 그는 사냥에 필요한 모든 용품을 나열하고 설명한다(2장 2절). 그의 기대는 결국 나중에 그럭저럭 달성된다. 그는 설명에 탁월하지만, 현대의 많은 선생들이 그렇듯이 학생들이 이미 많은 지식을 갖추고 있기를 무의식적으로 기대한다. 특별히 혼돈스러운 것은, 그가 발자취길과 산토끼의 냄새, 발자취길을 파헤치는 방향과 그물을 설치하는 방향을 가리키는 데 같은 용어를 쓰며, 설명하지 않는 부분은 무엇을 말하는지 전혀 확실하지 않다는 것이다. 또한 산토끼 부분의 글의 배치는 전혀 만족스럽지 못하다. 7장의 대부분과 8장의 전부는 첨부의 성질을 띠며 3장의 주제에 대한 언급들로 구성되어 있다.

비록 사냥에 "그물지기"가 동반한다고 나와 있지만(9장 6절), 그리스에서는 걸어서 빨강 사슴을 사냥할 때는 그물을 쓰지 않았다는 것이 놀랍다. 빨강 사슴의 거처는 끔찍한 덫이나 마름쇠로 포위되었고, 그것은 신중하고 명확하게 기술되었다. 우리는 어떻게 말을 타지 않는 사냥꾼이 사슴 무리 속으로 들어가 그들을 무리에서 분리시킬 수 있었는지 궁금

할 따름이다(9장 10절).

사냥의 세 부류를 조사하면서 저자는 별로 상관없는 언급, 즉 해외에서의 대규모 사냥에 대해 언급하는데, 분명 그 주제를 저자가 관심 있어 하거나 아마도 젊은 독자들이 관심이 있을 거라고 생각했던 것 같다. 이들 언급은 관찰할 수 있듯이 크세노폰이 아시아에서 목격했던 다양한 종류의 사냥을 포함하지 않으며, 만약 그가 《사냥술》을 스킬루스에서 집필했다면 기술했을 것으로 예상했던 것들이다.

사냥의 기술적인 면에 대해 기술하기를 마치면서 저자는 발로 걸으면서 사냥하는 것에서 얻을 수 있는 유익에 대해 나열하기 시작한다(12장 1~9절). 사냥은 건강에 좋으며, 남자가 군사 의무를 하기에 적합하게 만들고, 훌륭한 도덕적 훈련이라고 말한다. 크세노폰은 말하길, 어떤 이들은, 아마도 아리스티포스와 그의 추종자들은 사냥이 생업과 국가에 봉사해야 할 시간을 낭비하게 한다는 이유를 들어 반대한다. 그들의 반대는 완전히 잘못되었으며, 심지어 사악하기까지 하다. 사냥 애호가는 수고를 사랑하기 때문에 덕이 많은 사람들이다(12장 끝부분). 이곳과 마지막 장에서의 주장은 엉성하지만, 저자는 열정적으로 그 비판을 반박한다.

저자가 처음에 세웠던 임무는 이제 완성되었고, 우리는 그가 여기서 끝내기를 기대할 것이다. 그러나 그는 전투 분위기로 들어가 그의 젊은 독자들에게 그의 이론을 대적하는 적들을 향해 단호히 경고한다. 그 주된 적은 "소피스트"로서 그가 신봉하는 교육이 아니라 다른 교육의 선생들이었다. 그들은 사람을 전혀 덕스럽게 만들지 못하며, 그들의 글은 문체가 아주 화려하지만 아무에게도 어떤 유익을 주지 않는다. 그들 중 어떤 이는 크세노폰의 이 글이 엉성하며 "미적 감각"이 부족하다고 공격할 가능성이 매우 높다. 저자는 어떻게 생각할 것인가? 그는 젊은이를 세련되게 훈련시키는 것이 아니라 그들에게 유익을 주기를 원했다. 지혜의 사랑에 집착하는 선생들을 조심하라! 그리고 부도덕한 자기 이익 추구자들과 무분별한 정치인들이 있다. 그들을 닮지 마라! 그들이 유발하는 것은 아무리 좋아야 질투심이고,[19] 나쁜 것은 사기(詐欺)다. 그러나 사냥 애호가들은 정중하고 상냥하고 오직 유익을 주기를 원한다.

이 글의 기술적인 부분(2장~11장)과 호기심 어린 에필로그(12장~13장)는 분명 크세노폰과 동시대의 것이고, 모든 유능한 비평가들이 지금 동의하듯이 모두 동일한 사람에 의해 쓰였다. "소피스트들"에 대한 공격은 분명 기원전 4세기에 쓰였을 것인데, 그때는 "철학자들"과 "소피스트들"이 교육의 이론과 실천에 대해 논쟁을 벌였고, 그에 관한 책이 세상에 쏟아져 나오던 시기였다. 기술적인 부분의 서술은 크세노폰다우며, 에필로그에서 표출된 감성은 우리에게 그의 감성이라고 강력하게 각인시킨다. 우리는 그의 방법의 특징인 짧은 문장과 긴 마침표 사이의 조합이 아쉬우며, "타원형", "생략", "교차 배열", "명령형" 등이 아쉽다. 이것은 알려진 그의 작품들에서 볼 수 있는 것과는 전혀 맞지 않다. 대체로 그의 글의 장점과 단점을 비교하고 다시 비교했을 때, 그가 아시아로 가기 위해 아테네를 떠나기 전에 실험 차 썼던 첫 번째 작품이라는 가능성을 부정하기 어려워 보인다. 작품은 사냥에 대한 그의 열정, 그의 경건심, 무엇을 하든지 먼저 어떻게 하는지 알아야 한다는 그의 주장, 근면과 수고의 효능에 대한 그의 믿음으로 가득 차 있다. 이 글의 저자는 비록 그

---

19 나는 이것이 본문이 훼손되기 전에 13장 10절이 의미하는 바라고 생각한다.

의 생각이 키니코스 학파를 창시한 안티스테네스와 매우 흡사하긴 하지만, 분명 아테네인이다. 나는 크세노폰이 소크라테스의 말년에 이 글을 썼다고 여기지 못할 만한 결정적인 이유를 찾지 못하겠다(분명 그렇게 믿기 힘들긴 해도 말이다). 그는 당시 서른 살이었고,[20] 아마도 18세 청년들을 향해 교훈적인 어조를 취했을 것이다. 만약 그가 그랬다면 그는 젊은 이들에게 전달할 교훈적인 글에 적합한 글쓰기 방법을 취했을 것이다.[21] 우리는 그가 공식적인 서사 표현을 의도적으로 피했으며, 그래서 이 작품에서 그 표현의 예들이 매우 적다고 추측한다. 《사냥술》이 정말 그의 작품이긴 하지만, 크세노폰은 《사냥술》에서 했던 것보다는 훨씬 적은 범위 내에서 《헬레니카》와 《아게실라오스》에서 다른 글쓰기 형식을 실험했다. 하지만 우리는 큰 문제에 봉착한다. 가장 수사적인 단락인 13장에서 (3~7절) 저자는 실제로 그가 실험했던 수사를 경멸하며 아무런 가치가 없다고 믿는다. 소피스트들의 4세기 수사는 고르기아스와 프로디코스의 가르침에 기초를 두고 있다. 크세노폰은 다른 곳에서는 항상 이 두 표현가를 존중하듯이 글을 썼고, 말과 행동에서 수사가 설득에 도움이 된다고 예리하게 이해했다.[22] 이미 《헬레니카》의 시작 부분(제1권 1장 30~31

---

[20] 크세노폰은 기원전 430년에 태어났다. 아폴로도로스(절정기 기원전 150년)는 그의 《연대기》에서 출생 연도를 기원전 440년으로 말한다. 아폴로도로스의 이 오류는 디오게네스 라에르티오스와 수이다스에게 이어졌다.
[21] 디오게네스 라에르티오스가 안티스테네스에서 인용한 하나 또는 두 개의 교훈적인 문장이 있다(6장 12절). 메왈트는 시몬의 《기마술》과 문체에서의 유사성을 발견한다. 그 표현 방법은 기술적인 글쓰기에서는 아주 일반적이다. 이것의 사소한 견본이 두 마리의 말에 대한 플라톤의 기술에서도 발견된다(《파이드로스》 253D).
[22] 고르기아스에 대한 그의 연구의 결과는 《라케다이몬의 국제》, 《수단과 방법》, 《아

절)에서 그는 시라쿠스 사람 헤르모크라테스가 "달변가이자 조언자"로서 명성을 끌었다고 주목하며 이에 대해 연설을 한 바가 있다. 수사가 없는 시실리아 웅변가는 생각할 수 없다. 그렇다면 기원전 401년과 기원전 393년 사이에 그는 자신의 생각을 완전히 바꾸었던 것인가? 군인들에 대한 웅변의 영향력이 계속해서 명확히 드러났던 아시아에서의 경험이 그런 결과를 낳았을 수 있다.[23]

이 에필로그의 최소한 마지막 두 부분에서 아리스티포스가 크게 공격받았을 가능성이 크다. 첫 번째는 그가 수고를 반대했기 때문이고, 두 번째는 그가 이기적인 사람이었기 때문이다(12장 10절, 13장 10절). 사실 아리스티포스는 그의 제자들로부터 수업료를 받았던 최초의 소크라테스 학파였다.[24] 이제 우리는 아리스티포스의 생각과 행동이 자연스레 크세노폰을 거슬리게 했고, 그래서 크세노폰이 그를 싫어했다는 것을 안다. 크세노폰이 젊은 독자들에게 솔깃하지만 위험스러운 그런 선생들을 조심해야 한다고 경고를 보낼 만한 이유가 이보다 더 있겠는가?

여기서 우리는 문제에서 벗어난다. 문체는 전혀 크세노폰이 아니다. 그러나 기술적인 부분과 에필로그에서는 많은 것이 크세노폰이라고 가리킨다. 에필로그를 추론하면서 모순점들이 드러났다. 그러나 이런 모순점들은 우리에게 전해 내려온 원본이 훼손되었기 때문에 그렇다고 추측

게실라오스》에서 찾을 수 있다.
23 크세노폰이 특별히 프로크세노스에 대해 말한 것을 주목하라《아나바시스》 제2권 6장 16절). 그는 젊은 시절에 실무가가 되려는 야망이 있었고, 따라서 고르기아스를 추종했다.
24 디오게네스 라에르티오스 2장 65절.

할 수 있다. 우리는 문장을 수정하면서 기술적인 부분에서 폴룩스의 도움을 강하게 도움을 받았지만, 폴룩스는 에필로그에서 아무것도 인용하지 않는다.

번잡스러운 서론은 작품의 나머지 부분과 동시대의 것이 아니다. 쓰인 어떤 리듬은 분명 기원전 3세기 중반 이전의 것이다. 그러나 케이론의 "소피스트" 학생 명단과 단어들의 높은 인위적 순서는 날짜가 3세기보다 훨씬 이후의 것으로 보인다. 이 문제에 대해 권위 있는 노르덴은 그 서론이 "두 번째 소피스트" 시대에 속한다고 자신 있게 말한다. 우리는 서론이 하드리안 치세(기원후 117~138년)에 쓰였으며, 13장 18절에 있는 언급 또한 그때 추가되었다고 주저 없이 결론을 내릴 수 있다.[25] 기원후 150년경에 아리아노스가 아테네에서 이미 서론이 첨부된 《사냥술》의 사본을 보았을 것임이 틀림없다. 그는 서론이 표면적 가치가 있다고 보았고, 그것 역시 크세노폰이 썼다고 여겼다.[26] 렘노스 사람 필로스트라토스가 기원후 213년과 219년 사이에 쓴 《영웅전》(308페이지)에는 텔라몬, 테세우스, 팔라메데스가 케이론의 제자로 나와 있다. 이들 영웅들은 크세노폰의 에필로그 외에는 어디서도 켄타우로스의 제자로 언급되지 않는다.

《사냥술》을 크세노폰의 작품이라고 주장했던 가장 오래된 저자는 플루타코스였지만, 키케로와 동시대 사람이었던 마그네시아의 데메트리오

---

25 이 단락이 서론의 저자에게 제공된 글이다.
26 아리아노스 《사냥술》 1장. 문체에 대해 보잘것없는 판단자가 아닌 아리아노스가 서론을 포함한 전체 작품을 분명 독자적인 것으로 받아들였다는 것이 이상하다.

스는 이미 그것이 크세노폰의 것이라고 인식했다.[27]

아테네의 국제

아주 애를 태울 정도의 서투른 솜씨로 작성된 아테네의 국제에 대한 작품은 고대에는 크세노폰의 작품으로 여겨져 왔다. 최소한 그것은 기원전 1세기의 그리스 산문에 능숙한 장인의 작품으로 여겨졌다. 비평가였던 마그네시아의 데메트리오스는 그렇게 여기는 것이 잘못되었다고 말할 수 있었다(디오게네스 라에르티오스 3장 57절). 2세기의 폴룩스와 5세기의 스토바에오스는 그것을 크세노폰의 작품으로 알았고, 여전히 그의 이름을 달고 그의 진짜 작품들 속에 포함되어 현대까지 내려왔다.

데메트리오스의 판단은 예리했다. 현재의 모든 학자들이 그의 판단에 동의한다. 크세노폰은 그렇게 반복적이고 때론 그렇게 어색한 산문을 전혀 쓸 수 없었다. 저자가 누구든 간에 모든 우아한 것들을 피해 간 것이 아니라 그런 우아한 표현을 정말로 할 줄 몰랐다.[28] 게다가 저자의 아티카 스타일은 이오니아 스타일을 약간 혼합해 놓은 것에 불과했다(예를 들어 2장 2절, 2장 14절, 2장 17절). 구조에 관해 말하자면 매우 정교하게 만들었지만(시작 부분은 이것을 보여 준다.), 주장의 전개가 매끄럽지 못하고 분명하지 않다. 만약 크세노폰이 이 작품의 저자가 아니라면 누가

---

27 디오게네스 라에르티오스 2장 57절.
28 실례로 그는 멋진 단어 순서를 1장 11절에서 시도했고, 3장 2절에서는 대용(代用)을 풍부하게 시도했다.

저자인가? 언제 쓰였으며 어떻게 해서 다른 사람의 작품 뭉치 속에 들어올 수 있었던가? 작품은 그리스 고전 중에서 가장 수수께끼이며 가장 중요한 텍스트 중에 속한다. 저자는 확인되지 않았으며 아마 확인될 수도 없다. 게다가 그게 크세노폰의 작품이라고 할 만한 만족스러운 이유도 없다. 어떤 학자들이 말하고 싶어 하는 것처럼, 아마도 그게 발견되었을 때 크세노폰의 작품 속에 끼어 있었으며(헤로도스 아티모스의 것이라고 여겨지는 정치 논문과 비교할 때 가능할 법하다.), 저자가 크세노폰이라는 이름의 동명이인일지도 모른다.²⁹ 말해 줄 수 있는 길이 없음이 불행한 일이다.

본문에서 저자를 알 수 있는 것들이 조금 관찰되기는 하지만 이들 중 어느 것도 결정적이지 않다. 저자는 주로 3인칭 시점으로 아테네인에 대해 글을 쓰고, αὐτόθι(같은 곳)이라는 단어를 통해 아테네를 암시한다. 그러나 때로는 1인칭 복수를 사용해 그를 아테네 사람 중의 한 사람으로 말한다(1장 12절과 2장 12절에서 그렇다). 그는 그의 말이 대화자나 통신원으로부터 반대를 받을 것을 생생하게 예상한 듯하다. 그리고 어떤 점에서는(1장 1절) 주장에서 2인칭 시점으로 어떤 이를 가리키며 다른 사람이 현재 스파르타에 살고 있다(또는 보통 때는 그렇다.)는 것을 연상시킨다. 저자에 대해 한 가지는 확실하다. 그는 충실한 과두정 신봉자다. 그는 아테네의 국제를 격렬하게 부정하며(아테네인이 자신들의 국제를 보존하고 있는 것에 대해서는 현명하다고 칭찬하기는 한다.), 점차적으로 전복할 수 있는 희망은 없다고 보았다. 그는 아테네 국제가 완전히 뒤집혀

---

29 예를 들어 투키디데스가 책 제2권 70장 1절과 제2권 79장 1절에서 언급한 장군이다.

야 하며 그렇지 않으면 아무것도 아니라고 보았다. 이 사람의 확고한 신념과 반복적인 표현은 영어를 쓰는 사람들에게 그가 "올드(old)[30] 과두정자"라는 이름을 붙이게 만들었다.

그 과두정자는 아테네에 사는 외국인이거나 외국에 사는 아테네인으로서 글을 썼다고 여겨졌다. 그는 또 다른 과두정을 제안하거나 스파르타인에게 아테네 방식을 설명한다고 여겨졌다.[31] 증거는 불확실하다. 따라서 대답도 불확실하다. 작품의 시작 문장은 어떤 큰 작품에서 뽑았다는 것을 암시하지만 이것 또한 결론이 없는 듯하다. 누군가는 최소한 역사적 맥락의 단편이라도 알고 싶을 것이고, 그것은 아마도 쓰인 시기를 뜻할 것이다.

이 크세노폰으로 알려진 인물에 대한 시기만큼 그렇게 자주 이야기되었으면서 그렇게 결론을 내리지 못한 문제도 없다. 이 문제는 1842년에 W. 로셰에 의해 처음 제기되었다(《생활, 일, 그리고 투키디데스 시대》 529페이지). 로셰는 긴 육상 행진이 불가능하다고 한 《아테네의 국제》 2장 5절이 424년에 있은 브라시다스 북쪽 대원정에 의해 조작되었다고 강조

---

30 이 표현은 기원을 아무도 모르는 듯하다. 나는 이것이 많은 사람이 (일상 대화에서) 돌리는 길버트 무라이보다 앞선다고 확신한다. 이 표현은 활자의 형태(무라이의 1897년 《고대 그리스 문학》이 틀림없다.)로 나오기 전에 대화나 강의에서 통용되는 어떤 것을 습득한 것으로 보인다. "올드"라는 의미는 분명하지 않다. 즉, 그게 나이, 애정을 담은 표현("존경하는 어르신"), 역겨움의 대상("지긋지긋한 늙은이")의 의미 또는 그들 둘을 합한 것을 암시하는지는 분명하지 않다. 그 표현은 영어 외에는 학문적으로 대응되는 말이 없고, 그래서 그곳에 그 표현을 좀처럼 추천하지 않는다.
31 견해의 조사에 대해서는 H. 프리쉬, 《아테네의 국제》(1942) 88페이지와 그 다음 참조.

한다. 따라서 그 연도가 작품 작성 전의 마지막 연도라는 것이다. 어떤 학자는 로셰의 관점을 반박하려고 했지만,[32] 여전히 그것은 가짜 크세노폰에 관한 전체 논쟁 중에서 설득력 있는 주장으로 남아 있다. 3장 11절을 제외한 다른 곳에서는 기원을 따질 만한 사건에 대한 명백한 언급이 없다. 그것은 아테네의 동맹국에 대한 암시로서는 명백하고, 넓게 말하면 아테네 제국 시절에 대한 칭송이다. 그러나 보다 정확한 시기에 대한 논쟁은 여전히 유효하다. 그리고 다음 단락이 자주 제시된다.

2장 2절: 칼키디케 동맹이 432년에 맺어진 것으로 추정.
2장 13절: 필로스 원정의 추정.
2장 14~16절: 펠로폰네소스 전쟁 초반에 스파르타인의 아티카 침략과 아테네 재산의 유보이아 섬으로 이동 추정.
2장 18절: 본문에 나온 것과 같은 희극을 440~439년 또는 415년에 법으로 금지 추정.
3장 2절: 전쟁이 현재 진행 중인 것을 언급함.

이 가정 중 어느 것도 필연적이지 않다. 그러나 보다 중요한 순간에 이 가짜 크세노폰의 작품 중간 전체는 놀랍게도 투키디데스를 생각나게 한다. 주제는 해상 권력의 중대한 가치이고, 독자는 특별히 투키디데스의 책 제1권의 마지막 부분에 나오는 페리클레스의 연설 처음 부분을 떠올릴 것이다. 만약 아테네가 섬이었더라면 얻을 수 있는 이점들에 대한

---

32 가장 최근에는 A. 푸크스의 *Scripta Hierosolymitana*, 1 (1954), 21페이지와 그 다음, 그리고 H. B. 마팅글리의 〈히스토리아〉 10 (1961) 179페이지 참조.

고려가 아마도 가장 눈에 띄는 공통점일 것이다. 그러나 비록 두 저자가 비슷한 주제를 매우 다르게 접근했지만 다른 공통점도 있다. (이에 대해서는 J. 드 로밀리가 탁월하다. "가짜 크세노폰과 투키디데스", *Rev. de Phil* (1962), 225 ff.) 그러나 투키디데스와 대응되는 확실한 연대기적 결론을 도출하기란 불가능하다. 공통된 출처는 페리클레스다. 또는 아테네에 대해 지금 하는 이야기가 10년 또는 20년 이상 지속될 가능성이 높다.

3장 11절에 나온 역사적 사건은 숫자로는 세 개이고, 그중 어느 것도 443년보다 뒤쳐지지 않는다. 그 사건 중 하나는 분명 460년대에 속할 것이고, 다른 하나는 아마도 450년대일 것이다(이 단락에 대한 각주를 참조하라). 저자가 여기서 아테네의 민주정과 다른 나라의 과두정이 재앙에 가까울 정도로 서로 부합하지 않다고 토로할 만큼, 나도 어느 곳에선가 사모스 섬의 반란을 생략한 것도 중요하다고 주장했다(*HSCP*, 71 (1966), 37-8). 일부(많지는 않다.) 불규칙적인 공물 할당이 있었다는 암시와 함께, 사모스 섬 반란의 생략은 그 시기가 441년 이전이라는 것을 가리키고, 최초의 비정상적 공물 할당이 443년에 있었다는 것을 가리킨다. 아마도 가짜 크세노폰의 작품은 멜레시아스의 아들 투키디데스의 배척이 있었던 443년이나 그 바로 직후와 연관을 지어야 할 것이다.

| 차례 |

서론	· 5
히에론	· 49
아게실라오스	· 81
라케다이몬의 국제	· 123
수단과 방법	· 153
기병대 사령관	· 175
기마술	· 207
사냥술	· 243
아테네의 국제	· 295
부록 1. 크세노폰의 생애	· 314
부록 2. 크세노폰 연보	· 324
역자 후기	· 329
색인	· 335

히에론

파나테나이코 암포라 © The Metropolitan Museum of Art

1장

(1) 시인 시모니데스가 언젠가 참주 히에론을 찾아갔다. 두 사람이 서로 이야기를 나눌 시간이 있었을 때, 시모니데스가 물었다. "히에론. 당신이 저보다 더 잘 아는 무언가에 대해 기쁜 마음으로 설명해 주시겠습니까?"

히에론이 말했다. "아니, 그대처럼 현명한 사람보다 내가 더 많이 아는 게 무엇이 있겠는가?"

(2) 시모니데스가 대답했다. "저는 당신이 일반 시민으로 태어나 지금 참주로 살고 있다는 것을 압니다. 따라서 당신은 두 가지 신분을 모두 경험한 사람으로서 사람의 운명에 주어지는 기쁨과 슬픔의 차원에서 참주와 시민의 삶이 어떻게 다른지를 저보다 더 잘 알 것입니다."

(3) 히에론이 말했다. "분명 그대가 여전히 일반 시민인 것을 보니 시민의 삶에서 일어나는 일들을 기억나게 만드는구려. 그렇다면 그 두 삶의 차이에 대해 아주 잘 보여 줄 수 있을 것이라고 여겨지네."

(4) 시모니데스는 그 제안을 받아들이며 말했다. "그렇습니다. 저는,

일반 시민은 눈으로 보고, 귀로 듣고, 콧구멍으로 냄새를 맡고, 입으로 먹고 마심으로써 기쁨과 고통을 느낀다는 것을 알고 있습니다. 성욕은 어떻게 느끼는지에 대해서는 물론 우리 모두가 알고 있습니다. (5) 추위와 더위, 딱딱한 것과 부드러운 것, 가벼운 것과 무거운 것의 경우는 온몸을 통해 기쁨과 고통을 느끼는 것 같습니다. 선과 악의 경우는, 어떨 때는 오직 혼을 통해서만, 어떨 때는 혼과 신체 모두를 통해 기쁨 또는 고통을 느끼는 것 같습니다. (6) 잠은 분명 우리에게 기쁨을 주는 것 같습니다. 그런데 잠이 어떻게 무슨 방법으로 언제 생기는지는 제가 잘 모르겠습니다. 그리고 우리의 감각이 잠들었을 때보다 깨어 있을 때 더 선명한 것은 그리 놀랄 일이 아닌 것 같습니다."

(7) 히에론이 이에 대해 대답했다. "시모니데스. 내가 보기에 참주가 그대가 언급한 감각들과 다른 어떤 감각을 가졌다고 할 수 없네. 따라서 지금까지 나는 참주의 삶이 시민의 삶과 어떤 점에서도 다른 것을 발견하지 못했네."

(8) 시모니데스가 말했다. "이런 다양한 기관을 통해 느끼는 기쁨의 숫자가 무한히 많지만 겪는 고통의 숫자는 훨씬 적다는 점에서 다릅니다."

히에론이 반박했다. "그렇지 않다네, 시모니데스. 내 분명히 말하지만 참주에게는 검소하게 사는 시민들보다 더 적은 기쁨만이 주어진다네. 그렇지만 고통은 그보다 훨씬 많지."

(9) "믿을 수 없습니다!" 시모니데스가 외쳤다. "그렇다면 참주라는 자리가 왜 많은 사람이 탐내는 것이겠으며, 심지에 많은 재산을 가지고 있다고 알려진 사람들조차도 그렇겠습니까? 그리고 왜 모든 세상이 참

주를 부러워할까요?"

(10) 히에론이 말했다. "물론 그것은 두 가지 신분을 모두 경험하지 못한 사람이 그것을 추측하기 때문일세. 그러나 나는 내가 진실을 말하고 있다는 것을 그대에게 보여 줄 것이네. 우선 시각의 감각부터 시작하지. 내가 틀리지 않다면 그게 그대의 첫 번째 요점이었지, 아마."

(11) "첫째로, 우리가 시각을 통해 사물을 인식한다고 했을 때, 나는 참주는 구경한다는 면에서 훨씬 못하다고 여겨지네. 모든 땅에는 볼 만한 가치가 있는 것들이 있지. 일반 시민은 원하면 어느 도시든 가고, 가장 볼 만한 가치가 있다는 것들이 모여 있는 마을 축제에도 가지. (12) 그러나 참주는 볼거리와 관련된 일에는 조금도 관여하지 않지. 군중보다 힘이 세지 않은 곳에 가는 것은 위험한 일이야. 그리고 본국에 있는 재산을 남의 손에 맡겨 놓고서 외국에 가는 것도 안전하지 않지. 참주는 자신의 자리를 잃을까 두려워 해. 그리고 동시에 나쁜 마음을 먹는 자들에게 즉시 복수할 수도 없어. (13) '그러나 그런 볼거리는 참주가 본국에 있어도 옵니다.' 아니야, 아니야, 시모니데스. 그런 경우는 백에 하나야. 그리고 극장에서 시시한 공연 한 시간 하고서 터무니없이 많은 돈을 참주에게서 받아 가기를 기대하는 사람들도 있지. 일평생 다른 곳에서 벌 돈보다 훨씬 많은 돈을 챙기려고 해."

(14) 시모니데스가 말했다. "볼거리에서 떨어진다 해도, 당신도 알다시피 들을거리는 낫습니다. 소리 중에서 가장 달콤한 소리인 칭송은 결코 부족하지 않지요. 모든 시종이 당신이 하는 말과 행동을 칭송합니다. 반대로 가장 나쁜 소리인 욕은 당신 귀에 절대로 들리지 않습니다. 아무도 참주 앞에서 나쁜 말을 하려고 하지 않지요."

(15) 히에론이 물었다. "면전에서는 조용할지라도 모두가 자신에 대해 악의를 품고 있다는 것을 잘 아는데, 이렇게 나쁜 말을 삼간다는 것이 참주에게 무슨 기쁨이 있다고 그대는 생각하는가? 또는 그 칭송들이 아첨으로 의심된다면 무슨 기쁨이 있겠는가?"

(16) "그렇죠." 시모니데스가 대답했다. "이 경우에 저는 히에론 당신과 전적으로 동감합니다. 가장 자유로운 자에게서 나오는 칭찬이 가장 달콤한 법이지요. 지금 당신께서는 인간의 삶을 지탱해 주는 것들이 당신에게 훨씬 더 많은 기쁨을 선사한다고 믿으라고는 아무도 설득하지 않는군요."

(17) "그렇소, 시모니데스. 나는 왜 대부분의 사람들이 우리가 먹고 마시는 데 있어 일반 시민보다 더 즐거움을 누린다고 생각하는지 그 이유를 알고 있소. 그들은 그들이 먹는 것보다 더 좋은 음식이 식탁에 올라오는 것을 발견하고서 그렇게 생각하지. 사실 그들에게 즐거움을 주는 음식보다 더 좋은 음식이 올라오긴 해. (18) 이것이 참주를 제외한 모든 사람이 축제를 기대하는 이유이지. 참주들의 식탁은 언제나 푸짐하게 차려지고 축제 때라고 해서 특별히 더해지는 것은 없지. 그렇다면 기대의 기쁨이라는 면에서 일반 시민보다 기쁨이 하나 덜하는 것이지. (19) 그러나 내가 확신하기에 그대도 경험하듯이, 식탁에 차려지는 음식의 가짓수가 많을수록 포만감은 더 빨리 오지. 그리고 또한 그 기쁨이 지속되는 기간에서 식탁이 풍부한 사람이 검소하게 먹는 사람보다 더 나쁘지."

(20) 시모니데스가 말했다. "그러나 식욕이 유지되는 한, 비싼 연회에서 먹는 사람이 값싼 식사를 먹는 것보다 분명 기쁨이 더 큽니다."

(21) "시모니데스. 어떤 객체에 더 큰 기쁨을 누리는 사람이 그것에

더 강하게 집착한다고 생각하지 않는가?"

"분명 그렇습니다."

"그렇다면 참주가 일반 시민보다 식사에 더 큰 열정을 갖고 있는 것을 보았는가?"

"아니오, 물론 아닙니다. 저는 보편적인 의견을 따라 더 혐오스럽게 말해야겠습니다."

(22) "그렇지." 히에론이 말했다. "그대는 참주 앞에 놓인 양념이 모두 시고 쓰고 떫은 것을 보았는가?"

"분명 그렇습니다. 제가 보기에 그것들은 사람에게 아주 이상한 것들이었습니다."

(23) "그렇다면 그대는 이런 양념들이 식욕이 질리고 제멋대로인 사람의 단순한 변덕이라고 생각하지 않는가? 원기왕성한 사람은 이런 혼합물을 필요로 하지 않다는 것을 나는 잘 알고 있으며, 그대 또한 잘 알고 있을 거라고 생각하네."

(24) "예, 저는 당신께서 당신 몸에 붓는 그런 비싼 고약들이 당신보다는 당신 주변에 있는 사람들에게 더 큰 만족을 준다고 확신합니다. 마치 악취가 나는 음식을 먹은 사람이 그 주변에 있는 사람들보다 냄새가 역겹다는 것을 덜 느끼는 것처럼 말이죠."

(25) "확실히 그러네. 그리고 항상 온갖 종류의 음식을 먹는 사람은 어떤 종류의 음식도 당기지가 않지. 그 사람에게 좀처럼 맛볼 수 없는 음식을 줘 보게. 그러면 그는 아주 맛있고 배불리 먹는다네."

(26) 시모니데스가 말했다. "그렇다면 성욕의 만족이야말로 당신이 참주가 되기를 갈망하는 유일한 동기인 것 같군요. 왜냐하면 이 문제에

서 당신은 당신 눈에 드는 제일 예쁜 사람과 즐길 수 있는 자유가 있기 때문입니다."

(27) "내 확실히 말하지. 우리들은 그대가 말한 이 문제에서 일반 시민보다 더 좋지 못하다네. 우선 결혼 문제부터 보도록 하세. 재산과 영향력이 더 많은 집안과 혼사를 맺는 것이 가장 명예로운 일이며, 그것이 신랑에게는 자부심과 기쁨의 근원이라고 보통 생각하지. 그 다음 되는 결혼이란 수준이 같은 집안과 혼사를 맺는 것이지. 자기보다 못한 집안과 혼사를 맺는 것은 분명 격이 떨어지고 쓸모없는 일이라고 여기지. (28) 참주는 외국 여자와 결혼하지 않는 이상 그보다 못한 집안의 여자와 결혼하기 마련이야. 그래서 그가 바라는 일은 그에게 오질 않아. 그리고 가장 자부심이 넘치는 여성에게서 관심을 받는 것은 대단히 기쁜 일이지만, 노예가 표하는 관심은 그다지 고맙지 않고, 만약 그 관심에 어떤 작은 결점이라도 있다면 분노와 짜증을 통렬하게 터뜨리게 되지."

(29) "마찬가지로 소년과의 관계는 여자와의 관계보다 훨씬 더 참주에게 불리하다네. 내가 생각하기에 우리 모두는 열정이 성(性)의 달콤함을 아주 크게 높이는 것을 알고 있네. (30) 그러나 열정은 참주의 마음속으로 들어가기를 아주 수줍어한다네. 왜냐하면 열정이란 쉽게 얻을 수 있는 상(賞)이 아니라 갈망하는 즐거움이 되기를 흔쾌히 바라기 때문이네. 갈증이 무엇인지 모르는 사람이 물을 마셔도 만족을 느끼지 못하듯이, 열정을 모르는 사람은 성의 달콤한 즐거움을 모른다네."

(31) 히에론의 말에 시모니데스가 웃으면서 대답했다. "무슨 말씀을 하시는 겁니까, 히에론이여. 당신께서는 참주의 마음속에 소년을 향한 사랑의 마음이 일어나는 것을 부정하시나요? 그렇다면 당신은 왜 참주

들이 가장 잘생겼다고 말하는 다이로코스에 대해 열정을 가지고 계신 것입니까?"

(32) "그래, 시모니데스. 물론 그에 대해 설명하겠네. 나는 부탁만 하면 분명 그에게서 가질 수 있는 것을 얻으려고 하는 게 아니라, 참주가 가장 나중에 가져야만 하는 것을 얻기를 원한다네. (33) 사실 나는 다이로코스에게서 인간 본성상 우리가 잘생긴 사람에게서 얻기를 원하는 바로 그것을 원한다네. 그러나 나는 그것을 그의 동의하에 그의 선의로써 얻기를 강력하게 원하네. 나는 그에게서 강제로 얻기보다는 차라리 내가 피해를 얻기를 바라네. (34) 왜냐하면 적의 의사를 무시하고 적에게서 빼앗는 것이야 말로 내가 생각하기에 가장 큰 기쁨이지만, 사랑하는 사람에게서 받는 호의가 가장 기쁠 때는 오직 그가 허락할 때라네. (35) 예를 들어, 그대가 사랑하는 사람의 마음을 얻는다면, 그를 바라보는 것이 얼마나 즐거우며, 그가 하는 질문과 대답이 얼마나 즐겁고, 그와 하는 언쟁과 다툼 또한 얼마나 즐거우며 아름답겠는가. (36) 그러나 그의 의사에 반해 좋아하는 사람에게서 이익을 취한다면 그것은 사랑이 아니라 약탈이겠지. 그대는 적을 약탈하고 적에게 피해를 줌으로써 어떤 기쁨을 느끼겠지만, 사랑하는 사람에게 피해를 줌으로써 기쁨을 느끼고 사랑하는 사람에게서 미움을 받고 그를 만짐으로써 그를 혐오스럽게 한다면, 그것은 분명 고통스러운 경험이며 그를 가련하게 만들 것이네. (37) 일반 시민이라면 사랑하는 사람에게 사랑을 주었을 때 촉발되는 수락의 행동을 통해 즉각 확신을 얻지만, 참주는 그가 사랑을 받고 있다고 결코 확신할 수 없다네. (38) 왜냐하면 우리는 두려움에 의해 촉발되는 봉사의 행위가 사랑에 의해 나오는 행위와 아주 밀접하게 닮았다는

것을 모두 알고 있지. 심지어 정말로 참주에 대해 음모를 꾸미는 자들도 참주에 대해서 아주 깊은 애정을 종종 고백한다네."

2장

(1) 이에 대해 시모니데스가 대답했다. "글쎄요, 당신이 지적한 점들은 제게는 사소하게 들리는군요. 저는 존경받는 많은 이들이 음식과 음료, 양념을 일부러 없이 살며, 성적 탐닉도 신중하게 삼가는 것을 보았습니다. (2) 그러나 저는 당신이 일반 시민에 비해 엄청나게 낫다는 것을 보여 주도록 하겠습니다. 당신이 계획하는 일들은 크고 그것을 성취하는 것은 빠릅니다. 당신은 귀한 것들을 풍부하게 소유하고 있습니다. 당신은 필적할 것이 없는 훌륭한 말들이 있으며, 비할 데 없이 화려한 무기들, 부인들을 위한 최고의 보석들, 비싼 가구들로 가득한 장중한 집들이 있습니다. 게다가 당신은 탁월한 하인들을 많이 데리고 있습니다. 그리고 당신은 적에게는 피해를 주고 친구에게는 보답을 할 능력이 있을 정도로 부자입니다."

(3) 이에 대해 히에론이 대답했다. "글쎄, 시모니데스. 참주의 권력에 대해 많은 이들이 잘못 알고 있다는 사실이 나는 전혀 놀랍지 않네. 군중은 순전히 겉모습만 보고 어떤 이는 행복하고 어떤 이는 불행하다고 추측하는 것 같아. (4) 참주의 자리에 있는 자는 겉으로 보기에 진귀한 보물들을 세상 사람들의 눈앞에 확 펼쳐 보이지만, 골칫거리들은 그의 마음속에 꽁꽁 감춰두지. 그곳에는 사람의 행복과 불행이 비축되어

있어. (5) 이렇게 해서 사람들의 시선을 피하는 것 또한 전혀 놀랍지 않네. 오히려 나는 시력보다는 지력이 사물에 대해 보다 명확한 시각을 준다고 믿는 당신 같은 사람들도 이것에 대해 무지하다는 것이 놀랍네. (6) 그러나 시모니데스, 나는 경험을 통해 잘 알고 있지. 그리고 내 그대에게 말해 주지. 참주는 최대의 축복은 최소로 얻고 최대의 재앙은 최대로 받는다네. (7) 예를 들어, 평화가 인류에게 주어지는 가장 큰 축복이라면, 참주에게는 그 축복의 아주 적은 몫만이 떨어진다네. 그리고 전쟁이 가장 큰 재앙이라면 참주는 그 재앙의 가장 큰 몫을 받지. (8) 첫째로, 일반 시민은 국가가 전쟁에 휩싸이지 않는 한 목숨을 잃을 걱정을 하지 않고 원하는 곳이면 어디든 자유롭게 갈 수 있지. 하지만 참주는 어디를 가든 마치 적국에 가는 것 같다네. 어떤 경우든 그들은 항상 무기를 가지고 다녀야 하며, 언제나 무장한 경호병을 그들 주위에 두어야만 한다고 생각한다네."

(9) "둘째로, 적국으로 원정을 떠났을 때에도 일반 시민은 그들이 고국으로 돌아온 순간부터는 최소한 안전하다고 생각하지만, 참주는 그들의 도시에 도착했을 때에도 역시 이전처럼 적들에게 둘러싸여 있다는 것을 알고 있지. (10) 또, 이방인들이 월등한 힘을 갖추어 그들의 도시를 침략할 때, 만약 힘이 약한 일반 시민이 성벽 밖에 있다면 위험을 느끼지만 일단 성벽 안으로 들어오면 모두가 안전하다고 생각하게 되지. 그러나 참주는 심지어 궁전 안에서만 통행할지라도 위험에서 벗어나지 않는다네. 전혀 아니지. 그는 궁전을 가장 경계하며 걸어야 할 곳으로 생각하네. (11) 또다시 말하자면, 일반 시민에게 정전 협정이나 평화는 전쟁에서 벗어나 쉬는 것이지만, 참주는 그의 지배를 받는 사람들과 결코 평화

롭게 지낼 수 없다네. 그리고 정전 협정도 참주를 확신이 들게 하지 못하지.”

(12) "물론 전쟁에는 나라끼리 하는 전쟁이 있고 참주와 그의 압제를 받는 백성 사이에 하는 전쟁이 있지. 이들 전쟁에 따르는 어려움이 시민에게 떨어지듯이 참주에게도 떨어진다네. (13) 둘은 모두 갑옷을 입고 경계를 늦추지 않으며 위험을 감수하지. 그리고 패배의 아픔은 둘 다 같이 느낀다네. (14) 그래서 지금까지 둘은 모두 전쟁의 영향을 받았지. 하지만 전쟁에서 시민에게 주어지는 기쁨을 참주는 경험하지 못한다네. (15) 왜냐하면 그대도 알다시피 국가가 전투에서 적을 이겼을 때, 적을 궤멸시키고 적을 추격하고 적을 살육하면서 느끼는 기쁨은 이루 말로 표현할 수가 없지. 승리의 자부심에 도취된 심정이여! 적을 상대로 얻은 영광의 후광이여! 시민들이 자신들의 도시를 드높임으로써 얻는 안정감이 얼마나 크겠는가! (16) 모두가 울면서 말할 걸세. '나는 이 승리에서 받을 몫이 있어. 내가 적을 가장 많이 죽였거든.' 시민들이 거짓으로 법석을 떨지 않는 곳을 찾기란 힘들 걸세. 그들은 실제로 죽은 적보다 더 많은 수를 죽였다고 주장하지. 그렇게 그들은 대승을 거둔 것을 스스로 자랑스러워하지! (17) 그러나 참주가 의심을 품고 자신에 대한 역모가 진행 중인 것을 알았을 때, 그는 주모자를 사형에 처하지. 그는 그가 도시를 전체적으로 드높이지 않는다는 것을 아네. 백성의 숫자가 줄어들 것이라는 것도 아네. 그는 기분 좋은 표정을 지을 수 없다네. 그가 해낸 것을 가지고 자랑할 수도 없네. 오히려 그는 될 수 있는 한 그 일을 별것 아닌 것으로 만들려고 노력하네. 그리고 자신이 보기에도 그의 행동은 명예롭지 않는데, 오히려 그의 재임 중에 나쁜 짓은 전혀 하지 않았다고

설명하네. (18) 심지어 그가 두려워하는 사람이 죽었을 때에도 그는 안심하지 못하네. 오히려 이전보다 더 경계를 강화한다네. 그리고 이제 참주가 끊임없이 벌여야 하는 전쟁으로 어떤 것들이 있는지 그대에게 보여 주겠네."

3장

(1) "다음은 우정에 관해서이네. 참주들이 우정을 어떻게 나누는지 보도록 하게나. 먼저, 우정이 인류에게 큰 축복인지 생각해 보세. (2) 어떤 사람이 친구들로부터 사랑을 받는다면, 친구들은 그가 있는 것을 기뻐하고, 그에게 좋은 일을 하기를 기뻐하며, 그가 없을 때는 그를 그리워하며, 그가 돌아왔을 때는 매우 기쁘게 그를 맞이하고, 그의 성공을 함께 기뻐하고, 그가 넘어지는 것을 볼 때는 모여서 그를 돕지. (3) 우정이 사람에게 큰 축복이고 사람을 기쁘게 한다는 사실을 국가도 알고 있지. 많은 나라에서 범죄자 중에서 오직 간통을 저지른 사람만은 죽여도 처벌을 받지 않는 법이 있는 것은, 그 간통범이 부인과 남편 사이의 우정을 파괴했다고 믿기 때문이지. (4) 만약 그 여성이 어떤 상황에서 강요에 의해 그 실수를 했을 때에는, 부인이 평소에 남편에 대해 흠 없는 우정을 유지한 것 같았다면, 남편은 그 사건에서 부인을 조금도 경시하지 않지. (5) 내가 판단하기에, 사랑받는다는 것은 너무나 귀한 축복이라네. 신들과 사람들로부터 사랑을 받는 사람에게는 정말로 좋은 것들이 떨어진다고 나는 믿네."

(6) "그렇다면 그것이 우정의 소유에 관한 본질이라네. 즉, 참주는 다른 어떤 사람보다 우정을 아주 적게 가지고 있지. 그대가 내가 말하는 것이 사실인지를 알고 싶다면, 이런 식의 질문을 생각해 보게. (7) 나는, 가장 굳건한 우정이란 부모와 자녀를 하나가 되게 하고, 부인과 남편이, 전우와 전우가 서로 하나가 되게 하는 것이어야만 한다고 보네. (8) 이제 그대가 지켜보면 일반 시민이 이 유대관계로 서로 깊게 사랑한다는 것을 발견하게 될 걸세. 그러나 참주는 어떠한가? 많은 참주가 그들의 자식을 죽였네. 참주 중 많은 이들이 그들의 자식에게 살해당했네. 형제끼리 동업으로 참주정을 하던 이들이 서로의 손에 스러져 갔네. 많은 참주가 그들의 부인에 의해 목숨을 잃었고, 그렇지, 그들 중에는 가장 가까운 친구라고 여기던 전우에 의해 죽은 이도 있네. (9) 그렇다면 천륜에 의해 서로 묶이고, 관습에 의해 서로 가장 사랑하도록 구속받은 이들에게 참주들이 그렇게 미움을 받는 것을 봤을 때, 어떻게 그들이 다른 존재로부터 사랑받을 것이라고 추측할 수 있겠나?"

4장

(1) "다음으로 신뢰를 보도록 하지. 신뢰를 가장 적게 얻는 사람은 분명 큰 축복을 적게 받은 것이겠지? 상호 신뢰가 없는 동료애가 어찌 즐겁겠는가? 신뢰가 없다면 남편과 부인 사이의 교류가 어찌 기쁘겠는가? 하인이 신뢰를 주지 못한다면 그를 데리고 있는 것이 무슨 기쁨이 있겠는가? (2) 참주는 사람들 중에서 신뢰를 가장 적게 누린다네. 그들은 먹

는 것과 마시는 것도 항상 의심하지. 그들은 시종들이 먼저 맛보게 하고, 신들에게 술을 올리기 전에도 먼저 마셔 보라고 시키지. 접시나 사발 속에 있는 독을 마실지도 모른다는 불안 때문에 그렇다네. (3) 모든 사람에게 그들의 조국은 귀한 존재지. 시민들은 그들의 노예들과 사악한 일을 저지르는 자들로부터 그들 중 누구도 폭력에 의한 죽음을 당하지 않기 위해 돈을 들이지 않고 서로 지켜 준다네. (4) 심지어 많은 나라에서 살인죄를 저지른 사람의 동료도 깨끗하지 못하다는 법을 만드는 예방 조치까지 취하기까지 한다네. 그 결과 그들의 조국 덕분에 모든 시민이 안전하게 살고 있지. (5) 그러나 참주는 또한 이런 사례와 반대되는 자리에 있다네. 도시들은 참주를 죽이는 자들을 처벌하기는커녕 오히려 명예를 더하고 있네. 그리고 일반 시민이 살인을 저지르면 사원에 출입하지 못하도록 하지만, 도시들은 참주를 암살한 자를 같은 식으로 대우하기는커녕 오히려 성스러운 사당에 그의 동상을 세우고 있는 실정이라네."

(6) "만약 참주가 일반 시민보다 소유가 많기 때문에 더 즐거움을 누린다고 생각한다면, 시모니데스, 이것 또한 그렇지 않다네. 훈련받은 운동선수는 아마추어 선수보다 더 우월하다고 해서 기뻐하지 않지만, 라이벌 선수에게 패했을 때에는 마음에 깊은 상처를 받지. 마찬가지로 참주는 그가 일반 시민보다 더 많이 소유했다고 해서 기쁘지는 않지만 다른 참주보다 부족하게 소유할 때에는 화가 난다네. (7) 그렇다고 그가 바라는 물건을 일반 시민보다 더 빠르게 가지는 것도 아니야. 일반 시민은 집이나 농장, 하인을 바라지만 참주는 도시나 넓은 영토, 항구, 강력한 요새를 바라지. 이런 것들은 시민이 매력을 느끼는 물건보다 더 차지하기 힘들 뿐 아니라 차지하는 데 위험이 더 따른다네. (8) 게다가 가난한 것

도 참주들 사이에서보다 일반 시민들 사이에서 더 드물다네. 왜냐하면 많고 적음은 숫자가 아니라 소유주의 필요에 의해 측정되기 때문이지. 충분한 것보다 많은 것은 많은 것이고, 충분한 것보다 부족한 것은 부족한 것이야. (9) 따라서 부를 풍부히 소유하고 있는 참주가 일반 시민보다 필요한 경비를 더 맞추지 못한다네. 일반 시민은 원하는 대로 매일의 생활 경비를 줄일 수 있지만, 참주는 그럴 수 없다네. 그들이 쓰는 경비 중에서 가장 많이 들고 가장 필수로 드는 항목은 생명을 지켜 주는 경호병에게 쓰는 돈인데, 그것을 줄였다간 목숨을 잃을 수 있기 때문이야. (10) 그 외에도, 정직한 수단으로도 필요한 것을 모두 가질 수 있다면 왜 그들을 마치 가난한 것처럼 불쌍히 여길까? 돈이 부족한 나머지 먹고살기 위해 나쁘고 꼴사나운 방책을 써야 하는 사람이라면 불쌍하고 가난에 찌든 사람이라고 여기는 게 더 올바르지 않겠는가? (11) 참주는 필요한 경비를 충당하기 위해 사원(寺院)들과 동료 참주들을 약탈하는 범죄를 자주 저지른다네. 그들에게 삶이란 영원한 전쟁 상태지. 그들은 군대를 유지해야만 하네. 그렇지 않으면 파멸하기 때문이야."

5장

(1) "참주는 또 다른 문제에 짓눌려 있다네. 시모니데스, 내 그대에게 그것을 말해 주지. 그들은 용감하고 똑똑하며 정직한 사람을 일반 시민이 하듯이 쉽게 알아본다네. 그러나 그런 사람을 칭찬하기보다는 두려워한다네. 용감한 사람이 자유를 얻기 위해 분연히 일어서지 않을지, 똑

똑한 사람이 음모를 꾸미지나 않을지, 정직한 사람이 지도자가 정직하게 행동하기를 바라도록 사람들을 부추기지는 않을지 걱정한다네. (2) 두려운 나머지 그런 사람들을 없애 버린다면 그들이 이용할 사람들로는 누가 남겠는가? 부정직하고 사악하고 비굴한 사람만 남겠지. 부정직한 자는 참주와 마찬가지로 그들의 도시가 언젠가 굴종을 벗고 도시의 진짜 주인이 누구인지를 증명하는 것을 두려워하기 때문에 신임을 받고, 사악한 자는 현재 누리는 방종 때문에, 비굴한 자는 자유를 바라는 갈망조차 없기 때문에 신임을 받는 것이라네. 내 생각으로는, 어떤 사람에게서 좋은 점을 보고서도 어쩔 수 없이 다른 사람을 고용해야 한다면 이야말로 큰 문제 아닌가."

(3) "나아가 참주라 할지라도 반드시 그의 도시를 사랑해야 할 필요가 있다네. 왜냐하면 그 도시가 없다면 안전과 행복을 누릴 수 없기 때문이지. 하지만 참주라는 자리는 심지어 그의 조국의 잘못까지도 찾아내게 만든다네. 그는 시민이 용감하고 잘 무장한 것을 보기를 기뻐하지 않아. 오히려 그는 외국인이 시민보다 더 힘이 센 것을 기뻐하지. 그리고 그는 그 외국인을 자신의 신변 경호병으로 고용한다네. (4) 또한 계절이 좋아 풍년이 들 때에도 참주는 사람들과 함께 기뻐하지 않는다네. 왜냐하면 더 궁핍할수록 사람들이 식량을 구하려고 고개를 더 숙인다고 생각하기 때문이지."

6장

(1) 히에론이 계속 말했다. "시모니데스, 나는 이제 내가 일반 시민이었을 때 누렸지만 참주가 된 이후로 나한테서 사라졌던 모든 즐거움을 그대에게 알려 주도록 하겠네. (2) 그때 나는 동료들과 교류했다네. 그들은 나를 기쁘게 해주었고, 나도 그들을 기쁘게 해주었지. 나는 휴식이 필요할 때마다 혼자서 놀곤 했어. 때로는 인생의 온갖 문제들을 잊을 때까지, 때론 나의 영혼이 노래와 여흥과 춤으로 흠뻑 젖을 때까지, 때론 나와 내 모든 친구들이 곯아떨어질 때까지 술을 마시며 흥청망청 시간을 보냈네. (3) 그러나 지금, 나와 기쁨을 누리던 사람들과 끊겼다네. 친구 대신 노예가 내가 교류하는 사람들이지. 친구들과 함께 하던 즐거운 교류도 끊겼다네. 나를 향한 그들의 태도에서 선한 의도를 발견할 수 없네. 나는 이제 마시고 잠자는 것을 덫으로 여겨 피한다네. (4) 군중을 두려워하고, 그렇지만 고독 또한 두려워하며, 무장한 경호병 없이 어디를 가기를 두려워하지만, 자신을 호위하는 바로 그 병사를 두려워하네. 수행원들이 무장하지 않는 것을 보고 흠칫 놀라지만 그들이 무장하는 것을 좋아하지 않네. 이것이야말로 분명 비참한 처지 아닌가? (5) 그리고 시민보다 외국인을 신뢰하고, 그리스인보다 이방인을 더 믿으며, 자유민을 노예로 만들고, 노예를 자유민으로 만들어야 한다는 강박관념이 든다면, 이것이야말로 영혼이 두려움에 짓이겼다는 것을 보여 주는 확실한 증거가 아니겠는가? (6) 그대도 알다시피, 두려움이란 그것이 영혼에 존재하고 있다는 이유만으로도 고통스러운 일이지만, 심지어 즐거울 때에도 우리를 계속 괴롭혀 우리를 완전히 망가뜨린다는 점에서도 고통스럽

다네."

(7) "시모니데스. 그대도 나처럼 전쟁을 경험했다면, 그대 가까이에 적의 대열이 있다면, 그때 어떤 음식을 먹었고 어떤 잠을 잤는지 떠올려 보게. (8) 내가 그대가 겪었던 고통을 참주도 똑같이 겪는다고 말할 것 같은가. 아닐세. 참주는 그보다 더 무서운 고통을 겪는다네. 참주는 적이 앞에 있는 것만이 아니라 자기 주위에도 있다고 믿기 때문이지."

(9) 이에 대해 시모니데스가 대답했다. "부분적으로 훌륭한 말씀입니다. 인정합니다! 전쟁은 참으로 두렵지요. 히에론이여. 그럼에도 우리는 열심히 전쟁을 수행합니다. 우리를 지키기 위해 보초를 세우고, 저녁을 먹은 후 사기가 오른 채 잠에 듭니다. 이것이 우리의 방식이죠."

(10) 그러자 히에론이 대답했다. "분명 그렇지, 시모니데스! 그대의 보초는 그 앞에 또 다른 보초를 두었지. 바로 법률일세. 그래서 보초는 자신을 감싸는 것을 두려워하고, 그로 인해 그대는 평안을 얻지. 그러나 참주가 고용하는 경호병은 수확하는 일꾼 같다네. (11) 내가 생각하기에 경호병에게 필요한 으뜸 되는 자질은 충성심이야. 그런데 어떤 일인지 상관없이 그 일에 필요한 일꾼 100명을 구하는 것보다 한 명의 충성스러운 경호병을 구하는 게 더 어렵다네. 특히 돈을 주고 경호병을 고용한다면, 경호병은 그가 수년 동안 참주를 보호하고 버는 돈보다 참주를 암살하고 단번에 버는 돈이 더 많을 수 있는 힘을 가지고 있지."

(12) "그대는 우리가 친구에게 혜택을 줄 수 있는 힘을 비할 데 없이 많이 갖고 있고, 적을 무찌를 비할 데 없는 성공을 거둘 수 있다는 점이 부럽다고 말했지. 그런데 그것 또한 환상일세. (13) 만약 그대로부터 혜택을 가장 많이 받는 친구가, 받자마자 즉시 그대 앞에서 사라지기를 기

뻐한다는 것을 그대가 안다면, 그대는 친구에게 혜택을 주는 것을 과연 기뻐할 수 있겠는가? 참주로부터 무언가를 받는 사람은 그가 참주의 영역을 벗어나기 전까지는 그것을 자기 것으로 여기지 않기 때문일세. (14) 또, 참주가 다른 사람보다 적을 더 많이 깨부술 수 있다고 말할 수 있겠는가? 참주는 참주정에 복종하는 모든 백성이 자신의 적이고, 복종하는 그들 모두를 죽이거나 감옥에 보낼 수 없다는 것을 잘 안다네. 그랬다간 참주의 지배를 받을 사람이 누가 남겠는가? 그들이 참주의 적이라는 것을 잘 알기 때문에 그들을 경계해야 하지만, 그럼에도 그들을 이용해야 할 필요가 있다네. (15) 그리고 시모니데스, 내 이것이 그대에게 확실히 말할 수 있네. 참주가 어떤 시민이든 두려워한다면 그는 그 시민이 살아 있는 것을 보는 것이 싫다네. 그렇지만 그를 죽이는 것도 꺼려하지. 내 요점을 예로 든다면, 좋은 말이 있는데 주인에게 어떤 치명적인 손해를 줄 것이라고 주인이 겁을 먹는다고 하세. 그렇지만 주인은 말이 가진 훌륭한 자질 때문에 말을 죽이기 꺼려할 것일세. 그리고 위험한 순간에 그 말이 어떤 치명적인 피해를 줄지 모른다는 걱정 때문에 그 말을 살려두고 이용하기를 꺼려할 걸세. (16) 그러네. 이것이 곧 소유물은 골칫거리이면서도 유용하다는, 모든 소유물에 적용되는 진리일세. 어떤 것을 소유하기란 힘든 일이지만, 그것을 없애는 것 또한 힘들다네."

7장

(1) 시모니데스는 이 말을 듣고 다음과 같이 대답했다. "히에론이여. 인간이 어떤 수고도 마다하지 않고 어떤 위험도 감수하면서 얻으려고 그렇게 진지하게 노력하는 것을 보니 명예라는 것이 분명 위대한 것이군요! (2) 그리고 비록 당신이 참주가 가지는 그런 모든 문제를 말했지만, 여전히 당신 같은 사람들은 명예를 얻기 위해 참주의 자리로 저돌적으로 돌진하지요. 모든 사람이 당신이 명령한 것을 묻지 않고 실행하고, 모든 시선이 당신의 결정을 기다리며, 모두 자리에서 일어나 당신을 향해 길을 내며, 당신 앞에서는 행동과 말로 당신을 드높입니다. (사실 그런 것은 백성이 참주와 누구든 그 순간에 그들의 영웅이 되는 사람에게 보이는 행동이죠.) (3) 히에론이여. 참으로 저는 이것이 인간과 동물의 차이라고 생각합니다. 즉, 인간은 명예를 갈망한다는 것이죠. 모든 피조물은 음식과 잠과 성(性)에서 똑같이 기쁨을 느낍니다. 그러나 명예를 사랑하는 것은 야수나 모든 사람에 뿌리를 두고 있지 않습니다. 명예를 향한 열정이 마음속에 있는 사람은 들판의 야수와 가장 크게 다릅니다. 그들은 중요한 사람들이며 평범한 인간이 아니죠. (4) 그리고 저는 당신이 참주의 자리를 맡음으로써 떠안는 그런 모든 짐을 져야 할 훌륭한 이유가 있다고 생각합니다. 그것은 당신이 다른 모든 사람보다 더 높은 명예를 얻기 때문입니다. 인간이 누리는 기쁨 중에서 명예에 주어지는 기쁨만큼 천국의 기쁨과 유사한 것은 없다고 봅니다."

(5) 이에 대해 히에론이 대답했다. "아, 시모니데스여. 나는 참주가 누리는 명예는 내가 이전에 말했듯이 구애와 밀접하게 닮았다고 생각하

네. (6) 무관심한 사람의 봉사는 은혜의 행위로 비쳐지지 않고 강요에 의한 호의는 기쁨을 주지 않지. 두려움에 떠밀려 하는 봉사도 마찬가지라네. 그것들은 명예가 아니라네. (7) 압제자에게 명예를 표하기 위해 자리에서 일어나도록 강요를 받고, 자신보다 힘이 센 자에게 길을 내주도록 강요받는 자들이 그들의 압제자를 존경하기를 희망한다고 어떻게 말할 수 있겠는가? (8) 선물도 그러네. 대부분의 사람이 참주가 자신에게 어떤 나쁜 짓을 할 만한 이유가 있다고 생각하는 바로 그때 참주에게 선물을 보낸다네. 내가 생각하기에 이런 행동들은 굴종의 행동으로 여겨야 하네. 명예는 이와 정반대의 느낌을 표현하는 것이어야 하지. (9) 그들이 누군가를 그들의 은인이라고 느낄 때, 그들은 그 사람을 축복의 근원이라고 여기게 된다네. 그 이후로부터 그들의 입술에는 그에 대한 칭송이 끊이지 않고, 모두가 그를 특별한 축복으로 여기고, 자리에서 스스로 즉시 일어나 그를 위해 길을 열며, 두려움이 아닌 사랑으로 그의 자비와 은혜에 영광을 올리며, 자발적으로 그에게 선물을 보내지. 내가 보기에 그들은 그런 행동들로 그 사람을 진정으로 명예롭게 하고 있네. 그리고 그런 행동들을 받을 가치가 있다고 여겨지는 사람이 바로 그 행동으로 인해 명예로워지지. (10) 나는 그렇게 명예를 받는 사람을 행복한 사람으로 친다네. 그는 반역에 노출되기는커녕 그에게 피해가 가지 않도록 배려하는 대상이라네. 그는 두려움과 적의와 위험에 공격당하는 삶이 아니라 부서지지 않는 행복을 누리며 살지. 그런데 참주는 어떤 줄 아나? 시모니데스, 내 그대에게 말해 주지. 참주는 밤낮을 자신의 악행 때문에 모든 사람에게 사형을 구형받은 느낌으로 산다네."

(11) 시모니데스가 이 모든 것을 듣고서 그에게 물었다. "오, 히에론이

여. 만약 참주라는 자리가 그렇게 나쁜 것이고, 그것이 참주에 대한 당신의 생각이라면, 왜 당신께서는 그렇게 큰 악을 스스로 없애지 않았으며, 참주가 되었지만 그 문제 때문에 참주의 권력을 포기했던 사람이 이제껏 없는 것인가요?"

(12) 히에론이 말했다. "시모니데스. 그것이 참주의 권력이 지니는 최고의 불행이네. 나는 그 자리를 버릴 수 없네. 어느 참주가 그가 강탈했던 재산을 모두 돌려줄 수 있는 만큼의 재산을 마련할 수 있을까? 또는 그가 감옥에 보냈던 모든 사람의 복역 기간만큼을 스스로 감옥에서 채울 수 있을까? 또는 그가 죽였던 모든 사람을 위해 그의 목숨을 내놓음으로써 그것을 보상할 수 있을까?" (13) 히에론이 소리쳤다. "아, 시모니데스. 어떤 사람이 자신을 목매달아서 이익을 얻는다면, 내가 발견하기로 참주는 가장 큰 이익을 얻을 수 있네. 그는 자신의 문제들을 계속 갖고 있든 없애든 아무런 이익이 없다네."

8장

(1) 이에 시모니데스가 응수했다. "글쎄요, 히에론. 저는 당신이 당장은 참주라는 자리에 불만을 갖고 있다는 것에 놀라지 않아요. 당신은 당신이 갈망하는 사람들의 사랑을 참주라는 자리가 얻지 못하게 만들기에 그렇게 생각하지요. 그럼에도 저는 지배자로 사는 것이 시민으로 사는 것보다 사람들의 사랑을 얻는 데 방해가 되는 것이 아니라 사실은 더 유리하다는 것을 보여 주려고 합니다. (2) 이것이 정말 그런지를 발견하

는 차원에서 잠시 다음 질문을 던져 봅시다. 지배자는 그가 가진 큰 권력 때문에 보다 많은 호의를 베풀 수 있는가? 시민과 참주가 똑같이 행동한다고 가정한다면, 같은 행동으로 둘 중 누가 더 큰 감사를 얻어낼까요?"

"가장 사소한 사례부터 시작해 봅시다. (3) 첫째로, 두 사람이 어떤 사람을 만나 친근한 인사를 건넨다고 합시다. 한 사람은 지배자이고, 다른 사람은 시민입니다. 이 경우에 어느 인사가 듣는 사람한테 더 기쁘게 들릴까요? 또는 두 사람이 같은 사람을 칭찬한다고 합시다. 어느 칭찬이 더 환영을 받을까요? 두 사람이 희생제사를 주최한다고 합시다. 누구의 초대를 더 감사하게 생각할까요? (4) 두 사람이 똑같이 병든 사람을 문병한다고 합시다. 그렇다면 가장 권력 있는 사람의 문병이 환자에게 가장 큰 위로를 주는 것이 분명하지 않겠습니까? 두 사람이 똑같은 값어치의 선물을 준다고 합시다. 이 경우 역시 가장 권력 있는 사람이 주는 선물의 절반이 평범한 시민이 주는 선물의 전부보다 더 많게 여겨지는 것은 분명하지 않나요? (5) 그리고 내 생각대로라면 심지어 신들도 위대한 지배자의 비위를 맞추기 위해 특별한 명예와 호의를 일으킵니다. 지배자의 지위는 사람을 보다 더 위엄 있게 만들뿐더러, 우리는 평범한 시민이 아니라 지배자를 보고서 더 크게 기뻐하고, 우리와 같은 계급의 사람이 아닌 우리보다 높은 사람과 이야기를 하면서 자부심을 느끼기 때문이죠. (6) 그리고 당신이 참주의 자리를 가장 맹렬하게 비난한 주제의 대상이었던 소년들은 참주의 나이가 많다고 혐오하거나 그들과 관계하는 사람의 보호를 받는다고 추하다고 생각하지 않습니다. 높은 자리는 그 자체로 사람을 꾸미는 가장 화려한 장식입니다. 자리는 그 위에 앉은 사람의 어떤 역겨운 것도 덮어 주고, 그 사람의 좋은 특징들을 밝게 비추지요. (7) 게다가 똑같은 봉사를 하고서도 지배자는 더 깊은 감사를 받는다는 점을 고려한다면, 분명 당신이 다른 사람에게 더 많은 것을 할 수 있는 힘이 있고, 그들에게 더 많은 선물을 줄 수 있다면, 당신이 일반 시민보다 더 크게 사랑을 받아야하는 것이 당연하지요."

(8) 히에론이 즉시 대답했다. "시모니데스, 참으로 그렇지 않네. 우리는 사람들의 미움을 사는 일을 일반 시민보다 더 자주 할 수밖에 없네. (9) 우리는 필요한 곳에 쓸 돈을 마련하기 위해 돈을 강탈해야 하네. 지킬 필요가 있는 것을 지키기 위해 사람들을 강제해야만 해. 범죄자를 처벌해야만 해. 버릇없게 구는 사람을 탄압해야만 하지. 그리고 육군과 해군을 즉각 파견해야 하는 위기가 터졌을 때 미적거리지 않도록 지켜보아야만 하네. (10) 나아가 참주는 반드시 용병이 필요하다네. 그리고 용병만큼 시민들을 무겁게 짓누르는 짐은 없지. 시민들은 용병이 국가의 이익을 위해서가 아니라 참주 개인의 목적을 위해 유지된다고 믿기 때문이네."

9장

(1) 이렇게 대답하자 시모니데스가 말했다. "글쎄요, 히에론. 저는 이 모든 문제들이 주목을 끈다는 사실을 부정하지 않습니다. 그러나 저는 지배자의 행동을, 감사와 환영을 받는 행동과 필연적으로 비인기를 끌게 하는 행동의 두 가지로 나누어야겠습니다. (2) 사람들에게 무엇이 최선

인지를 가르치고, 최선의 것을 가장 효율적으로 달성하는 사람을 칭찬하고 명예롭게 하는 일은 감사와 환영을 받는 행동입니다. 그리고 어떤 면이든 부족한 사람을 욕하고 비난하고 아프게 하는 일은 필연적으로 어느 정도 비인기를 불러일으키기 마련입니다. (3) 따라서 위대한 지배자는 억압해야 할 필요가 있는 사람을 처벌하는 일을 다른 사람에게 맡기고, 다른 사람에게 상을 주는 특권은 자신이 가져야 한다고 저는 주장합니다. 이렇게 업무를 조정하는 것이 훌륭하다는 것은 일상의 경험으로 확립되었습니다. (4) 그리하여 합창대회를 개최하려고 한다면 지배자는 상을 주면 되지만, 합창단원을 모집하고 단원들을 훈련시키며 어떤 면이든 부족한 사람을 강요하는 일은 합창단장에게 맡깁니다. 이렇게 하면 확실히 즐거운 일은 지배자에게 오고 불쾌한 일은 다른 사람에게 가죠. (5) 그렇다면 다른 모든 공무가 이런 원리에 따라 관리되지 못할 이유가 무엇입니까? 국가는 모두 부족 또는 모라 또는 로쿠스라는 부분으로 나뉘고, 각 부분에는 아르콘이 임명됩니다. (6) 그렇게 되면 합창단에 비유했던 대로 무기를 잘 갖추고, 훈련이 잘 되어 있으며, 기마술이 뛰어나고, 전장에서 용기가 있고 임무를 잘 수행한 부분에는 상을 수여합니다. 그렇게 되면 경쟁이 자연스럽게 생겨나고 그 결과 이들 모든 면에서 나아지려는 노력을 진지하게 하게 됩니다. 그리고 마땅하게도 보상의 전망이 보인다면 요구할 때마다 지정된 곳에 더 많이 보내고, 전쟁 세금을 더 빨리 내려고 할 것입니다. (7) 가장 유용한 직업이지만 경쟁의식이 가장 두드러지게 없는 농업에서도 제일 좋은 수확을 거둬들인 농장이나 마을에 상을 준다면 커다란 발전이 있을 것이고, 이 직업에 열정적으로 헌신했던 시민들에게 많은 좋은 결과들이 뒤따를 것입니다. (8) 소출의 증가

뿐만 아니라 산업에 대한 진지한 태도가 더 높아집니다. 그리고 악은 완전고용이 이루어진 곳에서 좀처럼 번창하지 않는다는 점을 기억하십시오. (9) 상업 또한 도시에 소득을 가져오고, 부지런하게 장사하는 사람에게 명예의 상이 주어진다면, 더 많은 사람이 상업에 뛰어들려 할 것입니다. 또한 소출을 늘릴 수 있는 어떤 방법이든 발견하면 보상이 주어진다면 뛰어들지 않는 연구 영역이 없을 것입니다. (10) 한마디로 요약하자면, 모든 분야에서 좋은 제안은 반드시 보상받는다는 것이 분명해진다면 많은 사람이 그 사실을 알고서 유망한 연구에 참여하고자 할 것입니다. 그리고 유용한 주제에 대한 관심이 널리 퍼진다면 발견과 성취가 풍부하게 늘기 마련입니다."

(11) "히에론. 만약 당신이 많은 주제에 대해 상을 주는 비용이 너무 많아질 것이 두렵다면 상을 준비하는 데 쓰는 돈보다 더 싸게 드는 물건은 없다는 점을 생각하십시오. 경마, 체육대회, 합창경연, 그리고 보잘 것 없는 상을 얻기 위해 견뎌야 하는 오랜 훈련과 실습 기간에 쓰는 큰 금액을 생각해 보십시오."

10장

(1) 히에론이 말했다. "그렇지, 시모니데스. 당신은 맞게 말했소. 그런데 용병은 어떻게 생각하시오? 사람들이 싫어하지 않으면서도 용병을 고용할 방법이 있소? 아니면 지배자가 인기를 얻게 되면 더 이상 경호병은 필요하지 않다고 할 수 있소?"

(2) "아니죠, 아니죠. 물론 경호병이 필요할 것입니다." 시모니데스가 말했다. "어떤 사람은 말과 같아서 원하는 것을 더 많이 얻기 위해 더 버릇없이 굴려고 하지요. (3) 그런 사람을 관리하는 방법은 경호병을 두어 두렵게 하는 것입니다. 그렇지만 아마도 신사에게는 다른 어떤 수단보다 용병을 고용하는 것이 더 큰 혜택을 줄 것입니다. (4) 저는 당신이 용병을 주로 당신을 보호하기 위해 유지할 것이라고 생각합니다. 하지만 주인은 종종 노예에게 살해당합니다. 따라서 용병에게 부여된 첫 번째 임무가 전체 국민의 경호병이 되어 모두를 돕는 것으로 한다면, 그들이 어떤 낌새를 알아차렸을 때(가령 우리가 모두 알듯이 모든 무리 속에는 말썽꾸러기가 있듯이) 용병이 참주뿐만 아니라 시민도 보호하도록 명령을 받는다면, 시민들은 용병이 자신들을 위해 한 가지 봉사를 한다고 알 것입니다. (5) 이것이 전부가 아닙니다. 용병은 또한 나라의 노동자와 성(城)에 평화와 안전을 최대로 줄 수 있을 것이며, 그 혜택은 당신의 사유지에 한정되지 않고 나라 구석구석에서 느낄 것입니다. (6) 또한 용병은 중요한 곳을 지킴으로써 시민들이 그들의 사적 업무에 참가할 수 있는 여력을 제공할 수 있습니다. 게다가 적이 은밀하고 급작스러운 공격을 꾸밀 때 늘 무장하고 조직을 갖춘 군사 세력보다 적의 계획을 더 잘 탐지하거나 막을 수 있는 유용한 주체를 찾을 수 있습니까? 또는 다시 말해 시민들이 원정을 떠났을 때 용병보다 더 시민들에게 유용한 주체가 있나요? 말할 것도 없이 용병은 수고와 위험과 경계 업무를 가장 크고 기꺼이 감당할 준비가 되어 있는 사람들입니다. (7) 그리고 이런 군사 세력을 가진 사람이야말로 인접 국가에 평화에 대한 강력한 열망을 강요하지 않겠습니까? 왜냐하면 친구의 재산을 보호하거나 적의 계획을 좌절시키는 데

있어 무장한 군사 조직만한 것은 없기 때문입니다. (8) 나아가 시민들이 용병은 시민에게 해를 끼쳐서는 안 되고, 해를 끼칠 염려가 있는 사람을 억압하며, 학대받는 사람을 구출하고, 시민을 돌보고 그들을 위험에서 보호해야 한다는 것을 잘 안다면, 시민들은 반드시 호의를 가지고 용병에 대한 돈을 지불할 것입니다. 아무튼 참주는 자신의 고국에서 이것들보다 덜 중요한 것을 지키기 위해서라도 경호병을 유지합니다."

11장

(1) "게다가 히에론, 공공의 이익을 위해 당신의 개인 재산을 쓰는 것을 주저해서는 안 됩니다. 내가 생각하기에 참주가 도시를 위해 쓰는 돈은 분명 참주 자신에게 쓰는 돈보다 유용합니다. (2) 자세히 살펴봅시다. 당신은 매우 귀중한 예술품으로 장식한 궁전을 소유하는 것과 성벽과 사원, 베란다, 시장, 항구를 갖춘 도시를 소유하는 것 중에서 어느 쪽이 더 명예가 된다고 생각하시나요? (3) 당신은 당신 자신이 눈이 부실 정도로 반짝거리는 갑옷을 입는 것과 훌륭한 무기를 시민 모두에게 주는 것 중에서 어느 쪽이 적에게 더 두렵게 비칠 것이라고 생각하시나요? (4) 당신은 당신 자신의 돈만을 쓰는 것과 모든 시민의 돈을 쓰는 것 중에서 어느 쪽이 더 많은 소출을 거둘 것이라고 생각하시나요? (5) 세상에서 가장 고귀하고 가장 멋진 일이라고 여겨지는 전차용 말 기르기는 어떤가요? 당신 자신이 모든 그리스인 중에서 전차용 말을 가장 많이 길러 축제에 내보내는 것과 당신 나라에서 사육사와 경주 참가자를 가장

많이 모아 내보내는 것 중에서 어느 쪽이 더 명예가 된다고 생각하시나요? 그리고 당신의 팀이 잘해서 얻은 승리와 당신이 수장으로 있는 도시가 번성해서 얻은 승리 중에 어느 것이 더 고귀하나요? (6) 제 생각으로는, 아무리 위대한 참주일지라도 일반 시민과 경쟁할 수는 없습니다. 당신이 승리를 거두어도 칭송보다는 질투를 일으킬 것입니다. 왜냐하면 당신이 쓰는 돈을 여러 가문이 댔기 때문입니다. 그리고 당신이 패배하면 그것만큼 더 큰 조롱을 받을 것은 없습니다. (7) 히에론. 저는 당신께서 여러 나라의 지배자들과 경쟁해야만 한다고 말씀드립니다. 그리고 당신의 나라가 그 나라들보다 훨씬 더 번성한다면 당신께서는 세상의 가장 고귀하고 멋진 경쟁에서 승리했다고 확신이 들 것입니다. (8) 그리고 첫째로 당신은 당신이 진정으로 원하는 백성의 사랑을 곧장 얻게 될 것입니다. 둘째로 당신의 승리는 전령 한 사람의 목소리로 선포되는 것이 아니라 온 세상이 당신의 미덕을 말할 것입니다. (9) 당신은 모든 사람이 주목하는 대상으로서 일반 시민뿐 아니라 모든 나라에도 영웅이 될 것입니다. 당신은 당신 집에서뿐만 아니라 대중 사이에서 공적으로도 칭송을 받을 것입니다. (10) 그리고 당신은 구경하고자 하는 곳은 어디든 안전하게 갈 것이며, 당신 앞에 서기를 갈망하는 무리를 얻을 것이기 때문에 집에서도 똑같이 자유롭게 즐길 것입니다. 그들 중 일부는 지혜롭거나 아름답거나 선한 것을 보여 주려고 갈망하고, 다른 이들은 당신에게 봉사하기를 원할 것입니다. (11) 당신 옆에 있는 모든 사람은 동맹군이 될 것이며, 당신과 함께 있지 않는 모든 사람은 당신을 보기를 갈망할 것입니다."

"이렇게 당신은 사람들에게 사랑받는 사람뿐만 아니라 칭송받는 사람이 될 것입니다. 당신은 잘생긴 소년에게 구애할 필요 없이 그들의 구애를 참을성 있게 듣게 될 것입니다. 당신에게 재앙이 생기지나 않을지 당신이 걱정하는 것이 아니라 다른 사람이 걱정할 것입니다. (12) 당신의 백성들은 당신에게 자발적으로 복종할 것이며, 당신이 애걸하지 않아도 당신을 돌볼 것이며, 만약 당신에게 위험이 닥치면 그들은 단순한 협력자가 아니라 위험에 열정적으로 맞서는 열성분자이자 위험을 물리친 승리자가 될 것입니다. 많은 선물을 받을 가치가 있다고 여겨지며, 그 선물을 나누어 가지는 착한 의지의 사람에게 전혀 손해가 되지 않으므로, 모든 사람이 당신의 행운을 기뻐하고, 마치 자신의 재산을 보호하는 것처럼 당신의 재산을 위해 싸울 것입니다. (13) 그리고 당신 친구의 집에 있는 모든 재산은 당신 마음대로 쓸 수 있게 될 것입니다."

"히에론, 이것을 명심하십시오. 당신의 친구를 부자로 만들면 당신이 부자가 될 것입니다. 당신의 나라를 높이면 당신이 권력을 쥐게 될 것입니다. (14) 동맹국을 얻으십시오(그러면 당신을 돕는 사람들을 얻게 될 것입니다). 당신의 조국을 당신의 집으로, 시민을 당신의 친구로, 친구를 당신의 자녀로, 당신의 아들을 당신의 생명처럼 귀하게 여기십시오. 그리고 친절한 행동에서 이 모든 사람들을 능가하도록 노력하십시오. (15) 왜냐하면 만약 친절한 행동에서 당신의 친구들을 능가한다면, 당신의 적은 당신에 대해 저항하지 못할 것이 분명하기 때문입니다."

"그리고 만약 당신이 이 모든 것을 한다면, 당신은 세상에서 가장 공정하고 가장 축복받은 소유를 가질 것이라고 확신해도 됩니다. 왜냐하면 아무도 당신의 행복에 대해 질시하지 않을 것이기 때문입니다."

아게실라오스

파나테나이코 암포라 © The Metropolitan Museum of Art

1장

(1) 아게실라오스의 공적과 명예에 걸맞게 그에 대한 찬사를 쓰기란 어려운 일이라는 것을 안다. 그럼에도 그 시도는 이루어져야만 한다. 왜냐하면 그는 너무 훌륭하기 때문에 비록 불충분할지라도 칭찬을 받지 못하는 것은 부적절하기 때문이다.

(2) 그의 고귀한 혈통에 관해서는, 그의 선조는 평민이 아닌 왕과 왕의 자손들이며, 거슬러 올라가면 헤라클레스까지 이른다고 말하는 것보다 더 위대하고 고귀한 것이 있을까 싶다.[1] (3) 그의 선조들이 왕이었다 해도 아주 사소한 나라의 왕이었다고 폄하될 여지도 없다. 오히려 그들의 가문이 그들의 조국에서 가장 높이 존경을 받았던 것처럼 그들의 나라도 그리스의 모든 나라보다 더 큰 영광을 받았다. (4) 그의 조국과 가문은 함께 칭송을 받을 만하다. 그의 조국은 단 한 번도 그들의 높은 지위를 질시해 그들의 지배를 무너뜨리려고 시도하지 않았고, 왕들도 그들

---

1 아게실라오스는 헤라클레스의 25대손이다.

이 승계해서 받았던 왕위에 원래부터 부여되었던 권력 이상을 얻으려고 단 한 번도 노력하지 않았다. 이런 이유로 다른 정부는(그것이 민주정이든, 과두정이든, 참주정이든, 왕정이든 간에) 무너지지 않고 이어진 것이 없었던 것에 비해, 이 왕국은 홀로 계속해서 꿋꿋이 이어졌다.

(5) 아게실라오스는 왕이 되기 전에도 왕이 될 만한 자격이 있다고 여겨지는 충분한 징후가 있었다. 아기스 왕이 죽자 아기스 왕의 아들인 레오티키다스와 아르키다모스의 아들인 아게실라오스 사이에 왕위 다툼이 있었다. 국가는 가문과 재능 두 가지 모두 아게실라오스가 더 자질이 있다고 판단해 그를 왕위에 앉혔다. 그는 가장 강력한 국가에서 최고의 사람들에 의해 가장 높은 명예를 얻을 만한 자격이 있다고 천명되었다. 이것이 그가 통치를 시작하기 전에도 그의 재능이 충분하다는 것을 보여 주는 증거이다.

(6) 이제 그의 통치 업적에 대해 말하려고 한다. 왜냐하면 그의 행적이야말로 그의 자질을 가장 분명히 보여 줄 것이라고 믿기 때문이다.

아게실라오스가 왕위를 차지했을 때 그는 여전히 젊은이였다.[2] 그러나 그가 왕위에 오른 조금 뒤에 페르시아 왕이 그리스를 침공하려고 거대한 해군과 육군을 모으고 있다는 소식이 새어 나왔다. (7) 라케다이몬인과 그들의 동맹군이 그 문제에 대해 고심하고 있을 때, 아게실라오스는 만약 자기에게 30명의 스파르타인과 새롭게 가담한 2천명의 시민들, 그리고 6천명의 동맹군 파견대를 준다면 소아시아로 건너가 평화를 얻어 내겠으며, 만약 그 야만인이 싸우기를 원한다면 그를 정신없이 바쁘

---

2 나이가 마흔이 넘었었다.

게 만들어 그리스를 침공할 시간을 갖지 못하게 하겠다고 선언했다. (8) 예전에 그리스를 침공한 그 페르시아인을 복수하는 데 자기 돈을 쓰겠다는 진지함, 방어전이 아닌 공격전을 하겠다는 결의, 그리고 그리스인이 아닌 적이 그 원정 경비를 내게 하겠다는 그의 바람은 원정에 대해 즉각적이고 폭넓은 열의를 불러일으키기에 충분했다. 그러나 사람들의 상상을 가장 크게 자극했던 것은 그리스인을 구하기 위해 싸움을 시작한다는 것이 아니라, 소아시아를 정복하겠다는 생각이었다.

(9) 그가 군대를 받고 출항한 후의 전략은 무엇이었을까? 그의 행동들에 대한 간략한 서술이 전략에 대한 가장 분명한 느낌을 확실히 전달할 것이다. (10) 그렇다면 이것이 소아시아에서 했던 그의 첫 번째 행동이었다. 티사페르네스는 아게실라오스에게 다음과 같이 맹세했다. "페르시아 왕에게 보낼 전령이 돌아올 때까지 당신이 휴전해 준다면 나는 소아시아에 있는 그리스인이 독립을 얻을 수 있도록 최선을 다하겠다." 아게실라오스는 그 휴전을 성실히 준수할 것을 약속했고 그 기간으로 3개월을 허락했다. 그 뒤 무슨 일이 있었을까? (11) 티사페르네스는 곧장 그 약속을 깼다. 평화를 주선하기는커녕 페르시아 왕에게 그의 군대를 크게 보충해 줄 것을 요청했다. 아게실라오스는 이 사실을 충분히 알았음에도 불구하고 그 휴전을 계속 지켰다. (12) 그러므로 우리는 여기서 그의 고귀한 첫 번째 업적을 알 수 있다. 티사페르네스를 거짓 맹세 하는 사람으로 드러냄으로써 그를 믿을 수 없는 사람으로 만방에 알렸다. 그와 반대로 자신을 말과 약속에 충실한 사람으로 증명함으로써 그리스인과 야만족 모두에게 그가 원하면 언제든 그와 약속할 수 있다고 마음속에 심어 주었다.

(13) 새로운 군대가 도착하자 의기양양해진 티사페르네스는 아게실라오스에게 만약 소아시아에서 철수하지 않으면 이곳에 있는 라케다이몬인과 그들의 동맹군은 분통함을 감추지 못할 것이라고 최후통첩을 보냈다. 그는 아게실라오스의 힘이 페르시아 왕의 군대보다 약하다고 믿었다. 아게실라오스는 희색이 만면한 얼굴로 티사페르네스가 보낸 사신에게, 주인에게 가서 그의 거짓 맹세 때문에 신들이 그에게 적의를 품어 신들을 그리스의 동맹군으로 만들어 주어서 아주 기쁘다고 전하라고 말했다. (14) 아게실라오스는 조금도 지체하지 않고 군대에 원정을 떠날 채비를 하라고 명령했고, 도시들에는 카리아로 진격할 테니 시장에서 팔 물건들을 준비하라고 주의를 주었다. 그는 이오니아와 아이올리스, 헬레스폰트에 있는 그리스인들에게 편지를 보내 에페소스에 있는 그의 본부로 작전에 필요한 파견대를 보낼 것을 권유했다.

(15) 티사페르네스는 아게실라오스에게는 기병대가 없으며, 카리아는 기병대에 힘든 땅이라는 것을 알았으니, 아게실라오스가 그의 부족한 점을 두고 격노했을 것이라고 생각했다. 따라서 카리아에 있는 그의 땅이 공격의 진짜 대상이라고 결론을 내려 보병을 모두 그곳으로 보내고 기병을 우회시켜 마이안드로스 평야로 보냈다. 그는 기병대가 활동할 수 없는 땅으로 그리스 군대가 오기 전에 그들을 뭉개 버릴 수 있다고 확신했다. (16) 그러나 아게실라오스는 카리아로 진격하기보다는 곧바로 방향을 돌려 프리지아로 갔다. 가는 길에서 만났던 다양한 군대를 모으면서 그는 도시들을 제압하고 급습을 통해 방대한 양의 전리품을 노획했다.

(17) 이 성취 또한 그가 장군으로서 충분하다는 것을 보여 주는 증거로 생각할 수 있다. 전쟁이 선포되었을 때 적을 속이는 것은 올바르고 공

평한 조치가 된다. 그는 티사페르네스를 속아 넘어가는 어린아이로 만들어 버렸다. 아게실라오스는 또한 이 상황을 영특하게 이용해 그의 친구들을 부자로 만들어 주었다. (18) 노획한 전리품이 너무 많아 물건들이 거저나 다름없이 팔리고 있었다. 그래서 그는 친구들에게 군대를 이끌고 해안으로 곧 내려갈 테니 물건을 사라고 말했다.[3] 물건을 사려는 사람은 구입하려는 물건의 가격을 명세서에 적어 오라고 명령을 받았고, 그는 물건을 사람들에게 전달했다. 그의 친구들은 물건을 사기 위해 돈을 지출하지 않고 국고에 어떤 손실도 끼치지 않으면서도 엄청난 액수의 돈을 벌었다. (19) 나아가 탈영병들은 어디서 노획을 할 수 있는지 정보를 주려고 그에게 갔다. 그런 경우에도 노획은 그의 친구들이 할 수 있도록 주의를 기울였다. 그렇게 함으로써 친구들은 돈을 벌 뿐 아니라 명예도 추가로 얻게 되었다. 그에 대한 즉각적인 결과로 그의 친구가 되기를 원하는 사람들을 많이 얻었다.

(20) 그는, 땅이 약탈되고 그곳에 사는 사람이 줄게 되면 군대를 오랫동안 부양할 수 없지만 사람이 살고 경작을 하게 된다면 부양할 수 있는 물품이 끊이지 않고 나온다는 사실을 깨닫고서 힘으로 적을 뭉개는 것뿐만 아니라 호의로써 그들에게 승리를 거두려고 공을 들였다. (21) 또한 그의 군사들에게 포로를 범죄자로 처벌하지 말고 인간으로서 그들을 지켜주라고 자주 주의를 주었다. 그리고 주둔지를 옮길 때 상인들의 재산이었던 어린 아이들이 종종 뒤에 남겨지는 것을 보곤 했다. 상인들은 그들이 어린 아이들을 데리고 가서는 먹일 수 없다고 생각하고서 어린 아

---

[3] 물건들이 이익을 남기고 다시 팔리던 곳이었다.

이들을 팔려고 내놓았다.[4] 아게실라오스는 아이들 또한 돌보아서 몇몇 피할 곳으로 그들을 옮겼다. (22) 그는, 너무 나이가 들어 군대와 함께 갈 수 없는 전쟁 포로들은 돌보도록 주선해 개들과 늑대들의 먹잇감이 되지 않도록 했다. 이렇게 함으로써 그는 그 사실을 듣는 사람들뿐만 아니라 포로들에게서도 호의를 얻었다. 그가 쟁취한 도시들을 정착시키는 과정에서 그는 끊임없이 그들에게서 모든 비굴한 의무들을 면제해 주었고 자유민이 법에 책임을 지는 것과 같은 복종만을 요구했다. 그리고 그의 관대한 처분으로 인해 그는 난공불락의 요새의 주인이 되었다.

(23) 그러나 파르나바주스의 기병대 때문에 프리지아에서조차 평지에서의 진군이 불가능하자, 그는 만약 그가 계속해서 적을 피해 달아나지 않으려면 기병대를 갖추어야 한다고 결심했다. 그래서 그는 그 주변에 있는 부자들을 말 사육자로 모집해 누구든 말과 무기, 훌륭한 기수를 제공하는 사람은 개인 부역에서 면제해 주겠다고 공표했다. (24) 이렇게 하자 마치 그가 자신을 위해 죽으려는 사람을 열정적으로 찾는 것처럼 하듯이 사람들은 그 요구사항을 기꺼이 이행했다. 그는 또한 기병대를 충원할 도시들을 특별히 지정했는데, 이것은 말을 기르는 도시들에서 기마술에 대한 자부심이 가득한 기수들이 나올 것이라고 확신했기 때문이었다. 이것 역시 칭찬할 만한 그의 조치로 여겨진다. 그의 기병대는 설립하자마자 실전에 쓸 수 있는 강력한 실체가 되었다.

(25) 봄이 오자[5] 그는 에페소스에 그의 모든 군대를 모았다. 훈련을 지켜보면서 그는 가장 잘 달린 기병중대에 상을 주었다. 신체적으로 최

---

4 상인들은 종종 구매자를 찾을 수 없었고, 그 결과 포로로 잡은 아이들을 버렸다.
5 기원전 395년

상의 상태에 도달한 중장보병 중대에도 상을 주었다. 주어진 특별한 임무를 가장 훌륭하게 해보이는 방패보병과 궁수에게도 상을 주었다. 그 결과 모든 체육관은 훈련하는 남자로 가득했고, 경주 코스는 달리는 기병대원과 표적을 향해 쏘는 창병과 궁수로 북적댔다. (26) 참으로 그는 네 개로 나뉜 도시 전체를 하나의 볼거리로 만들었다. 시장은 팔기 위해 나온 온갖 무기와 말들로 가득했고, 구리세공인, 목수, 대장장이, 신발 수선공, 도장공은 모두 전쟁 무기를 만드느라 바빠 도시가 정말로 하나의 무기공장 같았다. (27) 그리고 아게실라오스와 그의 모든 군사들이 뒤를 따라 화관을 쓴 채 체육관에서 나와 아르테미스 신에게 꽃을 바치는 모습을 보는 것은 아주 인상적일 것이다. 신들을 숭배하고 전쟁을 훈련하며 복종을 실천하는 곳에서는 높은 희망이 풍부한 것을 분명히 보게 될 것이다. (28) 게다가 적에 대한 경멸 의식이 전쟁 의지에 불을 붙인다고 믿으며, 그는 전령들에게 공격 중에 붙잡힌 야만족들은 발가벗겨져 팔리게 될 것이라고 지시했다. 그래서 그의 군사들이 붙잡힌 야만족들의 피부가 옷을 벗은 적이 없기 때문에 희고, 항상 탈것을 타고 다녔기 때문에 살이 찌고 몸이 둔한 것을 보았을 때, 그 전쟁은 정확히 여자들과 싸우는 것과 같다고 믿게 되었다.

그는 또한 그의 군대에 즉시 그들을 이끌고 가장 짧은 길을 지나 그 땅의 가장 비옥한 곳으로 갈 것이라고 알렸다. 그곳에서 군사들이 다가올 전투를 대비해 몸과 마음을 준비하는 것을 볼 요량이었다. (29) 그러나 티사페르네스는 아게실라오스가 이렇게 말하는 것이 자신을 다시 속이기 위한 것이라고 믿었다. 그래서 그는 정말로 카리아로 쳐들어가려고 했다. 따라서 그의 보병 부대를 전번과 같이 카리아로 들여보내고 기병대를 마이안드로스 평야에 세웠다. 그러나 아게실라오스는 속임수를 쓰지 않았다. 그는 알린 대로 곧바로 이웃하는 사르디스로 진격했다. 그리고 사흘 동안 보급품을 풍부하게 전달할 수 있도록 그 땅에 있는 이동 경로에 적이 없도록 했다. (30) 나흘째 되는 날에 드디어 적이 나타났다. 그들의 지도자는 화물을 운송하는 부대의 장교에게 팍톨로스 강을 건너 진을 치라고 명령했다. 그러는 사이 적의 기병대는 그리스 군대를 따라다니는 사람들이 삼삼오오 무리를 이루어 흩어진 채로 노획하는 것을 발견하고서 많은 수를 죽였다. 아게실라오스는 이것을 목격하고서 그의 기병대에 명령하여 그들을 구하라고 했다. 그러자 지원 병력이 오는 것을 보고 이번에는 페르시아 군대가 기병대를 모두 모아 무리를 이루어 그들에 맞섰다. (31) 아게실라오스는 적의 보병이 아직 완전히 준비를 갖추지 않았고, 자신의 군대는 모두 즉각 싸울 준비가 되어 있는 것을 알고서, 할 수 있다면 그가 전투를 시작할 수 있는 때가 왔다고 생각했다. 따라서 제사를 드린 후 즉시 적의 기병대를 향해 전열을 이동했다. 10년 경력의 중장보병에게는 적과 근접한 대형을 이룰 수 있도록 달리라고 명령했다. 방패보병은 서둘러 선두를 이끌었다. 그는 또한 기병대에 그가 모든 군대와 함께 뒤를 따를 것이니 그리 알고 공격하라고 명령했다. (32) 기병대는 페르시아군 최정예와 맞닥뜨렸다. 그러나 모든 힘을 동원해 그들을 공격하자 그들은 이리저리 흔들렸고 몇몇은 강에 꼬꾸라졌으며 나머지는 도망치기 시작했다. 그리스 군사들은 여세를 몰아 그들의 주둔지를 차지했다. 당연히 방패보병은 약탈을 시작했다. 그러나 아게실라오스는 주둔지 주위로 동그랗게 선을 그어 친구와 적의 재산 모두

를 함께 둘러쌌다.[6]

(33) 적이 패배의 책임을 서로에게 돌리는 탓에 적들 사이에 소동이 있다는 소식을 들은 아게실라오스는 곧바로 사르디스로 진군했다. 그는 그곳에서 방화와 약탈을 시작했다. 그리고 동시에 자유를 얻기를 원하는 사람은 그의 군대 편에 서라고 포고했다. 그리고 소아시아에 대한 권리를 주장하는 사람은 무력으로 소아시아를 해방하려는 그들과 함께 그 문제를 결정하자고 요구했다. (34) 아무도 그에게 반대하지 않자 그는 이후로 완전한 확신을 가지고 원정을 추진했다. 그는 이전까지 움츠리도록 강요받았던 그리스인이 이제는 그들을 압제했던 사람들로부터 명예를 얻는 것을 보았다. 그리고 신들에게 바치던 명예를 자신들도 받아야 한다고 거만하게 주장했던 그들이 그리스인을 똑바로 쳐다보지도 못하게 만들었다. 그의 친구들의 땅을 존중받아야 할 곳으로 만들었으며, 적들의 땅을 철저히 약탈해 델포이 신전에 십일조로 2년 연속 200탈란톤이 넘는 돈을 바쳤다.

(35) 그러나 페르시아 왕은 상황이 악화된 것에 대한 책임이 티사페르네스에게 있다고 믿어 티트라우스테스를 보내 그의 목을 베어 버렸다. 이 일이 있은 뒤 형세는 야만족에게 한층 더 희망이 없게 된 반면, 아게실라오스의 입장은 한층 더 강고해졌다. 모든 나라가 그에게 사절을 보내 우호적인 관계를 구하였고 자유를 얻기 갈망하는 많은 사람들이 반란을 일으켰다. 그 결과 이제 아게실라오스는 그리스인뿐만 아니라 많은 야만족들의 지배자가 되었다.

---

6 즉, 참호로 에워쌌다는 말이다.

(36) 이 시점에서의 그의 행동은 또한 아낌없는 칭찬을 받을 만하다. 본토에 있는 수많은 도시와 수많은 섬의 지배자였고(국가가 함대를 그의 지휘에 맡겼기 때문에), 매일 더 유명해지고 더 권력이 높아졌으며, 그에게 주어진 수많은 기회를 이용할 수 있는 위치에 있어, 과거에 그리스를 공격했던 페르시아 제국을 끝장냄으로써 그의 성취를 완성할 계획과 예상을 하고 있었지만, 본국 정부로부터 그의 조국을 도우러 오라는 요청을 받자 즉시 이 모든 생각을 억눌렀다. 그는 마치 에포로스실에서 다섯 명의 에포로스 앞에 홀로 서 있는 것처럼 국가의 명령에 복종했다.[7] 이렇게 함으로써 그는 온 세상을 준다 할지라도 그의 조국과 바꾸지 않을 것이며, 새로 사귄 친구를 오래된 친구와 바꾸지 않을 것이며, 비록 위험하더라도 정의롭고 명예로운 보수를 선택하지, 안전하고 부도덕한 이득을 선택하는 것을 경멸한다고 분명히 보여 주었다.

(37) 그의 통치 기간의 또 다른 업적은 왕으로서의 자질이 얼마나 칭송받을 만한지 의심의 여지없이 보여 준다. 그가 통치하려고 출항했던 모든 나라들이 아테네 제국 몰락 이후에 있었던 정치적 혼돈의 결과 파벌로 찢겨진 것을 발견하고서, 그가 존재하는 한 추방이나 처형에 의지하지 않고 공동체가 화합을 유지하며 번영하도록 만들었다. (38) 그러므로 소아시아에 있던 그리스인들은 단순히 통치자가 아니라 마치 아버지나 동료를 보내는 것처럼 여겨 그의 떠남을 슬퍼했다. 그리고 결국에 그들의 애정이 꾸밈이 없다는 것을 보여 주었다. 그들은 그와 함께 스파르타를 도우러 자발적으로 나섰다. 그들은 반드시 그들보다 약한 적을 만

---

[7] 시장에 있었다. 다섯 명의 에포로스가 매일 그곳에 앉았으며, 왕들을 질책하는 것이 그들의 권한이었다.

날 것이라는 것을 알았다. 이로써 소아시아에서의 그의 활동은 끝이 났다.

2장

(1) 헬레스폰트를 가로지른 후 아게실라오스는 페르시아 왕이 그의 강력한 군대와 함께 갔던 부족들의 거주지를 지나갔다. 그 야만족은 가로질러 가는 데 일 년이 걸렸지만 아게실라오스는 한 달도 채 걸리지 않았다. 왜냐하면 그의 조국을 도우러 가는 데 한시라도 지체해서는 안 된다고 생각했기 때문이다. (2) 그가 마케도니아를 지나 테살리아에 도착했을 때 보이오티아와 동맹이었던 라리사인, 크라논인, 스코투사인, 파르살로스인, 그리고 당시 망명 중이었던 사람을 제외한 모든 테살리아인들이 그를 뒤쫓아 괴롭히기를 계속했다. 그는 잠시 군대를 빈 광장으로 이끌고 갔다. 기병대 절반은 군대의 앞에, 절반은 군대의 뒤에 세웠다. 그러나 진군하던 그의 군대가 뒤에서 테살리아인들의 공격을 받는 것을 보고는 자신을 호위하는 기병만 빼고 모든 기병을 뒤로 돌렸다. (3) 두 군대가 서로 전선을 맞서게 되자, 테살리아인들은 중장보병이 기병대와 싸우게 되면 얻을 게 없다고 보고서 방향을 바꾸어 서서히 후퇴하기 시작했다. 그러자 아게실라오스의 군대는 그들을 조심스럽게 추격했다. 아게실라오스는 양쪽이 모두 실수를 하고 있다고 인식하고는 그의 충실한 호위 기병을 뒤로 돌려 전속력으로 적을 쫓아 그들이 모일 기회를 주지 말라고 명령했다. 테살리아인들은 예상치 못했던 공격이 오는 것을 보고

다시 모이거나 그들의 말(馬)로 아게실라오스 군대의 옆쪽을 들이받을 생각을 하지 못했다. (4) 페르시아인 폴리카모스는 실제로 방향을 돌려 그 주위에 있던 부하들과 함께 싸우다 죽었다. 뒤이어 거친 추격이 시작되었다. 그 결과 적의 일부는 죽었고 일부는 포로가 되었다. 어쨌든 그들은 나르타시움 산에 도착하기까지 싸움을 멈추지 않았다. (5) 그날 아게실라오스는 프라스와 나르타시움 사이에 전승비를 세우고 그곳에서 잠시 멈추어 그의 노략을 크게 기뻐했다. 기마술에 대단히 자부심이 있어 하던 적을 그가 직접 만든 기병대로 무찔렀기 때문이었다.

그 다음날 그는 프티아에 있는 아카이오스 산맥을 지났다. 이제 그가 갈 길은 우호적인 땅을 지나 보이오티아 국경에 닿을 것이었다. (6) 그런데 이곳에서 그는 테베인, 아테네인, 아르고스인, 코린토스인, 아이니아인, 유보이아인, 그리고 두 개의 로크리아 부족이 모여 그에 맞서 진열해 있는 것을 보았다. 그들을 온전히 보자 단 한치도 지체하지 않고 군대를 전투 준비 시켰다. 그는 데리고 온 군대 외에도, 한 개 반 규모의 라케다이몬인 연대를 가지고 있었으며, 포키스인과 오르코메노스인으로만 구성된 그 지역 동맹군도 있었다. (7) 나는 지금 그의 군대가 숫자와 자질면에서 훨씬 떨어졌지만 그럼에도 그는 전투를 수용했다고 말하려는 것이 아니다. 그렇게 말하면 그저 아게실라오스가 상식이 부족하거나, 결정적인 순간에 제멋대로 행동해 부하들을 위험에 빠뜨리는 지도자를 칭찬하는 나의 우둔함을 보여 주는 것일 뿐이리라. 오히려(이것이 내가 그를 칭송하는 이유이다.) 그는 전장(戰場)으로 적보다 조금도 약하지 않은 군대를 이끌고 왔으며, 군대를 훌륭하게 무장해 하나의 탄탄한 청동과 진홍색의 무리로 보이게 만들었고, (8) 그의 군사들이 인내하기를 바라는 모든 요구를 만족시킬 수 있도록 했으며, 그들이 서로 용기에서 뒤지지 않으려고 열정적으로 마음먹도록 의식을 불어넣었다. 그리고 마지막으로 그는 그들이 훌륭한 군사라는 것을 증명만 한다면 그들에게 좋은 것들이 많이 떨어질 것이라는 기대를 심어 주었다. 그는 군사들이 그렇게 전력을 다해 싸움을 준비한다고 믿었고, 그 믿음은 그를 배신하지 않았다.

(9) 나는 그 전투에 대해 기술할 것이다. 우리 시대에 이제껏 그런 전투는 없었기 때문이다. 두 군대가 코로네이아 평원에서 만났고, 아게실라오스는 케피소스에서 진격해 왔으며, 테베인들과 그들의 동맹군은 헬리콘에서 왔다. 맞서는 서로의 전열은 세력 면에서 정확히 일치하며, 양쪽 기병대의 숫자 또한 대략 일치하는 것을 눈으로 보았다. 아게실라오스는 그의 군대 오른쪽 날개에 있었고, 오르코메노스인들은 왼쪽 맨 끝에 있었다. 상대편에서는 테베인들이 오른쪽 날개를 맡았고, 아르고스인들이 왼쪽 날개를 맡았다. (10) 그들은 침묵을 완벽히 유지한 채 서로 가까이 접근했다. 약 210미터 거리쯤 왔을 때 테베인들이 전투를 알리는 함성을 지르며 급히 앞으로 달렸다. 둘 사이의 거리는 여전히 대략 92미터였다. (11) 이어서 아게실라오스가 본국에서 데리고 온 군사들과 몇몇 키레인으로 구성된 용병대가 헤리피다스의 지휘 아래 맹렬하게 진격했으며 그 뒤를 이오니아인, 아이올리아인, 헬레스폰트인들이 가까이서 뒤따랐다. 이 모든 군사들이 달려와서는 창을 찌르면 닿을 거리에서 적들을 향해 무기를 날렸다. 아르고스인들은 아게실라오스의 공격을 기다리지 않고 헬리콘을 향해 도망갔다. 남은 몇몇 용병들은 아게실라오스에게 화관을 씌우고 있었는데, 한 군사가 테베인이 오르코메노스인을 뚫었으며 그 중에는 보급품을 실은 마차도 있다고 보고했다. 그러자 그는 즉시 말에

올라타서 적들을 맞서러 나갔다. 그리고 이어서 테베인들은 그들의 동맹군이 헬리콘 산기슭에서 피할 곳을 찾는 것을 보고서 대열을 뚫고서 그들과 합류하고자 강력하게 앞으로 밀고 나아갔다.

(12) 이 부분에서 누군가는 반박당할 걱정 없이 아게실라오스가 용기를 보여 주었다고 말할 수 있을 것이다. 그러나 그가 택했던 길은 안전한 것이 아니었다. 그는 뚫고 가기를 시도하는 적들을 통과하도록 놔둔 뒤 그들을 뒤따라가서 뒤에서 그들을 전멸시킬 수도 있었다. 그러나 그렇게 하기보다는 테베인들을 향해 맹렬하게 전면 공격을 했다. 방패로 서로 찌르고 부딪치면서 그들은 싸우고 죽이고 쓰러졌다. 그곳에는 함성도 침묵도 없었다. 오직 분노와 전투가 함께 만들어 내는 이상한 정적만이 있었다. 마침내 몇몇 테베인이 뚫고 헬리콘 산에 도착했지만, 많은 수가 후퇴하다 죽음을 당했다.

(13) 아게실라오스는 승리를 거두었다. 그러나 그 자신이 전투에서 부상을 입었다. 그리고 몇몇 기병들이 말에 올라, 80명의 적이 무기를 소지한 채 신전에 숨어들었는데 어떻게 해야 하는지를 물었다. 온갖 종류의 무기에 온몸이 부상을 입었고 신들에 대한 의무를 잊지 않았지만, 그는 기병대에 적들이 가고 싶어 하는 곳은 어디든 가게 해주고, 그들을 괴롭히거나 해치지 말며, 그를 호위하는 기병들에게 명령하여 그들이 안전한 곳으로 갈 수 있도록 지켜보라고 명령했다.

(14) 이제 싸움이 끝났고 전투의 현장을 둘러보자 참혹한 광경이 눈앞에 펼쳐졌다. 땅은 피로 얼룩졌고, 전우와 적이 나란히 누워 있었으며, 방패는 산산이 박살났고, 칼집이 없는 단도들이 뒹굴었으며, 어떤 이는 땅 위에 누워 있고, 어떤 이는 시체 속에 묻혀 있고, 어떤 이는 아직 손

을 붙잡은 채 있었다. (15) 날이 너무 지났으므로 그들은 적들의 시체를 전선 안으로 끌어 모은[8] 뒤 저녁밥을 먹고 잠이 들었다. 다음날 아침 일찍 아게실라오스는 부대장 길리스에게 군사들을 전투 대형으로 모은 뒤 전승비를 세우고 모든 군사들이 화관을 쓰고 신[9]에게 경의를 표하며 피리 연주자들은 피리를 불 준비를 하라고 지시했다.

(16) 군사들이 그 명령을 이행하고 있을 때, 테베인들이 전령을 보내 정전 협정을 맺고 그 협정에 따라 죽은 병사들을 땅에 묻을 수 있도록 해달라고 요구했다. 그렇게 정전 협정이 맺어지자 아게실라오스는 고국을 향해 떠났다. 그는 소아시아에서 최고 권력자가 되기보다는 고국에서 법에 의해 지배하고 지배받는 길을 선택했다.

(17) 그로부터 얼마 후에 아르고스인들이 자기들 땅에서 나오는 소출을 즐기면서도 코린토스를 복속하고 전쟁을 즐긴다는 것을 알게 되자, 그는 그들을 정복했다. 그는 먼저 그들의 모든 땅을 초토화시켰다. 그리고 테네아를 경유해 코린토스로 간 뒤 레카이온으로 이어지는 성벽을 탈취했다. 이렇게 펠로폰네소스 성벽의 문을 열어젖힌 뒤 그는 히아킨토스 축제[10]를 위해 고국으로 돌아왔다. 그는 합창단 지휘자에 의해 신[11]을 찬미하는 노래를 부르는 자리를 배정받았다.

(18) 그 뒤 코린토스인들이 피레에프스에서 그들의 가축을 안전하게 돌보고 그 땅에서 씨를 뿌리고 거두는 것을 발견하고, 그리고 그가 가장

---

8 테베인들이 되찾지 못하게 하기 위해서였다.
9 아폴론
10 매년 초여름에 아뮈클라이에서 열렸다.
11 히아킨토스를 사고로 죽인 아폴론

중요하게 생각하게도 보이오티아인들이 크레우시스를 출발해서 코린토스에 원조를 편리하게 보낼 길을 찾은 것을 발견하고서, 그는 피레에프스를 향해 진격했다. 그곳이 강력하게 보호되고 있는 것을 보고서도, 그는 수도 코린토스가 곧 항복할 듯이 아침 식사를 마치고 진지를 그 도시 앞으로 옮겼다. (19) 그러나 밤중에 피레에프스로부터 코리토스 안으로 급하게 원조가 들어가는 것을 발견하고서, 그는 날이 새자 방향을 바꾸어 피레에프스가 방어되지 않는 것들 발견하고서 그곳을 점령해 성채를 비롯하여 그 안에 있는 모든 것을 차지했다. 이것을 한 뒤 그는 고국으로 돌아왔다. (20) 이 일이 있은 후, 아게실라오스와 동맹을 열렬히 맺고 싶어 했던 아카이아인들이 찾아와 아카르나니아를 치는 원정에 자신들을 참여시켜 달라고 애걸했다……. 그리고 아카르나니아인들이 산길에서 그를 공격했을 때 그는 경장보병대를 사용해 그들의 머리 위에 있는 산 정상을 차지해 싸워 그들에게 심각한 피해를 준 뒤에 전승비를 세웠다. 그는 아카르나니아인, 아이톨리아인, 아르고스인이 그와 동맹을 맺기까지 싸움을 끝내지 않았다.

(21) 적이 강화를 바라며 특사를 보냈을 때 아게실라오스는, 코린토스인과 테베인이 라케다이몬에 우호적이었다는 이유로 추방했던 시민들을 집으로 돌아오게 할 때까지 강화를 맺을 수 없다고 반대했다.[12] 또한 나중에 그가 직접 프레이우스에 대한 원정[13]을 이끌었을 때도 마찬가지 이유로 고통을 받았던 프레이우스 추방자들을 회복시켰다. 누군가는 이런 행동을 다른 이유를 들어 비난할지 모르지만, 최소한 이것들은 진정

12 기원전 387년 안탈키다스 강화
13 기원전 381년

한 동지애의 정신으로 했다는 것이 분명하다. (22) 테베인들이 그들의 도시에서 라케다이몬인을 살해했을 때에도, 그는 똑같이 라케다이몬인을 구하겠다는 일념으로 테베로 진격했다.[14] 그 도시의 모든 면이 방책과 참호로 둘러싸여 있는 것을 발견하고서, 그는 키노스세팔라이를 통과해 도심 성벽까지 이르는 모든 땅을 폐허로 만들었고, 평야든 산이든 테베인들이 원하는 대로 싸움을 벌였다. 그 다음해에도 그는 테베에 대해 또 다른 원정을 해, 스콜로스에 있는 방책과 참호를 건넌 뒤 보이오티아의 나머지 땅을 폐허로 만들었다.

(23) 이때까지 그와 그의 도시는 불패의 성공을 누렸다. 비록 그 뒤에 일련의 실패가 있었지만, 그것이 아게실라오스의 리더십 때문에 발생했다고 할 수는 없다. 오히려 레욱트라에서의 실패 후에 그의 적들이 만티네이아인과 결탁하여 테게아에 있는 그의 친구들과 지인들을 살해할 때에, 그리고 보이오티아인, 아르카디아인, 엘리스인이 동맹을 맺었을 때[15]에도, 그는 오직 라케다이몬인만 이끌고 전쟁에 나갔다. 그렇게 함으로써 라케다이몬인은 앞으로 오랫동안 그들의 국경 밖을 넘지 못할 것이라는 보통의 예상을 불식시켰다. 그는 그의 친구들을 죽였던 사람들의 땅을 폐허로 만들지 않고는 고국으로 돌아오지 않았다.

(24) 그러나 이후 스파르타는 모든 아르카디아인, 아르고스인, 엘리스인, 보이오티아인의 공격을 받았고, 그 공격을 포키스인, 로크리아인, 테살리아인, 아이니아인, 아카르나니아인, 에우보이아인이 지원했다. 게다가 노예들과 주위의 많은 속국들이 반란을 일으켰으며, 레욱트라 전투에서

---

14 기원전 377년
15 기원전 370년

는 죽은 스파르타 귀족의 숫자는 살아남은 귀족의 숫자와 거의 같았다. 그럼에도 불구하고, 스파르타에는 성벽이 없는 현실 속에서도, 그는 도시를 안전하게 지켰다. 그는 전투의 모든 이점을 온전히 적에게 넘기는 탁트인 곳으로 그의 군대를 데리고 가지 않고, 그의 시민들이 이점을 가지는 곳에 그의 군대를 강력하게 배치했다. 왜냐하면 그가 평원으로 나간다면 사방으로 포위될 것이지만, 만약 좁은 길이나 높은 곳에서 싸운다면 그 상황의 주인이 될 수 있다고 믿었기 때문이다.

(25) 적이 후퇴한 후에, 그의 행동이 현명했다는 것을 누구도 부정하지 못했다. 그가 열정적인 군역에 반드시 따르는 행진과 말타기가 더 이상 불가능한 나이가 되었을 때는, 국가가 어디든 동맹을 맺으려면 돈이 있어야만 한다는 것을 알았다. 그래서 그는 돈을 모으는 일에 매진했다. 그는 고국에 있을 때는 그 목적을 달성하기 위해 가능한 모든 방법을 고안했으며, 해외로 나가야 할 것 같으면 상황에 필요한 모든 조치에 움츠려들지 않고, 나가는 것을 부끄러워하지 않고 장군이 아닌 특사로서 나갔다. (26) 그리고 비록 특사일지라고 대장군에 걸맞은 일을 성취했다. 예를 들어, 오토플라스네스는 스파르타의 동맹이었던 아리오바자네스를 아소스에서 포위했으나 아게실라오스가 두려워 줄행랑을 쳤다. 코티스 또한 아리오바자네스의 손아귀에 있는 세스토스를 포위하고 있었는데, 포위를 깨뜨리고 급히 달아나 버렸다. 그러므로 이 승리를 거둔 특사가 무혈 승리에 대한 전승비를 세운 것은 당연한 일이다. (27) 또한 이 두 지역을 100척의 함선으로 포위하고 있던 마우솔로스가 두려움이 아닌 설득에 의해 고국으로 귀항하도록 유도받았다. 이 일에서도 그의 승리는 칭찬받을 만하다. 왜냐하면 그에 대해 돈을 지불할 의무가 있다고 생각

했던 사람과, 그 앞에서 도망쳤던 사람 모두가 그에게 돈을 지불했기 때문이다. 그러나 역시 타코스와 마오솔로스는(아게실라오스와의 오랜 연대에 신세를 졌기 때문에 스파르타에 돈을 보낸 또 다른 사람들) 융숭한 호의를 베풀면서 그를 고국으로 보냈다.

(28) 그 뒤로 그의 나이가 여든쯤 되었을 때, 그는 이집트 왕이 페르시아와 전쟁을 결심하고 있다는 것을 알았다. 이집트 왕은 다량의 보병과 기병, 전쟁 자금을 갖고 있었다. 그는 이집트 왕에게서 도와달라는 부탁이 왔을 때 기뻐했으며, 실제로 최고 사령관을 맡아 줄 것이라고 약속했다. (29) 그는 이를 기회로 이집트가 스파르타를 도왔던 신세를 단번에 갚으며, 아시아에 있는 그리스인을 다시 해방시키고, 페르시아를 응징하고 스파르타의 동맹이 되겠다고 약속했던 메세네에 굴복하라고 요구할 수 있다고 믿었다. (30) 그러나 그에게 도움을 청했던 이집트가 그에게 지휘를 맡기지 않자 아게실라오스는 크게 속았다고 느끼고는 그가 해야겠다고 의심의 여지없이 생각했던 일을 했다. 이때, 별동대로 활동하던 이집트 군대의 일부가 왕을 배반하고, 나머지 군대도 왕을 떠났다. 이집트 왕은 두려움에 떨어 이집트를 떠나 포이니키아에 있는 시돈으로 도망갔다. 그러는 사이 이집트는 두 개로 쪼개졌고 각각 왕을 세웠다. (31) 이제 아게실라오스는 깨달았다. 만약 그중 아무 왕도 돕지 않는다면 그중 누구도 그리스 용병에 대한 임금을 지불하지 않을 것이고, 전쟁을 위한 시장도 제공하지 않을 것이며, 둘 중 하나가 승리하면 적대적으로 나올 것이다. 그러나 둘 중 하나를 돕는다면 그 사람은 그에게 빚진 처지가 되어 분명 우호적인 태도를 취할 것이다. 따라서 둘 중 누가 더 그리스에 우호적인 표시를 보내는지를 판단하고서 그와 함께 출전했다. 그는 그리

스에 적대적인 적에게 참담한 패배를 가하고, 그에게 우호적인 왕이 왕위를 확립하도록 도와 스파르타의 친구로 만들었으며, 추가로 거액의 돈을 받았다. 그는 때가 한겨울이었지만, 찾아올 여름에 그의 나라가 적에 맞설 수 있는 위치가 되게 하기 위해 시간을 낭비하지 않고 서둘러 고국으로 배를 타고 돌아왔다.[16]

3장

(1) 이것이 나의 영웅이 한 행적의 기록이다. 그 행적을 증언할 증인이 많이 있음은 분명하다. 이 같은 행적은 증거가 필요 없다. 단지 그것을 언급하는 것만으로도 충분하며 즉시 믿음을 얻어낸다. 그러나 이제 나는 그의 영혼에 있는 미덕, 그런 행동을 불러일으켰던 그런 미덕, 모든 명예로운 것을 사랑하고 모든 나쁜 것을 멀리했던 그의 미덕에 대해 말하려고 한다.

(2) 아게실라오스는 종교에 대한 공경심이 있었다. 적조차도 그의 맹세와 조약을 자신들의 친구보다 더 신뢰할 만하다고 여겼다. 그들끼리 함께 모이기를 꺼려할 때에도 아게실라오스가 권력을 잡고 있을 때에는 모이곤 했다. 그리고 누구든 나의 이 말을 못 믿을 것으로 여기지 않기 위해 그들 중 가장 유명한 자의 이름을 대도록 하겠다.

(3) 예를 들어 페르시아인 스피트리나데스는 파르나바주스가 페르시

---

16 기원전 362년

아 대왕의 딸과 결혼하기로 협상하고 있으면서도 그의 딸을 첩으로 삼기 원한다는 사실을 알았다. 이것을 모욕으로 여긴 파르나바주스는 그와 그의 아내, 자녀들을 아게실라오스의 손에 맡겼다. (4) 페르시아 대왕의 명령을 거부했던 파플라고니아의 지배자 코티스는, 비록 우정의 상징[17]을 동반했지만, 아게실라오스와 휴전을 하면 포로가 되고 무겁게 배상금을 물고 심지어는 죽음에 처해질 수 있다고 두려워했다. 그러나 그 또한 아게실라오스와의 휴전을 믿고 그의 주둔지로 찾아가 동맹군에 가담했으며, 1천 마리의 말과 200명의 방패보병과 함께 아게실라오스 편에 서서 출전하도록 선택받았다. (5) 파르나바주스 또한 와서 아게실라오스와 협상해 만약 그가 페르시아 장군으로 임명되지 않으면 페르시아 대왕에 대해 반란을 일으키겠다고 합의했다. 그는 말했다. "그러나 내가 장군이 된다면, 아게실라오스여, 나는 전력을 다해 그대와 전쟁을 할 것이오." 그는 이 말로써 휴전 협정에 반하는 어떤 일도 그에게 일어나지 않을 것이라는 완전한 확신을 주었다. 그렇게 위대하고 고귀한 보물을, 무엇보다도 올바르고 믿을 만하고 그렇다고 알려진 한 장군을 모든 사람이 가졌었다. 그럼 경건의 미덕에 관해서는 이쯤 하기로 한다.

4장

(1) 다음은 돈 문제에서 그의 정직함을 말한다. 이 문제에서 이것보

---

17 선의나 우정의 맹세로 종종 언급되는 "오른손"이다.

다 더 확실한 것이 있을까? 이제껏 아무도 아게실라오스에게 사기를 당했다고 불평하지 않았다. 대신 많은 이들이 아게실라오스에게 혜택을 많이 받았다고 인정한다. 자기 것을 다른 사람의 유익을 위해 나눠주는 것을 즐거워하는 사람은 불명예를 감수하고서 다른 사람을 속이려고 마음먹을 수 없다. 왜냐하면 만약 돈을 탐낸다면 자기 것이 아닌 것을 취하려고 하는 것보다 자기 것을 지키려고 하는 것이 훨씬 수고가 덜 들기 때문이다. (2) 감사의 빚(그것을 법원에서 되돌려 받을 수는 없다.)을 남기지 않으려는 사람은 법으로 금지된 도둑질을 하려고 마음먹을 수 없다. 아게실라오스는 감사의 빚 갚기를 거부하는 것을 나쁘다고 여겼을 뿐만 아니라, 갚을 수 있는 여력이 있으면서도 더 큰 친절로 갚지 않는 것도 나쁘게 여겼다. (3) 마찬가지로, 그에게 당연한 보상도 그의 조국에 넘겼는데, 그런 그에게 어떤 그럴듯한 공금 횡령 혐의도 부과될 수 있겠는가? 그리고 이것이야말로 그가 원하면 언제든 국가와 그의 친구들을 금전적으로 도울 수 있는 목적으로 다른 사람의 돈을 빼앗을 수 있는 탐욕에서 자유롭다는 확실한 증거가 아닌가? (4) 그는 호의를 대가를 받고 팔거나, 그의 선행에 대한 보수를 받는 습관이 있었기 때문에 아무도 그에게 빚을 졌다고 생각하지 않았다. 그렇기에 그에게 항상 복종하기를 즐거워하는 사람은 혜택을 공짜로 받은 사람이었다. 그것은 받은 호의에 대한 보답이자 자신을 믿어 준 것이 자신을 가치 있고 호의를 충실히 지킬 사람이라고 인정하는 것으로 여겼기 때문이었다.[18]

(5) 나아가 자신의 정당한 몫 이상으로 취하기를 거절하고 오히려 그

---

18 《향연》 8장 36절

보다 적게 취하기를 선호하는 사람이야말로 탐욕을 넘어서는 고귀한 본능을 지닌 사람인 것이 확실하지 않은가? 국가가 그에게 아기스의 유산에 대한 유일한 상속자라고 공표했을 때, 그는 그 유산의 절반을 궁핍한 그의 외가에 주었다. 나의 이 말이 사실이라는 것은 모든 라케다이몬인이 입증한다. (6) 티트라우스테스가 선물을 수없이 줄 테니 오직 그의 나라를 떠나만 줄 것을 요구했을 때, 아게실라오스는 다음과 같이 대답했다. "티트라우스테스여, 우리 사이에서 통치자는, 자신이 아닌 그의 군대를 부자로 만들 때, 적으로부터 선물을 받는 것이 아닌 적의 물품을 노획할 때 명예를 얻는다오."

5장

(1) 너무나 강력해 많은 사람이 떨치기 어려운 것으로 인정하는 모든 쾌락 중에서 아게실라오스가 넘어갔던 것이 하나라도 있다고 말할 수 있는가? 그는, 취하도록 마시는 것은 정신이상과 마찬가지고, 과식은 게으름과 마찬가지의 것이므로 피해야 한다고 생각했다. 나아가 그는 공동식사에서 두 배의 배식을 받았으나, 두 배의 식사를 혼자 다 먹지 않고 모두 나누어주고 자신에게는 아무것도 남기지 않았다. 그는 왕에게 배분되는 두 배의 식사는 왕이 배부르게 먹기 위해서가 아니라, 그가 원하는 사람을 명예롭게 하기 위한 기회로 주는 것이라고 생각했다. (2) 그는 잠

을 즐기지 않았고[19] 활동을 뒷받침하는 수단으로 삼았다. 그리고 동료들 사이에서 가장 검소한 잠자리를 차지하지 않는 것을 부끄럽게 여겼다. 보통 사람에 대한 지도자의 우위는 나약함이 아니라 인내에서 드러난다고 생각했기 때문이다.

(3) 분명 그의 몫보다 더 많이 취하면서도 부끄러워하지 않았던 것이 있었다. 예를 들어 한여름의 뙤약볕과 한겨울의 추위, 그리고 그의 군대가 힘든 일을 만났을 때마다 그는 다른 누구보다 더 기꺼이 수고하였고, 그런 모든 행동이 군사들의 사기를 높인다고 생각했다. 한마디로 말해 아게실라오스는 힘든 일을 영광으로 생각하고 게으름을 강하게 혐오했다.

(4) 별다른 근거 없이도 언급할 가치가 있다면, 애욕에 대한 습관적인 억제는 분명 칭송받을 만하다. 그가 친밀하게 지내기를 원하지 않는 사람과 거리를 두려는 것은 인간적이라고 생각될 수 있을 것이다. 그러나 강렬한 성격의 사람이 모든 열정을 다하듯, 그는 스피크리라테스의 잘생긴 아들 메가베테스를 사랑했다. 페르시아인은 존경하는 인물에게 키스를 하는 풍습이 있다.[20] 그러나 메가베테스가 그에게 키스를 하려고 했을 때, 아게실라오스는 있는 힘을 다해 그의 시도를 뿌리쳤다. 그것은 분명 꼼꼼하게 생각한 끝에 한 행동이었다. (5) 메가베테스는 무시당했다는 기분이 들어 더 이상 그에게 키스하려고 하지 않았다. 그리고 아게실라오스는 그의 동료 중 한 명에게 접근해 메가베테스가 자신을 다시 한 번 존경하도록 설득해 달라고 부탁했다. 그의 동료가 물었다. "만약 메

---

19 《라케다이몬의 국제》 15장 4절, 《키로파에디아》 제8권 2장 4절
20 《키로파에디아》 제1권 4장 27절

가베테스가 설득된다면, 그에게 키스할 것인가?" 깊은 침묵이 있은 후 아게실라오스가 대답했다. "아니야. 제우스의 쌍둥이 신에게 맹세코 내가 세상에서 가장 잘생기고 가장 강하고 가장 빠른 사람이 된다 할지라도 나는 하지 않을 것이야! 모든 신에 맹세코, 내가 보는 모든 것이 금으로 변하는 것을 보기보다는 그와 같은 싸움을 할 것이야." (6) 어떤 이들이 이런 문제에 대해 어떤 생각을 하는지 나는 잘 안다. 그러나 나는 많은 사람이 그런 문제에 대한 충동을 억누르는 것보다 적을 억누르는 것을 더 잘한다는 것을 잘 알고 있다.[21] 이런 일이 소수의 사람들에게 알려졌을 때, 의심할 여지없이, 그들 중 다수가 그것을 믿지 않았다. 그러나 우리는 사람의 명성이 클수록 그의 모든 행동은 더욱 철저히 조명된다는 것을 안다.[22] 우리는 또한 아게실라오스가 그런 일을 한 것을 보았다고 하는 그 어떤 사람도 듣지 못했다. 추측에 의한 소문이 신빙성을 얻은 적도 없었다. (7) 외국에 나갈 때 개인 저택에 묵는 것은 그의 습관이 아니었다. 그는 언제나 이런 종류의 행동이 불가능한 사원이나 모든 사람이 그의 정직성을 눈으로 확인하는 공공장소에 묵었다. 만약 내가 이것을 그리스 세계에 알려진 것과 다르게 이야기한다면, 단연코 나는 나의 영웅을 칭송하는 것이 아니라 나 자신을 비난하고 있는 것이다.

---

21 《아나바시스》 제2권 6장 28절
22 《소크라테스 회상》 제1권 1장 2절

6장

(1) 그의 용기에 관해, 나는 분명한 증거를 댈 수 있는 듯하다. 그는 조국과 그리스 세계를 대적하는 가장 강력한 적에 맞서 싸웠으며, 그 싸움에서 언제나 전선의 최전방에 섰다. (2) 적이 그와 싸우려고 할 때,[23] 그는 적이 겁먹고 도망갔기 때문에 승리를 거둔 것이 아니라 그들과 힘들게 싸워 쟁취했다. 그들을 극복한 뒤 그는 전승비를 세워 그의 뒤에 그의 용기에 대한 불멸의 기억을 남기고, 그의 몸에 그 싸움에 대한 눈에 보이는 흔적을 새겼다. 그럼으로써 사람들은 전해 들은 말이 아닌 그들의 눈으로 직접 본 증거를 통해 그가 어떤 태도를 지닌 사람인지를 확인할 수 있었다. (3) 사실 아게실라오스의 전승비는 그가 얼마나 많이 세웠는지를 말함으로써 셀 수 있는 것이 아니라, 그가 떠난 원정의 숫자가 바로 전승비의 숫자다. 그의 탁월한 능력은 적이 싸움을 받아들이려고 하지 않을 때에도 조금도 엉성하지 않았다. 그의 승리는 국가와 그의 동맹군에 보다 적은 위험과 보다 많은 이익을 주고서 얻은 것이었다. 운동 경기에서 하는 것처럼, 싸우지 않고 승리한 사람도 싸워서 승리한 사람 못지않게 명예를 얻는 것이다.

(4) 그의 지혜에 관해, 나는 그의 모든 행동에서 지혜를 발견했다. 그는 조국에 대해 그런 태도로 행동했다. 그는 조국에 온전히 복종함으로써 시민들의 복종을 얻어 냈고, 동료들을 향한 열정으로 그들의 헌신을 이끌어냈다. 그리고 그의 군대로부터 즉각적인 복종과 애정을 얻어 냈다.

---

23 여기는 일반적인 언급이 아니라 분명 코로네이아 전투를 가리킨다.

복종이 완벽한 규율을 낳는 전선의 힘에는 분명 아무런 부족한 것이 없고, 장군에 대한 애정은 충성스러우면서도 신속한 응답을 낳는다. (5) 적은 그를 미워하도록 강요받았지만, 그는 적에게 그를 폄하할 기회를 주지 않았다. 그는 동맹군이 적보다 항상 나을 수 있는 방법을 고안했다. 상황이 허락하면 적을 속이는 방법으로, 속도가 필요하다면 적의 행동을 예측하면서, 그의 목적에 적합하다면 숨으면서, 친구를 대할 때와 정반대로 적을 대하는 법을 실천했다. (6) 예를 들어 그에게 밤은 낮과 같았고 낮은 밤과 같았다.[24] 그는 종종 그의 움직임을 너무나 완벽하게 감추어 아무도 그가 어디에 있는지, 그가 어디로 가는지, 또는 무엇을 하려고 하는지 추측할 수 없었다. 이와 같이 그는 적을 우회하고, 뛰어오르며, 기습하면서 적의 강고한 진지도 무력하게 만들었다. (7) 행진할 때는, 만약 적이 선택한 싸움에 그를 끌어들이려고 하는 것을 알았다면 군대를 밀집대형으로 만들어 마치 조신한 처녀가 움직이듯이 경계한 채 그를 보호하며 이끌었다. 그는 이것을 고요함을 유지하면서 공포와 혼동, 실수를 피하면서 급습으로부터 군대를 보호하는 최고의 방법으로 여겼다. (8) 그런 방법들을 사용함으로써 그는 그렇게 적이 넘볼 수 없는 존재가 되었고, 힘과 확신을 가지고 친구들에게 용기를 불어넣었다. 이렇게 그는 적에게 전혀 멸시를 받지 않았고, 시민들에게 꾸지람을 받지도 않았다. 오히려 그의 재임 기간 내내 만방에서 칭찬을 받고 우상처럼 떠받들어졌다.

---

[24] 《헬레니카》 제6권 1장 15절, 《라케다이몬의 국제》 5장 7절, 《키로파에디아》 제1권 5장 12절

7장

(1) 그의 애국심에 관해서는 세부사항을 완벽하게 쓰는 것이 지루한 이야기가 될 것이다. 내가 생각하기에 그런 자질을 보여 주지 못한 행동이 단 하나도 없기 때문이다. 간략하게 말해서, 아게실라오스가 그의 조국을 위해 봉사한다고 생각했을 때, 그는 결코 고통을 피하지 않았으며, 위험에 움츠리지 않았으며, 돈을 아끼지도 신체적 나약함이나 나이를 이유로 자신을 빼지도 않았다.[25] 그는 좋은 왕이란 백성을 위해 가능한 많을 일하는 것이 왕의 의무라고 믿었다. (2) 내가 생각하기에 그가 그의 조국에 했던 가장 큰 봉사는 분명 누구보다 더 법을 지키기로 헌신했다는 점이다. 왕이 법에 복종하는 것을 보고서 법을 지키지 않으려고 마음먹는 사람이 있겠는가? 왕이 기꺼이 법을 준수하려는 것을 알았을 때 자신의 지위에 만족하지 못해 혁명을 꾀하려는 사람이 있겠는가? (3) 여기 그의 정적(政敵)에 대한 행동이 아버지가 자녀에게 했던 것과 같았던 사람이 있다. 비록 그들을 꾸짖기는 했지만 그들이 잘했을 때 그들에게 명예를 선사했다. 시민을 적으로 여기지 않았으며, 모두를 칭찬하려 했으며, 모두의 안전을 수확으로 여겼고, 아무리 하찮은 사람일지라도 그의 죽음을 손실로 여겼다. 그는 분명 만약 백성이 법에 복종해 평화롭게 살기를 계속한다면 그의 조국은 항상 번성할 것이며, 그리스인이 신중하게 행동할 때 조국은 강력해질 것이라고 생각했다.

(4) 게다가, 그리스인이 다른 그리스인과 친구가 되는 것을 명예롭게

---

25 《소크라테스 회상》 제3권 2장

생각한다면, 세상의 어떤 장군이 참수될 것을 생각하면서 그 도시를 차지하려고 하겠으며, 그리스인을 상대로 벌인 전쟁에서 승리한 것을 재앙으로 생각하지 않겠는가? (5) 아게실라오스에게 코린토스 전투에서 8명의 라케다이몬인과 거의 1만 명에 가까운 적이 쓰러졌다는 보고가 올라왔을 때, 그는 기쁨을 표시하기보다는 실제로 다음과 같이 외쳤다. "아, 슬프다, 그리스인이여. 지금 누워 있는 그대들이 살아 있다면 모든 야만족을 무찌르고도 남았을 텐데." (6) 그리고 코린토스 도망자들이 지금 코린토스가 항복하기 일보직전이라고 말하며, 공성기를 가리키며 그것이 있으면 확실히 빼앗을 수 있다고 말했을 때, 그는 그리스 도시들은 노예가 되어서는 안 되며 꾸지람만 받으면 된다고 선언하면서 공격하지 않았다. 그는 덧붙였다. "만약 우리가 잘못을 저지른 동족을 전멸시키려고 한다면, 야만족을 정복하러 갈 때 군사들이 부족하지 않게 되도록 유의하라."

(7) 역시, 예전의 페르시아 왕은 그리스를 노예로 만들려고 했기 때문에, 지금의 페르시아 왕은 그리스에 가장 큰 불행을 줄 것 같은 쪽과 동맹을 맺기 때문에, 페르시아 왕이 믿기에 그리스에 가장 큰 피해를 줄 것 같은 사람들에게 선물을 주기 때문에, 우리 그리스인 사이에 전쟁을 일으킬 것이 가장 확실한 쪽과 평화 협정을 맺으려 하기 때문에(모든 사람이 분명 이 모든 것을 볼 수 있을 것이다.), 페르시아를 미워하는 것이 명예로운 일이라면 아게실라오스 말고 누가 부족들이 페르시아에 반란을 일으키도록 공을 들이겠으며, 반란을 일으킨 부족이 멸망하지 않도록 구원하며, 무슨 수를 쓰더라도 페르시아 왕을 공경에 빠뜨려 그리스를 괴롭히지 못하도록 만들 수 있겠는가? 그는 그의 조국이 실제로 그리

스인들과 전쟁을 할 때에도 그리스 공동의 이익을 소홀히 하지 않고, 함대를 이끌고 야만족에게 피해를 주기 위해 떠났다.

8장

(1) 기록하기를 빠뜨려서는 안 되는 또 다른 자질은 그의 매력적인 성격이다. 그는 명예를 상속받고, 마음대로 부릴 수 있는 권력을 가졌으며, 이것들에 더해 왕권까지(그것도 음모의 대상이 아니라 경외의 대상으로서의 왕권) 가지고 있었지만 그의 내면에서는 어떤 거만한 흔적도 발견할 수 없었고, 오히려 상대방이 구하지 않더라도 아버지와 같은 사랑과 친구를 도우려는 마음이 분명했다. (2) 게다가 그는 가벼운 이야기에 끼기를 좋아했지만 모든 진지한 관심사에는 친구들과 열렬히 공감했다. 그는 낙관적인 태도와 유머 감각, 쾌활한 성격 때문에 많은 사람이 모이는 중심이었으며, 그에게 사업 목적이 있어 오는 것이 아니라 하루를 보다 즐겁게 보내기 위해 오는 사람이 많았다. 그는 좀처럼 자기 자랑을 하지 않고, 다른 사람이 자기 자랑 하는 것을 싫은 내색 하지 않으면서 들었다. 그는 그렇게 하기를 즐겨함으로써 그들이 해를 끼치지 않고 가치 있는 사람이 될 수 있을 것이라고 생각했다. (3) 반면에 그가 적절한 상황에서 보였던 위엄 있는 행동을 빠뜨려서는 안 된다. 페르시아 특사가 라케다이몬인 칼레아스와 함께 와 우정과 환대를 제안하는 친서를 건넸을 때, 그는 받기를 거부했다. 그는 특사에게 말했다. "가서, 왕께 전해라. 나에게 친서를 보낼 필요는 없다고 말이다. 그러나 왕이 라케다이몬에

대한 우정의 증거를 준다면, 그리고 그리스에 대해 호의를 베푼다면, 나는 전심을 다해 친구가 되어 줄 것이다. 그러나 만약 그가 나를 향해 음모를 꾸미고 있다면, 내가 아무리 많은 친서를 받을지라도 내 안에 우정이 있을 거라고는 바라지 말 것이다." (4) 그리스인을 환대한 것과는 비교할 수 없이 이렇게 페르시아 왕의 환대를 무시하는 것을 보고서 나는 아게실라오스를 칭송할 또 하나의 이유를 찾았다. 또한, 통치자를 스스로 그의 경쟁자보다 높이는 것은 재물의 양과 백성의 숫자가 아니라, 보다 나은 백성을 이끄는 보다 나은 지도자라는 그의 의견 또한 칭송할 만하다.

(5) 그의 예지력도 칭찬받을 만하다. 될 수 있으면 많은 페르시아 총독이 페르시아 왕에 반란을 일으킬수록 그리스에 좋다고 믿고서, 페르시아 왕이 주는 선물이나 권력이 굴복해 그의 호의를 받지 않아, 반란을 희망하는 사람이 그를 믿지 못하게 만드는 구실을 주지 않으려고 노력했다. (6) 그러나 그에게는 모든 사람이 칭찬하는 성격의 다른 면이 있다. 페르시아 왕은 거대한 부를 소유함으로써 모든 것을 그가 원하는 대로 복종시킬 수 있다는 믿음이 있었다. 이런 믿음으로 그는 세상에 있는 모든 금, 은, 귀중품을 모으려고 노력했다. 아게실라오스는 이와 반대로 그런 것들이 하나도 필요하지 않은 소박한 삶을 살았다. (7) 누구든 이것이 의심된다면, 그가 어떤 집을 만족했는지 살피고, 특별히 그의 집 대문을 보도록 하라. 그 문이 헤라클레스의 후손인 아리스토데모스[26]가

---

26 아리스토데모스는 헤라클레스의 아들인 힐루스의 증손자였다. 크세노폰은 라케다이몬인이 스파르타를 차지할 때(헤로도토스《역사》제6권) 아리스토데모스가 지도자였다는 라케다이몬의 기록을 따른다. 아리스토데모스의 두 아들 에우리

귀국했을 때 그의 손으로 직접 세웠던 바로 그 문이라는 것을 상상할 수 있을 것이다. 집 안의 광경을 둘러보고, 그가 희생제사의 날에 어떻게 즐겼는지 목격하며, 그의 딸들이 대중교통을 이용해 아뮈클라이[27]로 어떻게 내려갔는지 들어 보아라. (8) 그리고 그의 수입에 훌륭하게 맞춘 소비 덕분에 그는 돈 때문에 불의한 행동을 저지르려는 압박을 받지 않았다. 적이 공략하지 못할 정도의 성을 쌓는 것이 고귀한 것은 의심할 여지가 없지만, 내가 생각하기에 돈과 쾌락, 그리고 공포의 공격에 맞서 자신의 영혼을 지키는 것은 더욱 고귀하다.

9장

(1) 다음으로 나는 그의 행동과 페르시아 왕의 사기 행위를 대조해 보려고 한다. 첫째로, 페르시아 왕은 그를 좀처럼 볼 수 없어야 그가 권위가 선다고 생각했다. 반면에 아게실라오스는 사람들의 눈에 끊임없이 띄기를 즐겨했다. 그는, 자신을 감추는 것은 부끄러운 행동을 하게 만들지만, 자신을 드러내는 것은 고귀한 목적을 추구하는 삶에 빛을 비추는 것이라고 믿었다. (2) 둘째로, 페르시아 왕은 자신에게 가까이 오기 힘들게 하는 것에 자부심을 느꼈다. 그러나 아게실라오스는 어떤 사람이든 그에게 오는 것을 기뻐했다. 그리고 페르시아 왕은 협상할 때 시간을 끄는 것을 기뻐했는데, 아게실라오스는 요구하는 사람의 청을 신속하게 받

스테네스와 프로클레스가 첫 번째 공동 왕이 되었다.
[27] 히아킨토스 축제에 간다. 2장 17절 참조.

아쥐 그를 떨쳐버릴 때를 가장 기뻐했다.

(3) 게다가 개인적인 안락에서 아게실라오스가 얼마나 단순하고 쉽게 만족하는지를 보는 것도 가치가 있다. 페르시아 왕은 그의 미각을 돋울 마실거리를 찾기 위해 온 땅을 샅샅이 뒤지는 포도주 상인들을 두고 있었고, 한 무리의 요리사들이 그를 즐겁게 할 요리를 만들기 위해 고심했으며, 그를 잠들게 하기 위해 수고하는 하인들의 고통은 이루 말할 수 없었다. 그러나 아게실라오스는 수고를 사랑하는 덕분에 가까이 있는 음료와 나오는 음식을 가리지 않고 먹었으며 어디서든 편하게 잠을 잤다. (4) 그는 이 행동에서만 행복해했던 것은 아니다. 그는, 자신은 항상 쾌활하게 지내는데 비해 페르시아 왕은 불편한 것이 없이 살면서도 세상 끝에서부터 그를 즐겁게 할 물건들을 끌어오는 데 집착하는 것을 보고서 자긍심을 느꼈다. (5) 그는 신들이 만든 세계의 질서에 순응할 수 있지만, 페르시아 왕은 성격이 나약해 더위와 추위를 피하고 용감한 사람이 아닌 짐승 같은 자들의 가장 나약한 삶을 본받는다는 것을 알고서 기뻐했다.

(6) 또한 그는 많은 사냥개와 전마(戰馬)를 키우면서, 남자에게 어울리는 활동과 소유로 그의 집을 장식할 때 분명 점잖고 위엄 있게 했다. 그러나 그는 여동생 키니스카를 설득해 전차를 끄는 말을 기르도록 해, 경주에서 승리했을 때 종마를 소유한 사람은 부자일 뿐 아니라 재능도 있다는 사실을 보여 주기도 했다.[28] (7) 그가 얼마나 성격이 고귀한지는 일반 시민을 이겨 우승한 전차 경주는 단연코 그의 명성에 넣지 않은 것

---

28 《히에론》 11장 5절

에서 분명하게 드러난다. 그는 사람들로부터 가장 크게 사랑을 받고, 친구들을 가장 많이 얻고, 전 세계에서 가장 좋은 친구를 얻으며, 조국과 그의 동료를 위해 봉사하고 적을 징벌하는 데 모든 사람보다 앞선다면, 그는 가장 고귀하고 가장 훌륭한 경주에서 우승하고, 살아 있을 때나 죽었을 때나 가장 높은 명성을 얻을 것이라고 생각했다.

10장

(1) 이것들이 내가 아게실라오스를 칭송하는 자질이다. 이 자질들은 사업 수완이 없는데도 부자가 된 사람이나, 적에게 갑자기 병이 돌아서 전쟁에서 승리를 거두는 사람이나, 전략을 알지 못하면서도 승리를 추가한 사람과는 구별되는 흔적이다. 수고할 시간이 왔을 때 가장 크게 견디며, 경주에서 용기가 요구될 때 용맹스러우며, 조언을 요청받을 때 지혜로운 사람이 바로 그였다(내가 생각하기에 그는 선행을 완벽하게 체현한 사람으로 여겨도 합당하다). (2) 먹실과 줄자가 훌륭한 작품을 만드는 데 도움이 되는 인간의 고귀한 발명품이라 한다면, 아게실라오스의 미덕은 도덕적 선행을 습관으로 삼기를 희망하는 사람들을 위한 고귀한 본보기가 될 것이다. 경건하고, 공정하고, 진지하고, 자제력 있는 사람을 닮으려는 사람이 불의하고, 불공평하며, 폭력적이고, 음탕하게 될 수 있을까? 실제로 아게실라오스는 자신을 지배하는 것보다 남을 지배하는 것에 자부심을 덜 느꼈으며, 적에 맞서기 위해 사람들을 지휘하는 것보다 그들을 모든 미덕으로 인도하는 것에 더 자부심을 느꼈다.

(3) 그러나 그의 삶이 끝났기에 나의 이 칭송이 장례식 만가를 위한 것이라고 여기지는 말아 달라. 나의 말은 진심으로 칭송 이상의 것이다. 첫째로, 그에 대한 나의 말은 그가 살았을 때 들었던 것과 같다. 둘째로, 명성 있는 인생을 살다 좋은 때에 죽은 사람의 인생보다 만가에 덜 적합한 것이 무엇인가? 왕다운 행동을 보이고 가장 영광스러운 승리를 거둔 것보다 만가에 더 적합한 것은 무엇인가? (4) 그는 어렸을 때부터 명예를 누리고 동시대의 다른 어떤 사람보다 더 명예를 누린 축복받은 사람이라고 당연히 여겨질 것이다. 그는 본성상 명예를 매우 갈망했으며, 왕이 된 날로부터 한 번도 패배를 경험하지 않았고, 삶의 극한까지 살다가 그가 이끄는 사람들에 관한 일에서든 전쟁을 벌이는 사람을 다루는 일에서든 단 하나의 오점도 남기지 않고 생을 마감했다.

11장

(1) 나는 그의 미덕에 관한 이야기를 다시 검토하고 그에 대한 칭송이 보다 쉽게 기억될 수 있도록 그것을 정리하려고 한다.

아게실라오스는 적의 영토에 있을 때에도 성스러운 곳을 공경했다. 그는 우호적인 땅에서보다 적대적인 땅에서 신과 동맹을 맺는 것을 조금도 소홀히 해서는 안 된다고 생각했다.

그는, 신들에게 탄원하는 사람은 비록 적일지라도 폭력을 행사하지 않았다. 그는 사원을 약탈하는 자를 신성모독하다고 부르고, 신에게 탄원하는 사람을 제대(祭臺)에서 끌어내리는 것을 경건하다고 여기는 것을 터무니없다고 믿었기 때문이다.

(2) 나의 영웅은, 신들은 다름 아닌 신성한 사원에서 정의로운 행동을 하기를 기뻐한다는 생각을 단 한 번도 저버린 적이 없다.

그는 성공했을 때 자랑에 들떠 뽐내지 않고 신들에게 감사했다. 그는 의심이 들 때 하는 기도보다 확신이 들 때 하는 희생제사를 더 많이 드렸다.

그는 두려울 때 활기차 보이고, 성공했을 때 겸손해하는 버릇이 있었다.

(3) 그의 친구들은 그가 가장 힘이 있어서가 아니라 가장 헌신적이기 때문에 그를 가장 따뜻하게 반겼다.

그는, 상처 입었을 때 자신을 방어하는 사람을 미워하지 않았고, 호의에 대한 감사를 표하지 않은 사람을 미워했다.

그는 탐욕스러운 사람이 가난해지는 것을 보기 즐거워하고, 나쁜 사람보다 좋은 사람이 부유해지는 것을 바라면서 정직한 사람이 부유해지도록 하는 것을 즐거워했다.

(4) 온갖 종류와 온갖 조건의 사람과 교류하는 것이 그의 습관이었지만, 착한 사람들과 친하게 지냈다.

다른 사람을 칭찬하거나 비난하는 소리를 들을 때마다, 그는 비난받는 사람의 성격뿐 아니라 비난하는 사람의 성격에 대한 통찰 또한 많이 얻게 된다고 생각했다.

만약 친구가 사기꾼으로 드러나면 그는 사기당한 사람을 나무라기를 자제했지만, 적에게 속았을 때는 당한 사람을 비난했다. 그는 믿을 수 없는 사람을 속이느냐, 자신을 믿어 주는 사람을 속이느냐에 따라 그 속이는 행위를 현명하다 또는 사악하다고 판단했다.

(5) 그는, 용납할 수 없는 잘못을 비난하겠다고 벼르는 사람이 하는 칭찬을 즐거워했으며, 솔직하게 드러내는 것에 대해 결코 화내지 않았지만 올가미처럼 위선을 떠는 것을 피했다.

그는 도둑질보다 중상모략을 더 미워했으며 돈을 잃는 것보다 친구를 얻는 것을 더 귀하게 생각했다. (6) 그는, 무능하기 때문에 발생하는 이익의 손실이 적기 때문에 서민들이 저지른 실수를 관대하게 판단했다. 그러나 지배자의 실수는 많은 문제로 이어지기 때문에 심각하게 다루었다.

그는, 왕위는 게으름이 아니라 남자다운 미덕을 필요로 한다고 생각했다.

(7) 그는 많은 사람들이 그의 동상을 세우기를 희망했지만 허락하지 않았고 오직 그의 마음의 기념비를 세우려고 끊임없이 노력했다. 그는 동상을 조각가의 작품으로 생각했지만 마음의 기념비는 자신의 작품으로 생각했다. 동상은 부자에게 어울리는 것이지만 마음의 기념비는 선한 사람에게 어울린다고 생각했다.

(8) 그는, 올바른 사람은 다른 사람의 돈을 그대로 두는 것에 만족하지만, 관대한 사람은 다른 사람에게 봉사하기 위해 자신의 돈을 쓸 줄 알아야 한다고 생각해 그의 돈을 올바르고 관대하게 사용했다.

그는, 잘사는 사람이 행복하게 사는 것이 아니라 오직 영광스럽게 죽는 사람이 축복을 받는다는 믿음 하에 언제나 신을 두려워했다.

(9) 그는, 무지해서가 아니라 알면서도 선한 일을 무서워하는 것이 더 큰 재앙을 부른다고 생각했다.

그는 명예를 얻기 위해 적절한 일이 수행되지 않는다면 어떤 명예도 매력 있게 여기지 않았다.

그는 나에게 미덕을 견뎌야 할 일이 아니라 누려야 할 평안이라고 각인시킨 몇 안 되는 사람 중 한 명이었다. 어떤 경우든 돈보다 칭찬이 그에게 더 큰 기쁨을 주었다.

그가 보여 주었듯이, 용기는 대담함보다는 신중함과 결합되었고, 지혜를 말보다는 행동으로 더 키웠다.

(10) 그는 친구에게 아주 온화했지만 적에게는 매우 무서웠다. 그는 피곤과 완강하게 싸웠지만, 잘생긴 얼굴보다는 훌륭한 행동을 보다 더 귀하게 여겨 전우에게 가장 기꺼이 굴복하였다.

그는 번영의 시절에 절제를 가미했고 위험의 한 중심에 확신을 더했다.

(11) 그의 세련된 성격은 농담이 아니라 태도를 표출하는 습관에서 드러난다. 그는 위엄 있게 해야 할 때 결코 거만하지 않고 항상 합리적으로 행동했다. 최소한 거만한 자를 경멸해야 할 때도 보통 사람 이상으로 겸손했다. 그는 자신의 검소한 옷차림과 그의 군대의 화려한 꾸밈에 자부심을 느꼈으며, 자신의 필요는 엄격하게 제한하면서도 친구에 대해서는 한없이 관대한 것을 자랑스러워했다. (12) 이것에 더해, 그는 적에 대해서는 가장 냉혹했지만 정복자 중에서는 가장 온화했다. 적에 대해서는 경계를 늦추지 않았지만 친구에 대해서는 매우 고분고분했다.

그는 항상 자기편의 안전을 추구하면서도 적의 계책을 무효로 만드는 것을 자신의 일로 삼았다.

(13) 그의 친척들은 그를 "가족에 충실한 사람"이라 했으며, 그의 친

구들은 그를 "언제는 변함없는 친구",²⁹ 그를 받드는 사람들은 그를 "잊을 수 없는 분", 그의 압제를 받는 사람들은 그를 "승리자", 위험에 처한 그의 전우들은 그를 "신들 다음으로 그를 구해 주는 사람"이라고 했다.

(14) 한 가지 면에서 그는 특별했다. 그는 체력이 쇠퇴하고 있음에도 선한 사람의 영혼은 늙지 않고 활력이 있다는 것을 증명해 보였다. 그는, 몸이 영혼의 활력을 받쳐주는 한 위대하고 고귀한 명예를 추구하는 일을 결코 질려하지 않았다. (15) 그렇다면 어떤 젊음일지라도 그의 늙은 나이보다 약해 보이지 않겠는가? 인생의 최절정기에 있는 사람 중에서 인생의 극한에 도달했던 아게실라오스처럼 적에게 무시무시했던 존재가 있었던가? 나이를 불문하고 아게실라오스에 비견해 어떤 사람의 죽음이 적에게 그런 환영을 받았는가? 비록 지금 죽음의 문턱에 있을지라도 아게실라오스만큼 동맹군에 확신을 주었던 사람이 있었는가? 아게실라오스는 천수를 누리고 죽었지만 친구들은 그의 죽음을 슬퍼했다. 미처 펴 보지 못한 젊은 죽음 중에서도 그처럼 친구들이 슬퍼한 사람이 있었던가? (16) 그가 조국을 위해 봉사했던 기록은 너무나 완전해서 그가 죽었을 때라도 그것은 끝나지 않았다. 그가 영원한 쉼터에 눕기 위해 고국으로 옮겨졌을 때에도 그는 여전히 국가에 후하게 은혜를 베푸는 자였다. 그의 미덕을 기리는 기념비는 전 세계에 세워졌다. 그는 고국의 왕실 묘에 묻혔다.³⁰

---

29 《헬레니카》 제5권 5장 45절
30 이 말은 그의 시체를 고국으로 옮기는 데 드는 돈을 이집트에서 얻었다는 것을 가리킨다. 매장에 대해서는 《라케다이몬의 국제》 끝부분을 보라.

라케다이몬의 국제

파나테나이코 암포라 © The Metropolitan Museum of Art

1장

(1) 어느 날 문득 스파르타는 그리스에서 인구가 가장 적지만 가장 강하고 가장 유명한 나라라는 생각이 들었다. 그래서 나는 어떻게 해서 이것이 가능했는지 궁금해지기 시작했다. 그러나 스파르타의 국제를 자세히 살펴보았을 때 더 이상 궁금하지 않았다.

(2) 스파르타인에게 지켜야 할 법을 만들고 그들을 부유하게 만든 리쿠르고스를 나는 대단하게 생각한다. 나는 그가 최고로 지혜로운 사람이라고 생각한다. 그는 다른 나라를 모방하지 않고 완전히 새로운 체제를 고민함으로써 그의 조국을 현저히 번영하게 만들었다.

(3) 첫째로, 나는 출산에 대해 기술할 것이다.[1] 다른 나라에서는 아기를 출산하기로 되어 있고 올바르게 자랐다고 인정받는 소녀들이 매우 소박한 식사를 한다. 그들은 양념을 아주 빈약하게 넣어서 먹고 포도주를 마시지 않거나 설령 마신다 해도 물에 타서 마신다. 다른 그리스 국

---

1 크리티아스의 《라케다이몬의 국제》도 같은 논점으로 시작한다. 서론 참조.

가에서는 소녀들이 앉아서 생활하기를 바란다. 조용히 앉아 양털을 손질하는 수공예자가 그 전형이다. 그렇다면 그렇게 자란 여성이 튼튼한 아기를 낳기를 어떻게 기대할 수 있겠는가? (4) 리쿠르고스는 의복을 공급하는 일은 여성 노예가 하는 것으로 충분하다고 생각했다. 그는 아기를 낳는 것이 자유민으로 태어난 여성이 해야 할 가장 중요한 역할이라고 믿었다. 따라서 그는 우선 여성도 남성 못지않은 신체 훈련을 해야 한다고 주장했다. 게다가 남성에게 했던 것처럼 여성을 위한 체력과 달리기 경주 대회를 개최하였다. 그는 부모가 모두 튼튼하면 더 건강한 아기가 낳을 수 있다고 믿었다.

(5) 그는 또한 어디서든 신혼 때는 남편과 부인이 잠자리를 쉬지 않고 하는 것을 보았다. 그래서 그는 이와는 반대되는 결정을 내려, 남편이 부인의 방에 들거나 나오는 것이 목격되면 부끄럽게 여기도록 했다. 부부관계에 이런 제약이 가해지자 상대를 향한 욕망은 필연적으로 높아졌고, 그 결과 과도한 관계를 가졌을 때 낳았을 아기보다 더 건강한 아기를 낳게 되었다. (6) 여기에 더해 그는 남자가 하고 싶을 때 결혼할 수 있는 권리를 빼앗아 남성으로서 가장 왕성할 때 결혼하도록 했다. 그는 이것 또한 튼튼한 아기를 낳는 것을 촉진할 수 있다고 믿었다. (7) 그렇지만 늙은 남자가 젊은 부인을 얻을 수 있었다. 그는 늙은 남자가 젊은 부인을 엄하게 감시하는 것을 알았다. 이런 상황에 맞추어, 그는 늙은 남자가 칭찬할 만한 신체와 정신을 소유한 남자를 집으로 불러들여 아기를 낳도록 하는 완전히 다른 제도를 만들었다. (8) 한편, 남편이 부인과 동거하기를 원치 않지만, 그래도 남편이 자랑스러워할 만한 아기를 갖기 원한다면, 자식이 많고 가문이 좋은 여성을 골라 그 남편의 허락을 받으면

자신의 아기를 낳을 수 있도록 했다.

(9) 그는 이런 것을 많이 허가했다. 왜냐하면 부인들은 두 개의 집안을 거느리기를 원했고, 남편들은 자기 자식들이 형제, 즉 가족의 일원이 되어 영향력을 서로 주고받을 수 있지만 재산을 일절 요구할 수 없는 형제를 갖기를 원했기 때문이다.

(10) 그는 이렇게 아기를 낳는 것에 대해 다른 나라와는 매우 반대되는 규정들을 만들었다. 그가 신체와 체력이 훌륭한 남자들이 사는 스파르타를 만드는 데 성공했는지는 원하는 사람은 누구나 스스로 판단할 수 있다.

2장

(1) 출산에 대해 다루었으므로, 다음으로 나는 리쿠르고스의 교육 제도에 대해 설명하고 그것이 다른 나라와 어떻게 다른지 설명할 것이다.

다른 그리스 국가에서 아들에게 최고의 교육을 받게 하려는 부모는 자녀가 말을 알아듣자마자 파이다고고스[2]를 붙여 돌보며 통제하도록 하며, 학교에 보내 글자와 음악을 배우고 레슬링 연습을 하게 한다. 게다가 그들은 샌들을 신겨 아이들의 발을 연약하게 하고, 옷을 갈아입혀 신체의 저항력을 없애 버린다. 그리고 먹을 수 있는 대로 푸짐하게 음식을 먹

---

2 파이다고고스(Paidagogos/παιδαγωγός)는 학생들을 돌보지만 가르치지는 않는 사람을 가리킨다.

게 하는 것이 그들의 관습이다.

(2) 리쿠르고스는 이와는 반대로, 각자의 아버지가 노예를 생활교사로 임명하도록 하지 않고, 가장 높은 정부 구성원으로 파이도노모스[3]라고 불리는 남자에게 소년들을 통제하는 임무를 부여했다. 그는 이 사람에게 소년들을 모아 돌보고 비행을 저지른 소년들을 처벌할 수 있는 권한을 주었다. 또한 필요할 때는 소년들에게 채찍질을 할 젊은 보좌관을 붙여주었다. 그 결과 스파르타에서는 겸손과 복종이 서로 굳건히 하나가 되었다. (3) 샌들로 소년들의 발을 연약하게 만드는 대신, 그는 소년들에게 맨발로 다니도록 해 발이 튼튼해지게 했다. 그는 이 습관이 확실히 정착되면 소년들이 언덕을 보다 쉽게 오르고 경사를 덜 위험하게 내려올 것이라고 믿었다. 그리고 맨발로 다니는 것에 익숙해진 젊은이는 샌들을 신은 젊은이보다 뛰어넘고 뛰어오르는 것을 보다 날렵하게 할 것이라 믿었다. (4) 그리고 옷 때문에 신체의 저항력을 없애는 대신, 그는 옷 한 벌을 일 년 내내 입는 관습을 도입했다. 이렇게 하면 추위와 더위의 변화를 보다 잘 준비할 것이라고 믿었다. (5) 음식에 대해서는, 그는 소년들이 너무 많이 먹어 힘들어하지 않지만 결코 배가 부르지는 않을 정도의 양만 먹도록 했다. 그는 이런 훈련을 받은 사람은 공복에도 일을 잘할 것이고, 필요하다면 여분의 음식이 없어도 그렇게 하라고 명령을 받으면 더 오래 지속할 수 있을 것이라고 믿었다. 그들은 양념을 덜 필요로 할 것이며, 그들 앞에 놓인 음식이 어떤 것이든 기꺼이 그것에 적응하려고 할 것이다. 동시의 그들은 건강이 더 양호할 것이다. (6) 그는 또한 홀쭉하게

---

3 Paidonomos(παιδονόμος)

만드는 식사가 살찌게 만드는 식사보다 키를 더 크게 만들 것이라고 생각했다.

한편 배고픔의 고통을 너무 많이 느끼지 않으면서 동시에 원하는 것을 수고하지 않고 얻을 기회를 주지 않기 위해, 소년들에게 배고픔을 누그러뜨리기 위해 무언가를 훔쳐도 된다고 허락했다. (7) 그가 소년들에게 스스로 교활한 방법으로 음식을 확보하라고 부추긴 것은 그들에게 음식을 공급하기 어렵기 때문이 아니다. 분명 도둑질하려는 사람은 밤에 잠을 자지 않고 보내야 하며, 속임수를 써야 하고, 낮에는 매복을 하고, 게다가 강탈을 하려면 첩자를 가동해야만 한다. 그가 이 모든 교육을 계획한 것은 소년들이 보급품을 확보하는 데 더 쓸모가 있고, 보다 훌륭한 전사로 키우기 위한 것이라는 것은 의심할 여지가 없다.

(8) 누군가는 물을 것이다. 그가 훔치는 것을 좋은 것으로 믿는다면, 그는 왜 훔치다 붙잡힌 소년들을 채찍으로 많이 때렸을까? 왜냐하면 하라고 가르친 것을 학습자가 제대로 해내지 못할 때는 예외 없이 처벌했기 때문이다. 그렇게 스파르타인은 서투르게 훔치다 붙잡힌 소년들을 처벌했다. (9) 그는 아르테미스 오르티아의 제단[4]에서 치즈를 될 수 있는 대로 많이 훔치는 것이 영광스러운 일이라고 강조했다. 그러나 다른 사람을 시켜 도둑을 매질하도록 했다. 그렇게 한 의도는 고통을 잠시 견디면 영원한 명예와 행복을 얻을 수 있다는 것을 보여 주기 위해서였다. 이

---

[4] 플루타르크와 파우사니아스에 따르면 매년 이 제단에서 스파르타 소년들과 청년들을 태형했다고 한다. 그러나 이 관습은 도둑질하다 붙잡힌 사람에 대한 처벌과는 관련이 없는 듯하다. 이 문장 전체가 가필되었다는 가능성이 없지 않다. 그렇지 않으면 복원될 수 없을 정도로 문장이 훼손되었을 수 있다.

로써 기민함이 요구되는 곳에서 평소처럼 게으르고 나태하면 얻는 것이 거의 없고 문제만 많이 발생한다는 것을 보여 주었다.

(10) 파이도노모스가 자리를 비웠을 때도 소년들이 결코 관리자 없이 지내지 않도록 하기 위해, 그는 마침 그곳에 있는 어떤 시민에게도 소년들에게 그가 생각하기에 옳은 것을 하도록 하고, 어떤 비행이든 저지른 소년은 처벌할 수 있는 권리를 주었다. 이것은 소년들을 보다 겸손하게 만들었다. 사실 소년과 성인은 모두 그들의 관리자에게 최고의 존경을 표한다. (11) 그리고 그곳에 성인이 아무도 없을지라도 소년들은 관리자가 없는 것이 아니다. 그는 소년들 중에서 가장 똑똑한 자를 골라 소년 무리를 지휘하도록 했다. 그렇게 스파르타에서는 소년들에게 관리자가 없게 되는 일이 결코 없었다.

(12) 나는 또한 소년애(少年愛)에 대해 말해야 한다고 생각한다. 이것 또한 교육과 관련되기 때문이다. 다른 그리스 국가에서는, 예를 들어 보이오티아에서는 성인과 소년이 부부처럼 함께 산다.[5] 다른 곳, 예를 들어 엘리스에서는 호의를 베풀어 승낙을 얻는다. 반면에 다른 곳에서는 소년과 말을 하면서 구애하는 것을 완전히 금지한다.

(13) 리쿠르고스는 이 모든 것과 반대되는 관습을 만들었다. 만약 정직한 어떤 성인이 소년의 영혼을 칭송하고 소년을 질책하지 않고 소년과 교류하는 이상적인 우정을 나누려고 한다면, 그는 그것이 탁월한 훈련이라고 믿어 그 시도를 허락했다. 그러나 소년의 육체 때문에 끌려하는 것이 분명할 때는 그것을 혐오행위로 여겨 결합을 금지하였다. 이렇게 하여

---

5 《향연》 8장 34절

그는 소년애 당사자들이 소년들을 삼가도록 유도하였다. 그것은 부모가 자녀와 성관계를 하고, 형제와 자매가 서로 성관계를 하는 것을 삼가는 것과 다르지 않았다.

(14) 하지만 나는 사람들이 이것을 믿으려 하지 않는다는 사실이 놀랍지 않다. 왜냐하면 많은 나라에서 이런 취향에 탐닉하는 것을 법으로 금지하지 않기 때문이다.

나는 지금껏 스파르타의 교육 제도와 다른 그리스 국가의 교육 제도를 다루었다. 스파르타의 교육 제도는 더 복종심 있고, 더 겸손하며, 더 절도 있는 남자를 길러 낸다. 원하는 사람은 누구든 다시 한 번 판단할 수 있다.

3장

(1) 소년이 소년기를 지나 남자가 되기 시작하면, 다른 나라는 생활교사와 학교 교사에게서 떼어 놓아, 소년은 더 이상 관리자의 감독을 받지 않고 자기 생각대로 하도록 허락한다. 여기서 또한 리쿠르고스는 완전히 다른 제도를 도입했다. (2) 그는 인생의 이때가 소년의 마음속에 자의식이 강하게 뿌리내리는 것을 보았다. 그것은 무례한 태도와 여러 다른 형태의 쾌락을 예리하게 좇는 성향이 소년을 사로잡는 것이었다. 따라서 그는 이 시기에 소년에게 끊임없이 일을 시키고, 계속해서 해야 할 일을 고안했다. (3) 주어진 일을 맡기 꺼려하는 것에 대한 벌은 미래에 받을 모든 명예에서 제외시키는 것이었다. 그리하여 공직자뿐 아니라, 소년들

과 사적인 이해관계가 있는 사람들이 수고를 하게 하여, 소년들이 주어진 과업을 회피했을 때 동료 시민으로부터 경멸을 받지 않도록 유도했다.

(4) 나아가 소년들 마음속에 겸손한 태도를 깊이 뿌리박게 하려는 바람으로, 그는 소년들이 두 손을 외투 안으로 넣게 하였고, 조용히 걸으며 주위를 쳐다보지 말고 시선을 바닥에 고정하도록 하였다. 이 규칙은 남성이 심지어 여성보다도 더 단정해지는 효과를 내는 것으로 드러났다. (5) 그리하여 돌 조각상이 그 소년들보다 먼저 소리를 내기를 기대하고, 그들보다 청동상이 먼저 관심을 끌려고 할 것이며, 심지어 신방에 있는 젊은 새색시보다 그 소년들이 더 얌전하다고 생각할 것이다. 그들이 공동식사를 할 때, 그 자리에서 질문에 대한 답을 얻을 수 있다면 분명 그대는 만족할 것이다.

그런 것이 자라는 소년들에게 주어진 관심이었다.

4장

(1) 그는 인생의 전성기에 이른 청년들을 가장 걱정하였다. 이 사람들이 올바른 기질을 지니고 있다면 국가의 유익을 위해 강한 영향력을 끼칠 것이라고 믿었기 때문이다. (2) 그는, 청년들 사이에 경쟁심이 가장 강한 곳에서는[6] 합창이 가장 가치가 있고, 체육 경기가 가장 멋진 광경을 연출하는 것을 보았다.[7] 따라서 청년들을 모아 용기를 겨루도록 할 수 있

---

6 《키로파에디아》 제2권 1장 22절
7 《키로파에디아》 제7권 2장 26절

다면 높은 수준의 탁월한 남성성에 도달할 수 있을 것이라고 믿었다.

(3) 에포로스들은 청년들 중에서 가장 뛰어난 세 명을 골라 근위기병지휘관(히파그레타이)이라는 호칭을 부여했다. 이들 지휘관은 선호하는 사람과 거부하는 사람에 대한 이유를 언급하면서 각각 100명의 청년을 모집했다. (4) 그 결과 모집에 탈락한 청년은 자신을 거부한 사람과 선정된 사람 모두와 반목하게 된다. 그리하여 그들이 명예 규칙에서 벗어났는지 여부를 감시한다.

(5) 여기서 이런 종류의 반목이 신들에게 가장 사랑을 받고 정치적으로 가장 감각이 높은 행동이라는 것을 발견한다. 그 반목은 용감한 남자의 행동에 대한 기준을 설정한다. 그리고 어느 쪽이든 최고의 밑으로 떨어지지 말아야겠다는 목표에 진력하게 된다. 그리하여 때가 되면 모든 구성원은 있는 힘을 다해 국가를 도울 것이다.[8] (6) 그들은 또한 스스로를 튼튼한 사람으로 유지하려고 노력할 수밖에 없다. 그 반목의 영향이기도 한데, 그들은 만날 때마다 서로 싸울 것이기 때문이다. 그러나 그곳에 있는 사람은 누구든 싸우는 두 사람을 떼어놓을 권리가 있다. 누구든 그 중재를 따르기를 거부한다면 파이도노모스가 그를 에포로스에게 데려가 무겁게 벌금을 물려 순간의 충동에 눌려 법을 어겨서는 안 된다고 깨닫게 만들어야 한다.

(7) 청년의 시기를 지나면 이제 국가의 중요한 관직에 오를 자격이 된다. 다른 그리스 국가는 신체 건강에 대한 주의를 기울이는 의무를 더 이상 하지 않아도 되는 면책을 주면서도 군대에서 계속 복무하기를 요구

---

8 《기마술》 2장 1절

한다. 그러나 리쿠르고스는 그 나이의 시민들에게 공공의 업무가 방해될 때를 제외하고는 사냥을 고귀한 업무로 삼는 원칙을 확립했다.

5장

(1) 리쿠르고스가 인생의 이어지는 단계마다 적용할 교육에 대하여 나는 지금까지 꽤 완전한 설명을 했다. 이제 나는 모두에게 똑같이 확립한 그 제도에 대해 기술하려고 한다.

(2) 리쿠르고스는 스파르타인이 다른 그리스인과 마찬가지로 집에서 식사를 하는 것을 발견하고서, 그 관습이 부정한 행동에 대한 큰 책임이 있다고 결론을 내렸다. 그래서 그는 바깥의 공개된 장소에서 하는 공동식사 제도를 확립했다. 그는 이것이 명령을 무시하는 태도를 최소로 낮출 것이라고 생각했다. (3) 허락된 식사의 양은 너무 많이 먹거나 너무 적게 먹지 않도록 할 만큼이었다. 그러나 사냥에서 획득한 여분이 음식이 많이 있었으며, 부자들은 때로 빵을 가져오기도 했다. 따라서 식탁은 식사가 끝날 때까지 결코 빈약하거나 과도하게 차려지지 않았다. (4) 그가 단행했던 또 다른 개혁은 몸과 정신을 모두 상하게 했던 강제적인 음주를 폐지한 것이었다.[9] 그러나 갈증이 났을 때는 술을 마셔도 된다고 허락했는데, 그때는 음주가 가장 해가 적고 가장 맛있기 때문이었다.

이런 공동식사가 개인이나 개인의 재산을 망가뜨리는 폭식이나 폭

---

9 공동식사에서 개인은 각자 개인컵을 가지고 다녔다. 아테네와 그 외 어디서든 잔을 돌리는 관습이 없었다.

음을 유도한 적이 있었던가? (5) 다른 나라에서는 같은 나이의 사람들이 모여서 식사할 때 그 자리에 진중함이 없어 보이는 것이 두드러져 보인다. 그러나 리쿠르고스는 스파르타에서 서로 나이가 다른 사람이 식사를 하도록 했고, 그리하여 연장자의 경험이 손아랫사람의 교육에 크게 기여하도록 만들었다. (6) 사실, 스파르타에서는 국가에 위대한 업적을 남긴 위인들의 공적이 공동식사의 대화 주제였던 것이 관례였으므로, 무례한 행동이나 술 취해 고함치거나 추태를 부리거나 저속한 말을 할 여지가 거의 없었다. (7) 그리고 공개된 장소에서 식사를 하는 제도는 다른 좋은 결과를 낳았다. 그들은 식사를 마치고 집까지 걸어서 와야 했고, 음주에 휘말려 넘어지지 않도록 주의해야 했다(그들은 식탁에서 잠을 잘 수 없다는 것을 알았기 때문이다). 그들은 낮에 하는 행동을 밤에도 해야만 했다. 실제로 군대에 있는 사람들은 그들을 인도하기 위해 횃불조차 드는 것도 허락되지 않았다.

(8) 리쿠르고스는 또한 같은 양의 식사를 해도 열심히 일하는 사람과 게으른 사람이 서로 다른 결과를 내는 것을 목격했다. 전자는 피부색이 밝고 살이 단단하며 용기가 가득하지만, 후자는 붓고 못생기고 나약해 보인다. 그는 이것의 중요성을 알았다. 그래서 힘들게 일하는 것이 의무이기 때문에 스스로의 의지로 하고, 꽤 좋은 신체 조건을 보인다 할지라도 모든 체육관에 있는 연장자들에게 당분간 주어진 식사량보다 너무 적은 양의 훈련을 시키지 않도록 유의하라고 요구했다. (9) 그리고 나는 이 일에서도 그가 성공했다고 생각한다. 따라서 스파르타인보다 더 건강하고 더 능숙한 사람을 찾기란 쉽지 않다. 그들은 다리, 팔, 목을 똑같이 훈련하기 때문이다.

6장

(1) 다음의 면에서도 역시 그가 세운 제도는 보통의 유형과 다르다. 대부분의 국가에서는 모든 사람이 스스로의 자녀와 노예와 재산을 관리한다. 리쿠르고스는 시민이 다른 사람에게 어떤 피해도 주지 않으면서도 이익을 얻을 수 있기를 보장하고 싶어 했다. 따라서 그는 모든 사람에게 자신의 자녀뿐 아니라 다른 사람의 자녀도 관리할 수 있는 권위를 부여했다. (2) 아버지들이 이런 권위가 있다는 것을 안다면, 그는 자신의 자녀가 받기를 원하는 수준의 관리를 그의 권위를 행사해 그가 관리하는 자녀에게 하기 마련이다. 만약 소년이 그의 친부에게 그가 다른 아버지에게 언제 회초리를 맞았다고 말한다면, 부모가 그 아들에게 또 회초리를 대지 않는다면 그것은 불명예였다. 그렇게 완벽하게 서로를 신뢰하였기에 자녀들에게 부적절한 그 어떤 명령도 내리지 않는다.

(3) 그는 또한 필요할 때는 다른 사람의 노예도 사용할 수 있는 권한을 주었다. 그리고 사냥용 개는, 어떤 사람이 사냥개 주인을 사냥에 초대했는데 사냥개 주인이 바쁜 나머지 사냥개를 흔쾌히 보낸다면 이 범위 내에서 사냥개는 공동의 소유가 되었다. 말에도 비슷한 빌리는 방법이 적용되었다. 그리하여 병이 들었거나 들것이 필요하거나 어떤 곳에 빨리 가기를 원하는 사람은, 만약 말이 어디든 있는 것을 보거든 그 말을 가져다 조심스럽게 이용하고 돌려줄 의무를 지었다.

(4) 다른 나라에서는 볼 수 없는 그가 제정한 또 다른 관습이 있다. 그것은 먹을 것을 준비하지 못한 채 사냥터에 늦게 도착한 사람의 필요

를 채우기 위해 고안되었다. 그는, 음식을 충분히 가져온 사람은 준비한 음식을 남겨두고 가도록 하는 규칙을 만들었다. 그래서 필요한 사람은 봉인을 뜯고 원하는 만큼 먹은 뒤 나머지를 다시 봉인해 뒤에 남겨 두도록 했다. 이 방법의 결과는 비록 조금 소유한 사람일지라도 필요할 때는 국가가 생산하는 모든 것을 다른 사람과 계속 나누어 가질 수 있도록 하는 것이었다.

7장

(1) 리쿠르고스가 다른 그리스 국가와 다르게 스파르타에 도입한 관습의 목록은 이것으로 끝나지 않는다. 내가 생각하기에, 다른 나라에서는 모든 사람이 할 수 있는 최대로 돈벌이를 한다. 어떤 이는 농부, 어떤 이는 선주, 어떤 이는 상인, 다른 이는 다른 손재주로 생계를 이어간다. (2) 그러나 리쿠르고스는 스파르타에서 자유민으로 태어난 시민이 돈벌이와 관련된 어떤 일도 하지 못하도록 했다. 그는 그들의 관심사가 오직 도시의 자유를 위한 것에 집중해야 한다고 주장했다. (3) 그는, 식사는 같은 양을 제공하고, 생활수준도 모두 같으며, 그래서 탐닉을 추구하기 위해 필요한 돈의 유혹을 모두 차단해야 한다고 주장했는데, 그런 곳에서 어떻게 부를 추구하는 것이 중대한 목적이 될 수 있겠는가? 그렇다면 어째서 그곳에는 외투를 사는 데 쓸 돈조차 필요하지 않단 말인가? 왜냐하면 스파르타인은 옷이 아니라 훌륭한 신체 조건을 만드는 데 돈을 들여 몸을 장식하기 때문이다. (4) 또한 같이 식사하는 동료에게 쓰기 위

해 돈을 모을 이유가 전혀 없었다. 왜냐하면 몸으로 수고를 하여 동료를 돕는 것은 영혼의 사용이지만, 돈을 써서 동료를 돕는 것은 부의 사용이라고 지적하며, 전자를 더 존경받을 일로 만들었기 때문이다.[10]

(5) 그는 부정한 방법으로 돈을 버는 것이 아예 불가능하게 만들 다른 조치도 시행했다. 그는 10미나의 돈도 주인과 하인 모두가 알지 않고서는 집 안으로 들일 수 없도록 하는 통화 제도를 만들었다. 그 정도의 돈은 보관하는 데 많은 공간과 끄는 데 마차가 필요할 것이다. (6) 나아가 스파르타에서는 금과 은을 수색할 수 있는 권리가 있어, 누구든 그것을 소유하고 있으면 벌금을 물었다. 돈을 소유하는 데서 오는 즐거움보다 돈을 소유하면서 받게 되는 고통이 더 큰 곳에서 돈벌이에 열중해야 할 이유가 무엇이 있겠는가?

8장

(1) 계속 이어간다. 우리는 모두 최고 권력자가 법률에 복종하는 정도가 스파르타에서 가장 높다고 알고 있다. 그러나 나는 리쿠르고스가 국가에서 가장 중요한 사람들 사이에 협약을 이끌어 내고 나서야 비로소 이런 규율의 관습을 도입하려 했다고 생각한다. (2) 나의 추론은 다음 사실에 기초한다. 다른 나라에서는 힘 있는 시민들이 최고 권력자를 두려워한다고 비쳐지는 것조차 바라지 않는다. 그들은 그것을 노예의 표

---

10 《아게실라오스》 9장 6절

징이라고 믿었다. 그러나 스파르타에서는 가장 중요한 사람들도 최고 권력자에게 최고의 존경을 표한다. 그들은 겸손을 자랑스럽게 생각하며 어떤 부름이든 응답하는 데 있어 걷지 않고 달려간다. 그들은 그들이 주도한다면 나머지 시민들도 진지하게 복종해 따라할 것이라고 믿었고, 그것은 실제로 증명되었다.

(3) 또한 이들 시민들이 국가에서든 군대에서든 가정에서든 복종심이 커다란 축복이라고 결론을 내렸기 때문에 에포로스 제도를 확립하는 데 도움이 되었을 것이라고 추측할 수 있다. (4) 따라서 에포로스들은 그들이 선택한 사람에게 확신 있게 벌금을 내렸고, 즉시 납부 이행을 집행할 수 있는 권한을 가졌다. 그들은 또한 행정관의 지위를 박탈하며, 감옥에 보내고, 목숨을 빼앗을 수도 있는 고발 권한도 가졌다. 그런 광범위한 권한을 가졌기에, 그들은 선출된 사람이 일 년 내내 통치하는 다른 나라와는 달리, 참주와 체조 경기의 심판과 같이 누구든 법을 어기는 것을 보거든 즉시 범법자를 처벌하였다.

(5) 리쿠르고스가 시민들이 법에 기꺼이 복종하기를 유도하기 위해 고안한 많은 훌륭한 계획 중에서 가장 훌륭한 것은 이것이라고 생각한다. 그는 그가 만든 법을 사람들에게 시행하기 전에 가장 중요한 시민들과 함께 델포이를 방문해, 스파르타가 그가 손수 만든 법에 복종하는 것이 스파르타를 위해 바람직하고 이로운지를 신에게 물었다. 시행하는 것이 모든 면에서 이롭다고 신이 응답할 때에만, 즉 델포이 신탁에 의해 주어진 법에 복종하기를 거부하는 것은 무모할 뿐 아니라 사악하다고 규정한 뒤에 사람들에게 법을 시행하였다.

9장

(1) 리쿠르고스가 이룬 다음의 것들 역시 칭송을 받을 자격이 있다. 그는 불명예스러운 삶을 살기보다는 명예롭게 죽는 것이 낫다고 사람들을 유도했다. 그리고 사실 생각해 보면, 그들은 위험한 곳에서 후퇴하기를 선호하는 사람들보다 군사를 적게 잃는 것을 알게 될 것이다. (2) 진실을 말하자면, 타고난 수명을 채우지 못하고 죽는 것에서 벗어나려고 몸부림칠 때 일반적으로 겁쟁이가 아니라 더 용맹스러워진다. 용기는 실제로 더 수월하고 더 즐거우며 더 쓸모가 있다.[11] 그리고 모두 용기 있는 사람과 어느 정도 어울리려고 하기 때문에, 용기 있는 자에게는 분명 영광이 따라붙는다.

(3) 그러나 이 결과를 얻기 위해 그가 고안한 방법을 내팽개쳐서는 안 된다. 그가 고안한 것은 분명 용기 있는 자는 행복해지고 겁쟁이는 불행해지는 것을 보장한 것이었다. (4) 다른 나라에서는 어떤 사람이 겁쟁이였을 때, 그가 얻을 수 있는 유일한 결과는 겁쟁이로 불리는 것이었다. 그는 용감한 사람이 가는 시장에 똑같이 가고, 용감한 사람 옆에 앉으며, 원한다면 같은 체육관에 다닐 수 있다. 그러나 라케다이몬에서는 겁쟁이와 식당에서 자리를 함께하거나, 레슬링 경기에서 그와 겨루는 것을 모두가 부끄러워한다. (5) 때로는 공 게임에서 그와 한 편이 되었을 때에도 그는 짝이 없는 사람으로 따돌림을 당하고, 합창단에서는 창피한 곳으로 보내지고, 거리에서는 길을 비켜 줘야 하며, 혹여나 앉을 자리를 차

---

11 이것은 티르타이오스에게서 가져온 감성이다.

지할 때면 다른 사람에게 심지어 아랫사람에게도 양보해야 하며, 집에서는 그의 노처녀 친척들을 부양하며 그들에게 왜 노처녀인지를 설명해주어야 한다. 부인 없이 홀로 난롯가에서 최선을 다해야 하지만, 그것을 야기한 것에 대해 벌금을 물어야 한다. 그는 즐거운 표정으로 산책할 수 없으며, 명성이 깨끗한 사람처럼 행동해서도 안 된다. 그랬다간 더 용감한 사람에게 얻어맞게 된다. (6) 그런 불명예의 짐이 겁쟁이에게 주어진다면, 그렇게 불명예스럽고 수치스러운 삶이라면, 차라리 죽는 것이 낫다고 여겨도 그리 놀랍지 않다고 나는 생각한다.

10장

(1) 노년의 때까지도 덕을 실천하도록 법으로 만든 리쿠르고스의 조치는 또 다른 칭찬거리라고 생각한다. 인생의 종착점에 가까이 이른 사람들에게 원로회 선거라는 힘든 일을 떠맡도록 함으로써, 늙어서도 고귀한 원칙을 소홀히 하지 않도록 했다. (2) 또한 훌륭한 사람이 노년을 감당할 수 있도록 지켜준 것도 그가 칭찬받을 만하다. 그는 노인이 중요한 재산을 맡도록 함으로써 왕성한 혈기의 남성보다 더 큰 명예를 얻도록 하였다. (3) 그리고 세상의 모든 경쟁 중에서 당연히 이것이 가장 큰 열정을 불러일으킨다. 체조 경기는 고귀하지만 그것은 단지 신체의 힘을 겨룬다. 그러나 원로회에 들어가려고 겨루는 것은 후보자들이 선한 영혼을 갖고 있는지를 판단한다. 영혼이 신체를 능가하듯이 영혼의 경쟁은 신체의 경쟁보다 더 큰 열정을 불러일으키므로 보다 더 가치가 있는 것

이다.

(4) 리쿠르고스의 다음 업적 또한 분명 높이 칭송받을 자격이 있다. 그는, 덕을 숭상하는 일이 자발적인 노력으로 맡겨진 곳에서는 덕이 있는 사람이 조국의 명예를 드높일 만큼 충분한 능력이 있지 않는 것을 보았다. 따라서 그는 스파르타의 모든 사람이 공공생활에서 모든 덕을 실천하도록 강요했다. 따라서 개인도 덕을 실천하느냐 무시하느냐에 따라 서로 차이가 나듯이, 스파르타에서는 유일하게도 신사적인 행동을 공공의 의무로 삼기 때문에 당연하게도 덕에 있어서 다른 모든 나라를 능가한다. (5) 다른 나라에서는 오직 이웃에게 나쁜 짓을 한 경우에만 처벌을 하는데, 리쿠르고스는 최선을 다해 선한 삶을 살려는 노력을 드러내 놓고 소홀히 하는 사람은 누구든 심한 처벌을 가했으니, 이것 또한 고귀한 지배가 아닌가? (6) 그는, 사람을 노예로 삼고 남의 물건을 편취하고 강탈하는 것은 그 피해자에게만 해를 끼치지만, 사악한 사람과 겁쟁이는 국가 전체에 대한 반역자라고 믿었던 것 같다. 그런 훌륭한 이유가 있었기에, 그런 위법 행위에 대해 가장 무거운 처벌을 내렸을 것이라고 생각한다.

(7) 그리고 그는 사람들에게 시민으로서 지녀야 할 모든 덕을 실천하는 의무를 거부할 수 없는 필수사항으로 부여했다. 그는 그의 규범이 요구하는 사항을 충족시키는 사람은 신체가 병약하거나 재산의 부족 여부를 개의치 않고 모두 평등한 시민권을 주었다. 그러나 그의 규범의 지배를 준수하는 일을 회피하는 겁쟁이는 더 이상 동료로 여기지 않았다.

(8) 이런 법들이 아주 오래되었음은 의심의 여지가 없다. 리쿠르고스는 헤라클레스 시대에 살았다고 전해진다. 그러나 이렇게 오래되었어도

이것들은 사람들에게 완전히 생소하다. 참으로 모든 사람이 그런 제도를 칭찬하지만 어떤 국가도 그것을 따라하려고 하지 않는 것이 가장 놀라운 일이다.

11장

(1) 내가 지금까지 나열했던 축복들은 평화 시와 전시에 똑같이 공유되었다. 그러나 누군가 리쿠르고스의 군대 조직이 어떤 면에서 다른 조직에 비해 더 적극적으로 기능하는지 알고자 한다면, 여기에 찾고자 하는 정보가 있다.

(2) 에포로스는 징집 연령 한도를 명시하는 포고를 내리는데, 먼저는 기병대에 필요한 연령 한도, 다음으로는 중장보병, 그 다음으로는 수공업 장인을 위한 연령 한도를 포고한다.

(3) 이리하여 라케다이몬인은 시민 생활에 유용한 것으로 확인된 모든 것을 전쟁에서 잘 공급받게 된다. 군대에 공통으로 필요한 모든 도구는 한곳으로 모으기를 명령받는데, 어떤 것은 수레에 실려, 어떤 것은 짐 나르는 짐승에 실려 온다. 그래서 무언가 빠진 것이 있으면 결코 그냥 넘어갈 수 없다. 그가 전투 중인 군대를 위해 고안한 도구로는 빨강 망토가 있다. 그는 이것이 여성의 옷과 닮은 점이 가장 적고 전쟁에 가장 적합하다고 믿었다. 그리고 놋쇠 방패를 고안했는데, 이유는 아주 빨리 광택이 나면서도 아주 천천히 변색되기 때문이다. 그는 또한 청년기를 갓 넘은 사람이 긴 머리를 하는 것을 허락했는데, 그렇게 하면 키가 커 보이

고 위엄이 있으며 더 무서워 보인다고 믿었기 때문이다.

(4) 그렇게 도구를 갖춘 군사들은 6개의 기병연대와 6개의 중장보병 연대로 나뉘었다. 각 시민 연대의 장교는 한 명의 연대장, 4명의 대대장, 8명의 중대장, 16명의 소대장이다.

이들 연대는 명령에 따라 일렬종대로 때로는 (2개), 때로는 3개의 무리를 지으며, 때로는 6개의 횡대를 짓기도 한다.

(5) 라케다이몬 중장보병의 대형이 매우 복잡하다는 의견이 일반적인데, 그것은 사실과 아주 다르다. 라케다이몬 중장보병에서 제일 앞 열은 모두 장교들이고, 각 열은 효과적으로 싸우기 위해 필요한 모든 것을 갖추고 있다. (6) 이 대형은 이해하기 너무 쉬어 사람을 식별할 줄 아는 사람이라면 틀릴 가능성이 거의 없다. 일부는 지휘할 특권을 갖고 있고, 나머지는 명령을 따른다. 종대(縱隊)에서 전투 대형으로 전개하라는 명령은 소대장이 전령의 역할을 하여 구두로 전달되며, 이 전개에 의해 전선이 한층 깊어지기도 얕아지기도 한다. 이런 움직임에서 이해하지 못할 것이라고는 도무지 없다. (7) 전선이 혼란스러울 때에도 가까운 곳에 있는 어떤 군대와도 전투를 해내는 비결은 리쿠르고스의 법 아래에서 훈련받은 군인들을 빼놓고는 이해하기가 쉽지 않다.

(8) 라케다이몬인은 전술 지도자가 매우 어렵다고 생각한 전열 전개도 어려움 없이 완벽하게 실행했다. 그들은 종대로 전진할 때는 소대가 항상 앞서는 소대의 뒤를 따랐다. 그럴 때 적의 전열이 앞에 나타나면 왼쪽으로 횡대로 전개하라는 명령이 소대장에게 전달되지만, 전열이 적을 향할 때까지 부대는 그대로 종대로 전진한다. 또는 여전히 이런 대형에 있을 때에 만약 적이 뒤에서 나타나면 각 대열은 항상 가장 강력한 병

사로 적을 대면해 반격을 전개한다. (9) 그러면 지휘관이 왼쪽에 위치하게 되지만 그것을 불리한 점으로 여기는 대신 때로는 이것이 이점이라고 생각한다. 왜냐하면 적이 포위를 시도할 경우 무방비의 부분이 아닌 방어된 부분을 둘러싸야 하기 때문이다.[12] 그러나 어떤 이유로 지휘관이 오른쪽 날개에 있는 것이 유리할 것 같으면, 종대의 군대를 회전시켜 지휘관이 오른쪽에 후위가 왼쪽에 위치하게 될 때까지 전열을 전개한다. (10) 그러나 종대로 전진할 때 적이 오른쪽에서 나타나면 그들이 해야 할 전부는 각 대대에 명령을 내려 삼단노선처럼 적을 향해 방향을 돌려 대면하도록 해, 다시 대대의 제일 후미가 오른쪽에 위치하도록 한다. 또한 적이 왼쪽에서 접근해 오면 어떤 경우든 그것을 용인하지 않고 적을 격퇴시키거나[13] 대대의 방향을 돌려 적을 대면하도록 해, 대대의 종대 후미가 왼쪽에 있도록 한다.

12장

(1) 이제 나는 리쿠르고스의 야영 방법에 대해 설명할 것이다.

안전한 언덕이나 성벽이 없거나 보호해 줄 만한 강이 뒤에 없을 경우,

---

[12] 이것은 일상적인 계획이다. 서로 마주보며 전진하는 두 개의 전투 대열은 항상 오른쪽에서 만나는 경향이 있기 때문이다.

[13] 이것은 라케다이몬 군대가 적의 공격에 맞서기 위해 중장보병 대형 전체를 왼쪽으로 돌리는 경우에 한해서이다. 부대를 왼쪽으로 돌리는 것은 오직 종대로 행진하는 군대가 왼쪽에서 위협을 받을 때에만 해당된다.

정사각형의 각은 도움이 되지 않는다는 것을 알기에, 그는 원 모양의 야영을 하였다. (2) 그는 낮에는 보초를 무기를 보관한 장소를 따라 서도록 했는데, 이렇게 한 목적은 적뿐만 아니라 동료를 감시하기 위해서였다. 가장 멀리 볼 수 있는 곳에는 기병을 배치해 적을 감시했다. (3) 밤에 있을 적대적인 접근의 경우를 대비하기 위해, 그는 스키리타이인에게 전열 바깥에서 보초를 서도록 의무를 지었다. 오늘날에도 진지 안에 무슨 일이 생기면 외국인들이 보호의 의무를 함께 진다. (4) 보초가 항상 창을 휴대하도록 한 규칙은 물론 같은 목적을 지니고 있다. 노예가 무기 있는 곳에서 떨어지도록 하는 것이다. 보초가 필요한 목적을 위해 자리를 비울 때는 불편을 주지 않을 범위 내에서만 서로 떨어지고 무기를 손에서 놓을 수 있었던 것도 놀랄 일이 아니다. 이 규칙의 첫 번째 목적 또한 안전이다.

(5) 진지는 자주 이동하는데, 목적은 적을 교란하기 위해서와 동료를 돕는다는 두 가지이다.

게다가 스파르타의 법은 라케다이몬인이 원정 중에도 정기적으로 신체를 단련하도록 요구하는데, 그 결과 그들은 스스로에 대해 더 자긍심을 갖게 되고 다른 사람들보다 더 근엄한 외모를 하게 된다.

그들은 거리상 연대가 담당하는 지역을 넘어서 산책을 하거나 경주를 할 수 없다. 아무도 무리에서 너무 멀리 떨어지지 않기 위해서이다. (6) 선임 연대장은 운동을 한 뒤에 전령을 통해 자리에 앉도록 명령을 내린다(이것은 그들의 사열 방법이다). 그런 뒤 아침 식사를 하고 신속하게 전초 기지를 교체한다. 이 뒤에는 놀이와 오락을 저녁 운동 전까지 즐긴다. (7) 이것을 끝내면 전령은 저녁 식사를 하라는 명령을 전달하고,

희생제사를 드려서 길조를 내린 신들을 칭송하는 노래를 부른 뒤 즉시 무기를 옆에 두고 잠에 든다.

내가 장황하게 여러 가지를 썼다고 해서 놀라지 마시라. 나는 라케다이몬인이 주의를 기울어야 할 세세한 군사 문제에서 어느 것 하나 간과하는 것을 찾기가 거의 불가능하기 때문이다.

13장

(1) 나는 또한 리쿠르고스가 군사 원정에서 왕에게 부여했던 권력과 명예에 대해 기술하려고 한다. 우선, 국가는 군사 업무를 위해 왕과 군대를 유지했다. 연대장은 왕과 막사를 같이 썼다. 목적은 끊임없는 교류가 필요할 때에 보다 좋은 협의의 기회를 주기 위해서이다. 다른 동료 세 사람이 왕과 함께 막사에서 생활한다. 이 세 사람은 왕과 연대장이 아무런 방해를 받지 않고 전쟁 업무에 전념할 수 있도록 필요한 모든 보급을 담당한다.

(2) 그러나 나는 처음으로 돌아가 왕이 어떻게 군대를 이끌고 출정하는지를 설명할 것이다. 왕은 우선 고국에서 주신(主神) 제우스와 그를 따르는 신들에게 희생제사를 올린다. 만약 희생제사의 결과가 상서롭게 나오면 불을 운반하는 사제가 제단에서 불을 받아 국경까지 선도한다. 거기서 왕은 다시 제우스와 아테나 신에게 희생제사를 올린다. (3) 희생제사가 두 신에게 받아들여질 만한 것으로 드러났을 때에야 비로소 국경을 넘는다. 이 희생제사에서 얻은 불을 꺼뜨리지 않고 앞길을 인도하며,

그 뒤를 온갖 종류의 희생동물이 따른다. 왕의 희생제사를 드릴 때에는 항상 새벽 전에 시작하는데, 그렇게 하는 이유는 신의 호의를 먼저 얻기 위해서이다. (4) 그리고 희생제사에는 연대장, 대대장, 중대장, 외국인 분견대의 지휘관, 수송대 지휘관, 그리고 왕이 초대한 외국에서 온 장군들이 참석한다. (5) 또한 왕이 요청하지 않으면 어떤 참견도 하지 않는 두 명의 에포로스도 희생제사에 참여해 진행 상황을 지켜보면서 각자가 상황에 맞는 예의를 갖추어 행동하는지 확인한다. 희생제사가 끝나면 왕은 모든 사람을 소집해 그날의 명령을 전달한다. 그 광경을 지켜봤다면 다른 나라 사람은 모두 군사(軍事)에서 그저 초보자일 뿐이고, 라케다이몬인만이 전쟁 기술자라고 생각하게 될 것이다.

(6) 왕이 길을 인도할 때, 만약 적이 나타나지 않는다면 스키리타이인과 전초 기병을 제외하고 아무도 그보다 앞설 수 없다. 그러나 전투의 기미가 보인다면, 왕은 제1연대를 이끌고 오른쪽으로 돌아 두 개의 연대와 두 명의 연대장 사이에 위치한다. (7) 이것을 지원하는 부대는 왕의 참모장이 지휘한다. 왕의 참모는 모두 막사 동료로 구성되어 있는데, 이들은 예언가, 의사, 피리 부는 사람, 지휘관, 그리고 우연히 그곳에 있는 모든 자원자들이다. 따라서 해야만 하는 것을 하는 데 있어 어떤 어려움도 없다. 왜냐하면 모든 것이 때를 맞춰 준비되기 때문이다.

(8) 실제 싸움에 대비해 리쿠르고스가 마련한 다음 준비[14]도 내 의견으로는 아주 유용하다고 생각한다. 염소가 희생제물로 바쳐지고, 적이 충분히 보일 정도로 근처에 있을 때, 모든 피리 부는 사람이 피리를 불

---

14 이 단락은 나중에 추가된 것이며, 11장 3~4절을 보충한다.

고, 모든 라케다이몬인이 머리에 화관을 쓰는 것은 관습이었다. 무기를 반짝반짝하게 닦으라는 명령 또한 주어졌다. 젊은 병사가 전투에 임하기 전에 머리를 빗는 것 또한 특권이었으며, 명랑해 보이고 좋은 평판을 얻었다. (9) 게다가 각 소대원은 소대장에게 독려의 소리를 지른다. 각 소대장이 독려의 소리를 그의 소대 전체에 걸쳐 그 끝까지 전달하기란 불가능하기 때문이다.[15] 연대장은 이 모든 것이 제대로 이행되고 있는지 확인할 책임을 진다.

(10) 야영을 해야 할 때가 되었을 때, 적당한 곳을 지정해 주는 것도 왕이 결정한다. 한편 우방국이나 적국에 사절을 파견하는 것은 왕의 일이 아니다. 모든 사람은 무엇이든 거래할 사업을 하려면 먼저 왕의 승낙을 받아야 한다. (11) 그리고 재판을 구하는 사람이 오면 왕은 그 사람을 군사법원에, 돈이 필요한 사람은 재무관에게, 전리품을 가지고 온 사람은 경매 담당관에게 보낸다. 일상적인 일은 이렇게 처리하기 때문에, 오직 왕이 적극적으로 담당해야 할 일은 종교에서 사제의 역할을 하는 것과 군사들에게 장군의 역할을 하는 것뿐이다.

14장

(1) 누군가 나에게 리쿠르고스의 법들이 지금도 변함없이 있느냐고

---

15 두 개 또는 그 이상의 무리가 나란히 갈 때(11장 4절), 병사들은 대열의 맨 뒤에서 나오는 소대장의 독려 소리를 받아 반복하며 다음 소대장에게 계속해서 전달한다. 이렇게 전달된 말은 분명하게 표현되지 않는다.

묻는다면, 나는 그렇다고 확신 있게 답을 할 수 없다. (2) 그들은 예전에는 고국에서 검소한 재산을 가지고 공동생활을 하는 것을 선호해, 아첨의 타락한 영향에 빠졌던 종속 국가들의 지배자들처럼 하지 않았다. (3) 그리고 예전에는 금을 소유한 것이 발각되는 것을 두려워했다고 알고 있다. 그러나 요즘에는 심지어 금을 소유한 것을 자랑하는 사람까지 있다. (4) 또한 예전에는 외국인이 하는 행동이 있었고, 외국에서 사는 것은 불법이었다. 그 규칙의 목적은 분명 시민이 외국인과의 접촉을 통해 도덕적으로 타락하는 것을 막기 위해서였다. 그리고 지금은 외국에서 죽는 날까지 지배자로 사는 것을 최고로 여기는 굳건한 야망의 소유자도 분명 있다. (5) 그들이 사람을 이끄는 것을 흔쾌히 가치 있는 일로 여기던 때가 있었다. 하지만 지금은 리더십을 가치 있는 것으로 여기기보다는 사람을 지배하기를 훨씬 더 진지하게 노력한다. (6) 따라서 예전에는 그리스인들이 라케다이몬으로 와서 불법 행위자로 평판이 있는 자들을 응징하기 위해 자신들을 이끌어 달라고 부탁했다. 하지만 지금은 많은 국가가 서로에 대해 라케다이몬의 패권 부활을 막자고 촉구한다. (7) 라케다이몬인은 그들의 신에도 리쿠르고스의 법에도 복종하지 않으므로, 사람들의 라케다이몬을 향한 비난을 놀라워할 이유가 없다.

15장

(1) 나는 또한 리쿠르고스에 의해 왕과 국가 사이에 맺은 협정에 대해 기술하려고 한다. 왜냐하면 이것이야말로 원래 설립된 그대로 이어지는 유일한 것이기 때문이다. 다른 나라의 제도는 이미 변했거나 현재 변하고 있는 중이다.

(2) 그는, 국왕은 신의 후손이기 때문에 국가를 위해 공공의 희생제사를 드리고, 국가가 군대를 어디로 파견하든 지휘관으로서 군대를 이끌어야 한다고 규정했다. (3) 그는 또한 왕에게 희생제물의 일정 부분을 받을 수 있는 권리를 부여했으며, 피지배 거주민이 사는 많은 도시에 왕을 위한 별도의 땅을 두어 과도하게 부유하지 않으면서 적당히 만족하며 살 수 있도록 하였다. (4) 심지어 왕이 공동식사를 해야 한다면 공동식사를 위한 천막을 마련해 주었고 그들에게 두 배 분량의 식사를 주었는데, 목적은 그들이 두 배로 먹기 위해서가 아니라 그것을 가지고 돌아가 원하는 사람에게 영예를 베풀기 위해서였다. (5) 그는 또한 왕이 각각 피티오스라고 부르는 두 명의 공동식사 동료를 고르게 하였다. 나아가 그는, 왕이 신에게 무언가 조언을 구하려고 할 때, 희생제사에 쓸 제물이 없어 곤란해지지 않기 위해 돼지가 새끼를 낳을 때마다 한 마리씩 가질 수 있도록 허락했다.

(6) 집 부근에는 호수가 있어 물을 충분히 공급했다. 그리고 물이 여러 목적에 쓰이므로 얼마나 유용한지는 물이 없는 사람보다 더 잘 아는 사람은 없다. 나아가 왕이 나타날 때는 모든 사람이 의자에서 일어나야 했으며, 오직 에포로스만이 관직의 의자에서 일어나지 않아도 되었다.

(7) 그리고 에포로스는 국가를 위해, 왕은 자신을 위해 매월 서약을 교환했다. 이것이 왕의 서약이다. "나는 제정된 국법에 따라 통치를 할 것이다." 그리고 국가의 서약은 이것이다. "네가 네 서약대로 살 때 우리는 너의 왕좌를 굳건히 지킬 것이다."

(8) 이것들이 왕이 살아 있을 동안 고국에 있는 왕에게 주어지는 명예들이다. 이 명예들은 일반 개인에게 주어지는 명예를 크게 넘지 않는다. 왕의 마음속에 폭정의 자부심을 심는 것이 리쿠르고스의 바람은 아니었으며, 시민의 마음속에 왕의 권력을 부러워하는 마음을 심는 것도 역시 바람이 아니었다. (9) 왕이 죽었을 때 주어지는 명예에 대해 리쿠르고스의 법은, 왕을 인간이 아닌 영웅으로 떠받들기를 선호했다.[16]

---

16 헤로도토스는 이 명예에 대해 자세히 설명했다. 라코니아 전역에서 온 남자와 여자가 장엄한 장례식에 군집했다. 모든 가문의 남자와 여자가 슬퍼하도록 강제되었다. 만약 왕이 외국 원정에서 죽었다면, 할 수 있다면 그의 시체는 방부 처리하여 본국으로 이송되었다. 그렇지 않다면, 아게실라오스의 경우처럼 그의 영정이 땅속에 묻혔다.

수단과 방법

파나테나이코 암포라 © The Metropolitan Museum of Art

1장

(1) 나는 국가의 체제는 지도자의 성격을 반영한다고 항상 생각했다. 그러나 아테네 지도자 중의 몇몇 사람은 다른 사람과 마찬가지로 정의가 무엇인지 분명하게 안다고 말하지만, "대중의 빈곤 때문에 우리는 도시를 다스리기 위해 무언가 불의한 것을 하도록 강요받는다."라고 말한다. 이것이 나에게 시민들이 자신들의 땅에서 식량을 완전히 자급할 수 있는 분명 가장 정당한 방법이 없는지를 생각하게 만들었다. 그런 방법이 있다면 아테네 시민들은 가난에서 벗어날 것이고, 그리스 세계에서 받는 의심 또한 해소할 수 있을 것이라고 생각했다.

(2) 이제 내 생각을 차분히 검토할 때, 한 가지 즉시 분명하게 떠오르는 생각은, 국가는 땅을 통해 충분한 수입을 올릴 수 있다는 것이다. 이 말이 사실임을 증명하기 위해 나는 아티카 지역의 자연 환경부터 기술할 것이다.

(3) 이곳의 사계절 극도로 온화한 기후가 그 자체로 상품이다. 많은 나라에서 자라는 것조차 불가능한 식물들이 이곳에서는 어떻게든 열매

를 맺는다. 해안 주변에 있는 바다도 땅 못지않게 생산이 풍부하다. 또한 신들이 계절마다 모든 좋은 것들을 다른 곳보다 이곳에 먼저 내리고 더 늦게까지 지속시키는 것을 보아라. (4) 이 땅의 탁월함은 매년 꽃이 피고 지는 것에 있는 것만이 아니다. 이 땅에는 영원히 지속되는 다른 좋은 것들이 있다. 자연의 신은 이 땅에 풍부한 돌을 주셨다. 그 돌로 아름다운 신전과 제단, 신들을 위한 훌륭한 동상을 만든다. 많은 그리스인과 야만족에게 그 돌은 똑같이 필요하다. (5) 또한 그 땅에는 씨를 뿌려도 열매를 맺을 수 없는 곳이 있지만, 그 땅에서 캐내었을 때는 곡식을 길렀을 때 부양할 수 있는 사람의 몇 배에 해당하는 사람을 먹일 수 있다. 그리고 그 땅에는 의심할 여지없이 신이 주신 선물인 은이 있다는 사실을 기억하라. 그 땅의 바다와 육지 가까이에 있는 많은 나라에는 희미한 은 광맥조차 있지 않다.

(6) 아테네는 그리스의 중심, 아니 사람이 사는 모든 세상의 중심에 놓여 있다고 해도 무방하다. 아테네에서 멀리 나아갈수록 더위와 추위가 강해지고, 그리스의 한쪽 끝에서 다른 쪽 끝으로 여행하려는 사람은 배로 가든 도보로 가든 원의 중심처럼 반드시 아테네를 거쳐야 하기 때문이다. (7) 또한 아테네는 사면이 바다로 둘러싸여 있지는 않지만, 하늘의 모든 바람은 아테네가 마치 섬이나 되는 것처럼 필요로 하는 모든 상품을 아테네에 가져다주고, 아테네의 수출품을 밖으로 내보낸다. 아테네는 두 바다 사이에 놓여 있고, 아티카 본토의 일원으로 광대한 육지 무역을 하기 때문이다. (8) 나아가 대부분의 나라 국경에는 그들을 괴롭히는 야만족이 살고 있지만, 아테네와 이웃하는 국가들은 야만족에게서

떨어져 있다.¹

2장

(1) 내가 말한 이 모든 이점은 내가 믿기로 아티카 지역의 땅에서 나온다. 그러나 그 축복을 타고난 것으로 여겨 우리 자신에게 국한시키는 대신에, 우선 우리는 거류 외국인의 이해관계를 연구해야 한다. 그들은 우리가 보유한 최고의 수입원 중의 하나이고, 내 생각에 그들은 자립하는 집단으로 국가에 많은 봉사를 제공하고 대가를 받는 것이 아니라 오히려 국가에 특별한 세금을 내고 있다. (2) 국가에 아무런 이익이 되지 않으면서 그들을 불능 상태로 만드는 어떤 의무들과, 시민들과 함께 중장보병에 복무하도록 강요하는 의무를 면제해 주려면, 우리는 그들의 이해관계를 충분히 검토해야만 한다. 그들이 군역에서 겪게 될 개인적인 위험과는 별개로, 그들을 생업과 개인사에서 떠나 있게 하는 것은 작은 일이 아니다. (3) 또한 군대에서 함께 복무하는 시민들이 같은 중대에 리디아인, 프리지아인, 시리아인, 우리의 외국인 인구를 구성하는 가장 많은 부분인 모든 종류의 야만족이 더 이상 있지 않는 것을 알게 된다면 국가에 역시 이득일 것이다. (4) 이들 외국인의 복무를 없애는 것에서 얻는 이익에 더해, 아테네인은 전투에서 외국인의 도움보다는 스스로의 힘에 의지하기로 했다는 국가로서의 명예도 얻을 것이다.

---

1 아테네에서 야만족은 아테네 안에 살기 때문이라는 뜻이다. — 역주

(5) 게다가 우리가 거류 외국인에게 기병대에 복무할 권리와 그들에게 주어도 괜찮은 다른 특권들을 부여한다면, 내가 생각하기로 그들의 충성심이 높아지고 동시에 국가의 힘과 위대함이 더해지는 것을 발견할 것이다.

(6) 또한 성벽 안에는 집을 지을 빈 땅이 많으므로, 만약 집을 짓기를 원하는 사람에게 그것을 허락해 그 땅에 대한 자유보유권을 부여한다면, 내가 생각하기로 우리는 아테네에 살기를 원하는 보다 규모가 크고 보다 훌륭한 계층의 사람들을 발견하게 될 것이다.

(7) 그리고 고아 후견인단과 유사한 외국인 후견인단이라는 위원회를 설치하고, 외국인을 가장 많이 돌보는 후견인에게 어떤 상을 준다면, 이것 또한 외국인의 충성심을 높이고, 아마도 모든 무국적자가 아테네에 정착하기를 갈망할 것이고, 그 결과 우리의 수입은 높아질 것이다.

3장

(1) 나는 지금 우리 도시가 가지고 있는 상업 중심지로서의 비교할 수 없는 편리함과 이점에 대해 설명하려고 한다.

무엇보다도 아테네는 가장 좋고 가장 안전한 항구가 있어, 배들이 이곳에 닻을 내리고 궂은 날씨에도 계류장에서 안전하게 정박할 수 있다. (2) 게다가 대부분의 다른 항구에서 상인들은 그 지역의 화폐를 다른 곳에서 쓸 수 없기 때문에 어쩔 수 없이 회송 화물을 실어야 하지만, 아테네에서는 그들의 화물을 교환해 필요한 여러 종류의 상품을 가지고 나갈 수 있으며, 또는 회송 화물을 싣기를 원치 않으면 은을 가지고 나가는 것도 타당한 사업이 된다. 왜냐하면 은은 어디에 팔든지 투자한 돈보다 더 많은 이익을 얻는 것이 확실하기 때문이다.

(3) 만약 출항이 지연되지 않도록 시장[2]에서의 분쟁을 공정하고 신속하게 처리하는 감독관에게 상을 준다면, 훨씬 많은 상인이 만족을 느끼며 우리와 무역을 하려고 할 것이다.

(4) 또한 배와 상품의 품질이 높아 국가에 도움이 된다고 판단될 때는 상인들과 선주들에게 종종 환대를 베풀고 극장의 앞자리를 마련해 주는 것 또한 훌륭한 계획일 것이다. 대중 앞에서 그런 영광을 얻을 전망이 있다면 그들은 우리를 친구로 여길 것이고, 이익과 영광을 얻기 위해 한시라도 빨리 우리를 방문하려고 할 것이다.

(5) 거주자와 방문자의 증가는 당연히 우리의 수입과 수출, 판매와 임대료 수입, 관세의 증가로 이어진다.

(6) 이상과 같이 우리의 수입을 늘리는 방법으로 입법과 통제 수단을 관대하게 하는 것 이상은 아무것도 들일 필요가 없다. 국가의 수입을 늘리는 다른 방법은 분명 자본이 필요하다고 생각한다. (7) 그럼에도 나는 시민들이 그런 목적에 적극적으로 돈을 내기를 희망한다고 말해야겠다. 내가 기억하기로, 리시스트라시스가 군대를 지휘해 아르카디아인을 도우러 파견되었을 때[3]와 헤게실레오스 시절[4]에 또다시 국가는 거액

---

2 피레에프스에 있던 시장을 말한다. 감독관의 역할이 무엇인지는 본문에 나온 것 외에는 알려져 있지 않다.
3 기원전 366년
4 기원전 361년 만티네이아 전투에서 헤게실레오스가 지휘하였다.

의 돈을 지불했다. (8) 나는 또한 전함을 해외로 보내는 일에 많은 액수의 경비가 자주 든다는 것을 알고 있다. 그렇지만 아무도 그 모험이 좋은 결과를 낼지 나쁜 결과를 낼지 단언할 수 없으며, 오직 확실한 것이라고는 돈을 낸 사람은 그 돈을 돌려받는 일을 결코 볼 수 없으며, 심지어 낸 돈의 일부도 누리지 못할 거라는 것이다. (9) 그러나 그 자금을 마련하는 데 내는 돈만큼 그렇게 훌륭한 이익을 내는 투자는 없다. 10미나를 낸 사람은 하루에 3오볼을 받아 수익률이 거의 20퍼센트에 이른다.[5] 그 정도라면 선박을 저당 잡고 돈을 빌려줬을 때 거두는 수익이다. 그리고 5미나를 낸 사람은 낸 돈의 3분이 1이 넘는 액수를 이자로 받는다. (10) 대부분의 아테네 시민이 1년에 100퍼센트에 해당하는 이익을 거둘 것이다. 1미나를 냈던 사람은 1년에 2미나를 받을 것인데, 이는 인간이 만든 조직 중에서 가장 안전하고 가장 오래 지속될 것으로 보이는 국가가 보장하는 수입이다.

(11) 또한 그들의 이름이 후원자 명단에 영구히 기록된다면, 많은 외국인들 또한 내려고 할 것이며, 일정 수의 나라들도 참여할 마음이 들 것이다. 심지어 왕들과 참주들, 동방의 총독들도 이 보상의 몫을 바랄 것이라 믿는다.

(12) 자금이 충분하다면 선주를 위한 숙박시설과 상인들이 편리하게 교환할 장소, 방문객을 위한 숙박시설을 더 많이 짓는 것도 좋은 계획이다. (13) 또 소매상을 위한 집과 가게가 피레에프스와 도시 양쪽에 세워

---

[5] 모든 시민은 하루에 3오볼씩, 1년에 180드라크마를 받았는데, 이는 약 2미나에 해당한다. 따라서 10미나를 투자했으면 약 연 20퍼센트이고, 5미나를 투자해 그 금액을 받았다면 정확히 연 36퍼센트이다.

진다면, 나라의 장식이 되는 동시에 상당한 수입원이 될 것이다.

(14) 게다가 공공 전함을 국가가 소유하는 것에서 힌트를 얻어, 공공 상선 선단을 확보해 다른 공공 재산과 같이 담보를 설정한 뒤 빌려 주는 것이 가능한지 검토하는 것도 좋은 계획이라고 생각한다. 이것이 실현가능한 것으로 판명된다면, 이 배들은 또 다른 커다란 수입을 낳을 것이다.

4장

(1) 만약 제대로 작동되는 시스템만 갖춘다면 은광산은 다른 수입원과는 별도로 엄청난 양의 돈을 거둘 수 있다고 믿는다. 은광산을 모르는 사람을 위해 그 가능성을 알려 주고 싶다. 일단 그 가능성을 안다면 광산이 어떻게 관리되어야 하는지 보다 잘 고려할 수 있기 때문이다.

(2) 우리 모두는 광산이 오랜 세대에 걸쳐 운영되고 있다는 것을 안다. 적어도 아무도 언제부터 광산이 시작되었는지 알려 하지 않는다. 그러나 땅을 파고 은광석을 옮기는 일이 그렇게 오랫동안 이루어졌다 해도, 파서 버린 돌의 규모와 비교했을 때 채굴되지 않은 은이 묻힌 언덕이 얼마나 적은지를 보라. (3) 그리고 은광이 계속해서 발견되고 있지만, 은을 함유하고 있는 지역은 줄어들기는커녕 더욱 늘어나고 있다.

광산에 노동자를 최대로 고용했다면 직업을 구하려는 사람은 아무도 없을 것이다. 사실, 광산에는 고용할 수 있는 노동자보다 더 많은 수의 일이 항상 있었다. (4) 오늘날에도 주인은 광산에서 일하는 노예의 숫자를 줄이지 않는다. 오히려 모든 주인은 더 많은 노예를 얻는다. 사실, 땅을 파고 광맥을 찾는 사람이 적다면 발견된 은의 양도 적을 것이고, 많다면 발견된 은광석의 총량도 크게 증가한다고 생각한다. 그러므로 내가 알고 있는 모든 산업 중에서 오직 이 산업만이 팽창해도 시기심을 불러일으키지 않는다.

(5) 더 나아가, 모든 농사꾼은 그저 농사를 짓기 위해 몇 겨리의 소가 필요한지, 몇 명의 일꾼이 필요한지 말할 수 있을 뿐이다. 필요한 숫자보다 더 많이 땅에 투입하는 것은 손해로 간주된다. 그러나 광산 일에서는 모두가 인력이 부족하다고 말한다. (6) 사실 광산업은 다른 산업과 매우 다르다. 예를 들어 구리 그릇 제조공의 숫자가 많아지면 구리 그릇의 값은 떨어지고 제조공은 일자리를 잃는다. 철 그릇 제조공도 마찬가지다. 또한 곡물과 포도주가 풍부하면 곡물 가격은 싸지고 곡물을 기르는 데서 나오는 이익은 사라진다. 그리하여 많은 이들이 농사를 포기하고 장사꾼이나 도매업, 소매업, 대부업자로 변신한다. 그러나 발견되는 은광석과 거기서 얻는 은의 양이 많아지면 은광산업에 종사하는 사람의 숫자 또한 덩달아 많아진다. (7) 은은 일단 집에 충분히 채워 넣으면 절대로 더 사지 않는 가구와 다르다. 아무도 이제껏 더 원치 않을 정도로 충분한 은을 소유한 사람이 없다. 어떤 사람이 엄청난 양의 은을 가지고 있다면, 그는 그 은을 쓰는 것이 기쁘지만 쓰고 남은 은을 땅속에 묻는 일도 그에 못지않게 기뻐한다.

(8) 또한 나라가 번성할 때마다 은에 대한 수요가 강하다는 것을 주목하라. 남자들은 훌륭한 무기와 좋은 말, 웅장한 집과 비품에 돈을 쓸 것이고, 여자들은 값비싼 옷과 황금 장신구를 사려고 할 것이다. (9) 반면에 국가가 전쟁이나 추수에서 실패했기 때문에 병이 들었다면, 땅은

경작을 멈추고 식량과 용병을 마련하는 데 지불할 돈에 대한 수요는 더욱 계속될 것이다.

(10) 어떤 이가 금이 은만큼 유용하다고 주장한다면, 나는 그 주장을 반박하지 않을 것이다. 그러나 금이 풍부하면 은은 값이 오르고 금은 떨어지는 것을 알고 있다.

(11) 우리 앞에 놓인 이 사실을 볼 때, 은광석은 결코 바닥나지 않으며 은은 결코 그 가치를 잃지 않는다는 것을 확신한다면, 우리가 더 많은 수의 인부를 은광산으로 데리고 가 그들에게 일을 시키는 것을 주저할 이유는 없다. (12) 나는 정말로 국가가 나보다 먼저 그 사실을 발견했다고 생각한다. 어쨌든, 국가는 은광 산업을 시민에게 주는 것과 동일한 조건으로 외국인에게 개방했다.

(13) 부양하는 문제에 대해 보다 분명하게 하기 위해, 나는 지금부터 어떻게 하면 광산이 국가에 최대의 이익을 줄 수 있을지를 설명하겠다. 지금 말하려는 것이 마치 어려운 문제에 대한 해결책을 발견한 것인 양 되어 사람들을 놀라게 할 것이라고 예상하지는 않는다. 내가 말할 어떤 것들은 여전히 현재에도 볼 수 있는 것들이고, 과거의 조건들은 우리 아버지들이 비슷하다고 했던 것들이다. (14) 그러나 충분히 놀랄 만한 일은, 개인이 국가를 수단으로 하여 돈을 버는데도 국가는 그것을 따라하려고 하지 않는다는 점이다. 그 문제에 대해 생각했던 우리들은 내가 생각하기로 오래전에 이 말을 들었다. 니케라토스의 아들 니키아스는 한때 광산에 1천명의 인부를 데리고 있었는데, 트라키아의 소키아스에게 인부를 보내는 조건으로 소키아스가 사람 한 명당 하루에 1오볼의 순(純) 급료를 지급하고 빈자리가 생기면 전부 고용하기로 했다는 것이다. (15)

또한 히포니코스는 600명의 노예를 같은 조건으로 보내면서 하루에 1미나의 순임대료를 받았다. 필레모니데스는 300명의 인부를 가지고 하루에 2분의 1 미나를 받았다. 다른 사람들 또한 소유한 사람의 수와 자본에 비례해 돈을 벌었다. (16) 그런데 왜 과거로 끝나야 하는가? 오늘날에도 이런 식으로 보내는 사람이 많다. (17) 개인이 노예를 소유함으로써 영구히 돈을 버는 것처럼, 국가도 시민 한 사람당 세 명 수준까지 공노예를 소유하자는 내 제안이 받아들여진다면, 그것만으로도 지금까지 없던 혁신일 것이다. (18) 내 계획이 타당한지 여부는 희망하는 사람이 각자 자세히 검토해 판단하도록 하자.

먼저 사람의 비용을 살펴보자. 사람의 비용을 지불하는 데는 개인보다 국가가 더 잘 지불할 수 있는 것이 분명하다. 게다가 민회는 노예를 데려오고자 하는 사람은 누구나 데려와도 좋다는 통지를 쉽게 내릴 수 있고, 데리고 온 노예를 쉽게 살수도 있다. (19) 일단 노예를 매입했다면, 같은 조건이라면 개인보다는 국가와 고용 계약을 맺는 데 더 머뭇거려야 할 이유가 어디 있겠는가? 어쨌든, 개인은 국가로부터 신성한 땅과 집을 빌리고 세금 징수 청부권을 사기도 한다.

(20) 국가가 세금 징수 청부인에게 보증을 세우라고 요구하는 것처럼 매입한 노예를 빌리려는 사람에게 보증을 요구해 노예에 대한 보험을 들 수 있다. 사실 세금 징수 청부인은 노예 임차인보다 국가를 더 쉽게 사취할 수 있다. (21) 나랏돈을 해외로 빼돌리는 것을 어떻게 알아내겠는가? 개인돈이든 나랏돈이든 돈은 모두 똑같아 보인다. 그렇지만 국가의 도장이 찍힌 노예를 훔치면 어떻게 되겠는가? 훔친 노예를 팔거나 해외로 내보내면 형사 범죄가 아니겠는가?

그렇다면 국가가 노예를 매입하고 관리하는 것이 가능해 보인다. (22) 그러나 만약 노동력이 풍부하다면 그 많은 노동력을 고용할 사람을 어떻게 찾을 것인지 물을 수 있다. 그걸 걱정하는 사람이 있다면, 광산을 운영하는 사람은 자본이 풍부하고, 현재 광산에서 일하고 있는 인부 중 많은 수가 나이가 들고 있어 국가 소유의 노예를 추가로 고용할 것이므로 안심해도 된다. 게다가 고용할 다른 사람도 많다. 아테네인과 외국인 중에서 스스로 일할 의욕과 체력이 없는 사람은 관리자가 되어 생계를 유지하는 것을 기뻐할 것이다.

(23) 최초의 노예가 1,200명이라고 가정하자. 그 숫자의 노예에서 나오는 수입을 이용한다면 노예는 최소 5~6년 사이에 6,000명까지 늘어날 수 있다. 나아가 노예 한 명이 하루에 순수하게 1오볼을 번다면, 그 숫자의 노예가 거두어들일 연수입은 60탈란톤이 된다. (24) 이 금액에서 만약 20탈란톤을 노예를 추가로 매입하기 위해 쓴다면, 국가는 나머지 40탈란톤을 다른 필요한 목적을 위해 쓸 것이다. 그리고 노예의 총수가 1만 명이 된다면, 국가의 수입은 100탈란톤이 된다.

(25) 그러나 국가는 그보다 더 많은 액수의 수입을 벌 수 있는데, 그것은 데켈레이아 사건[6] 이전에 노예 노동의 대가로 얼마를 벌었는지를 기억할 정도로 나이 든 사람에게 물으면 확인할 수 있다. 그리고 또 다른 증거가 있다. 은광산이 시작된 이래 지금까지 무수한 사람들이 그곳에서 일했고, 오늘날의 은광산의 조건은 우리의 조상들 때와 같으며, 조상들의 기억도 다르지 않다. (26) 그리고 현재의 모든 조건은, 은광산에 고용

---

[6] 기원전 413년에 일어났고, 이때 엄청난 숫자의 노예가 광산을 떠난 관계로 노동력이 줄었다.

하는 노예의 숫자는 광산 일이 필요로 하는 숫자보다 더 많을 수 없다는 결론에 이른다. 광부는 수직 갱도나 수평 갱도의 끝을 모르기 때문이다. (27) 그리고 옛날과 마찬가지로 새로운 광맥을 발굴하는 것이 지금도 가능하다는 사실을 기억하라. 은광석이 이미 채굴하고 있는 곳에 더 풍부하게 있을지, 아니면 미채굴의 구역에 더 풍부하게 있을지 아무도 확신 있게 말할 수 없다.

(28) 그렇다면 왜 새로운 채굴이 오늘날에는 이전보다 적은 것일까 물을 수 있다. 그것은 간단하게도 은광산에 관심이 있는 사람이 이전보다 적기 때문이다. 채굴도 최근에서야 재개되었고, 새로운 광맥을 발굴하는 사람은 큰 위험을 떠안는다. 그가 대박을 터뜨릴 좋은 광맥을 발견하게 될까? (29) 그러나 실패한다면, 그는 투입한 돈을 모두 잃는다. 그러므로 오늘날의 사람들은 그런 위험을 떠안기를 매우 꺼리는 것이다.

(30) 그러나 나는 이 어려움도 해결할 수 있다고 생각해 새로운 발굴을 완벽하게 안전한 일로 바꿀 새로운 계획을 제안한다. 아테네인은 당연히 10개의 부족으로 나뉘어 있다. 이제 국가가 각 부족에게 동일한 수의 노예를 주고, 새로운 발굴을 할 때 성공과 실패를 모든 부족이 공유한다고 가정해 보자. (31) 만약 한 부족이 은을 발견하면 그 발견은 모든 부족에게 이익이 되는 결과가 될 것이다. 그리고 두 개, 세 개, 네 개, 또는 반수의 부족이 발견한다면, 그 발견에서 나오는 이익은 분명 더 클 것이다.

과거의 일에 비추어 볼 때, 광맥을 찾으려는 부족의 시도가 모두 실패할 가능성은 없다. (32) 물론 개인도 이런 원리를 받아들여 공동 출자로 위험을 줄일 수 있다. 그럼에도 이 계획에 의해 설립된 공공 기업이 개인의 이익과 충돌하거나 개인에게 방해를 받을 것이라고 두려워할 이유는 없다. 오히려, 동맹군에 새로운 일원이 참여할 때마다 늘어난 힘이 모두에게 돌아가듯이, 광산을 운영하는 주체가 많아질수록 그들이 발견하고 채굴하는 은광석도 많아진다.

(33) 나는 모든 아테네인이 국가의 경비로 충분한 생활을 누리려면 국가가 어떤 체제를 도입해야 하는지 지금껏 설명했다. (34) 어떤 이들은 그들의 계산에 따르면, 필요한 막대한 양의 자금을 지불하기 위한 돈은 결코 모이지 않을 것이며, 그 모든 계획에 돈을 댈 수 없을 것이라고 생각한다. 설령 그렇다고 해도 그들이 절망할 필요는 없다. (35) 왜냐하면 계획으로부터 어떤 이득이라도 얻으려 한다면 모든 세부사항이 동시에 실행되어야만 하는 것은 아니기 때문이다. 집을 몇 채를 짓든, 전함을 몇 척 건조하든, 노예를 몇 명 사든, 즉시 수지맞는 장사로 증명될 것이다. (36) 사실 어떤 면에서는 즉시 모든 것을 하는 것보다 순차적으로 진행하는 것이 더 이익이 될 것이다. 모든 사람이 집을 짓기 시작한다면, 우리는 단계적으로 시행하는 것보다 더 많은 돈을 들여 더 조악한 집을 지을 것이다. 그리고 우리가 한꺼번에 많은 수의 노예를 구하려고 한다면, 우리는 어쩔 수 없이 열등한 노예를 더 높은 값을 주고 사야 할 것이다.

(37) 우리의 능력이 되는 대로 진행한다면, 우리는 잘된 것을 반복하고 실수한 것을 되풀이하지 않을 것이다. (38) 그 외에도, 모든 계획을 한꺼번에 실행한다면 우리는 필요한 돈 전부를 구해야만 할 것이다. 그러나 어떤 부분을 진행하면서 다른 부분을 연기한다면, 수입은 여전히 필요한 금액을 공급하는 데 도움이 될 것이다.

(39) 모두의 마음속에 있을 아마 가장 큰 걱정은, 국가가 너무 많은

노예를 매입하면 일에 너무 많은 인원을 수용해 혼잡해지는 것은 아닌가 하는 것이다. 그러나 매년 일이 필요로 하는 인원 이상의 인부를 투입하지 않는다면 걱정은 사라질 것이다.

(40) 따라서 나는 이것이 그 모든 것을 실행하는 가장 좋은 방법인 동시에 가장 쉬운 방법이라고 생각한다. 반면, 최근의 전쟁[7]으로 부과된 특별 세금을 내야 하기 때문에, 어떤 금액도 전혀 낼 수 없다고 한다면, 다음 연도에는 강화(講和) 전까지 내는 세금만큼 운영경비를 줄이고, 강화가 되면 그 금액 이상으로 투자를 하는데, 거류 외국인과 상인을 특별히 대우하고, 많은 인구가 모여들 것이므로 수출과 수입을 늘리며, 항구와 시장을 적절히 늘려 투자가 최대의 수입을 거둘 수 있도록 해야 한다.[8]

(41) 또는, 누군가 이 계획은 전쟁이 터지면 아무 쓸모없다고 걱정한다면, 이 시스템이 작동한다면 전쟁은 우리의 도시보다 침략자에게 훨씬 더 가공할 만한 것이 된다는 사실을 주목해야 한다. (42) 사람보다 전쟁에 더 도움이 되는 것이 있는가? 우리는 국가의 많은 전함에 필요한 승조원을 공급할 사람이 충분해야 한다. 그리고 잘 훈련된다면, 보병대의 전열에 가담할 사람이 많을수록 적을 세차게 밀어붙일 수 있다.[9]

(43) 그러나 나는 전쟁의 경우에도 광산은 비워 두어서는 안 된다고

---

7 아테네에서 발발했던 델로스 동맹국들 사이의 전쟁을 말한다. 이 전쟁은 기원전 357년부터 355년까지 이어졌다.
8 즉, 잔고를 광산에 투자하고, 거기서 얻는 수입을 크세노폰의 계획을 실행하는 데 쓰자는 말이다.
9 크세노폰은 여기서 거류 외국인 노예를 말하는 것이 아니라 은광산에 있는 국가 소유의 노예를 말한다는 것을 주목하라.

생각한다. 물론 광산 구역에는 두 개의 요새가 있다. 하나는 남쪽의 아나프리스토스이고, 다른 하나는 북쪽의 토리코스이다. 둘 사이의 거리는 대략 12킬로미터이다. (44) 이제 둘 사이에 있는 베사의 제일 높은 곳에 세 번째 요새를 세워야 한다. 그렇게 되면 모든 요새가 광산 일로 서로 묶일 것이고,[10] 적이 적대적인 행동을 흉내만 내도 짧은 거리에 있는 사람은 안전을 찾기 위해 모두 갈 것이다. (45) 적이 대거 몰려온다면, 적은 분명 밖에서 발견하는 곡식이나 포도주, 가축을 빼앗으려고 할 것이다. 하지만 은광은 차지하더라도 돌무더기 외에는 쓸모가 없다. (46) 그리고 어떻게 은광을 차지하려고 올 수 있겠는가? 가장 가까운 도시인 메가라와 은광 사이의 거리는 물론 100킬로미터가 넘는다. 그리고 그 다음 가까운 도시인 테베와의 거리는 120킬로미터가 훨씬 넘는다. (47) 그러면 적이 그런 어떤 지점에서 은광을 향해 진격해 온다고 가정해 보자. 적은 아테네를 통과해야만 한다. 그리고 적의 숫자가 적다면 우리의 기병대와 초병에게 전멸될 것이다. 그러나 대규모 군대로 진격해 온다면, 적이 그들의 영토를 무방비 상태로 두고 온다는 말인데, 이것은 쉬운 문제가 아니다. 왜냐하면 적이 광산에 도착했을 때는 아테네인의 도시가 그들의 도시에 더 가깝게 된다. (48) 그래도 적이 온다고 가정한다면, 적은 어떻게 보급품 없이 버틸 수 있겠는가? 그리고 적의 군대 일부를 식량을 찾기 위해 보낸다면, 그것은 식량을 찾는 병사들의 전멸과 적이 달성하고자 하는 목적의 실패를 의미한다. 만약 전 군대가 계속해서 식량을 찾는다면 포위하는 것이 아니라 포위당하는 자신들을 발견하게 될 것이다.

---

10 어떤 이들은 "모든 요새에서 온 노동력이 한곳에 모일 것이다."라고 이해한다.

(49) 그러나 노예를 임대해서 얻는 수입이 국가의 식량을 마련하는 유일한 근원은 아니다. 광산 구역에 거대한 인구가 밀집되어 있기 때문에, 지역 시장과 은광 근처에 있는 국가 소유의 집, 용광로, 다른 모든 수입원에서 얻는 수입이 풍부할 것이다. (50) 만약 이 계획대로 정비된다면, 그곳에는 인구 밀도가 높은 도시가 생겨날 것이고, 그렇다, 우리 교외의 경우처럼 집을 지을 땅의 가치도 높아질 것이다.

(51) 내가 제안한 계획이 실행된다면, 우리의 재정 상태가 개선되는 것과는 별도로, 우리는 전쟁에서 보다 복종하고 보다 규율이 있으며 보다 효율적인 국민이 될 것이라는 데에 동의한다.[11] (52) 만약 체육관에서 훈련을 하는 사람이 성화 경주 감독관보다 급료를 더 많이 받는다면, 그들은 체육관에서 더 많이 수고하려고 할 것이다. 그리고 요새를 지키고, 창병으로 복무하고, 토지를 순찰하는 임무를 맡은 사람들이 충분한 급료를 받는다면 이들 각각의 임무를 보다 활달하고 똑똑하게 수행할 것이다.

5장

(1) 만약 국가가 평화롭지 못해 모든 수입원에서 수입을 완전히 얻지 못한다면, 평화 감시 위원회를 설치하는 것이 분명 가치 있는 일이 아닐까? 그런 위원회가 설치된다면 국가의 인기는 더 높아지고 사방에서 온

---

11 《라케다이몬의 국제》 8장 1절

방문객들로 인구 밀도는 더 높아질 것이다. (2) 누구든 우리 도시에 평화가 지속되면 그리스 권역 내에서 세력과 영광과 명예가 더 잃는다고 생각한다면, 내가 생각하기에 그건 잘못 계산한 것이다. 가장 오래 평화를 누린 국가가 가장 행복한 국가로 여겨진다는 게 내 생각이다. 그리고 모든 국가 중에서 아테네는 본질상 평화를 구가하기에 가장 적합한 나라이다. (3) 만약 국가가 평온하다면 어떤 부류의 사람이 그 국가를 가장 필요로 할까? 선주와 상인이 그 첫 번째 부류일 것이다. 그 다음으로는 곡식과 포도주와 기름과 가축이 많은 사람일 것이다. 두뇌가 명석한 사람들과 돈이 많은 사람들이 투자를 할 것이다. (4) 장인들과 소피스트들, 철학자들이며, 시인들과 그들의 작품을 이용할 줄 아는 자들, 성스럽거나 세속적이거나 무엇이든 보고 들을 가치가 있다고 주장하는 자들일 것이다. 그 외에도 사거나 팔고 싶은 물건이 많이 있는데 그 노력을 빠르고 보다 잘 성취할 수 있는 곳이 아테네 말고 어디가 또 있겠는가?

(5) 아무도 이에 대해 반론하지 않을 것이지만, 국가의 영향력을 회복하고 싶은 사람들 중에 그것이 평화보다는 전쟁을 통해 보다 잘 달성될 수 있을 거라고 생각하는 사람이 있다. 우선 그런 사람에게는 페르시아 전쟁을 떠올리게 하자. 우리가 전함의 지휘관이나 델로스 동맹의 재무관이 되었던 것이 그리스인에게 강제로 압력을 넣어서 된 것인가, 아니면 그들에게 호의를 베풀어서 된 것인가? (6) 또한 아테네가 권위를 가혹하게 행사해 제국을 잃은 후에 섬 주민들이 자발적으로 우리에게 함대의 지휘권을 다시 주었을 때가 바로 우리가 올바르지 못한 행동을 멈추었을 때가 아니었던가? (7) 또한 테베가 스스로 아테네의 지휘권 아래로 들어갔던 것도 우리의 호의 때문이 아니었던가? 라케다이몬인도 우

리가 강압이 아닌 관대하게 대우했기 때문에 아테네가 주도권을 쥐도록 허락했다. (8) 이제 그리스 권역에 널리 퍼져 있는 혼란 때문에 아테네가 그리스인을 편안하게, 위험 없이, 돈 들이지 않고 되찾는 기회가 주어졌다고 생각한다. 아테네는 서로 전쟁하는 나라들을 화해시키고, 그 나라들의 중심에서 서로 다투는 파벌들을 조정할 힘을 가졌다. (9) 그리고 예전에 그랬던 것처럼 전쟁이 아닌 그리스 전역에 특사를 보내 델포이 신전을 독립된 상태로 두려는 시도를 분명히 한다면, 포키스인이 버렸던 신전을 누군가 차지하려고 시도했을 때 모든 그리스인이 한마음이 되어 맹세로써 함께 뭉치고 동맹을 맺는 것을 그대가 발견한다 하더라도 나는 전혀 놀라지 않는다. (10) 또한 아테네가 모든 육지와 모든 바다에서 평화를 이루도록 노력하는 것을 보여 준다면, 모든 사람이 자신들 나라의 안전 다음으로 아테네의 안전을 먼저 기도할 것이다.

(11) 반면에 누군가 전쟁을 하는 것이 평화보다 금전적으로 국가에 더 이익이 된다고 생각한다면, 나는 과거에 우리가 어떤 일을 겪었는지를 생각하는 것보다 진실을 검증할 수 있는 더 좋은 방법이 있는지 정말로 모르겠다. (12) 그는 과거의 평화 시에 엄청난 양의 돈이 국고에 들어왔지만 전쟁 때에 몽땅 써버렸다는 것을 알게 될 것이다. 오늘날의 경우를 고려하더라도, 전쟁은 우리 수입의 많은 부분을 중단시키지만 경비의 많은 부분은 지출하게 만들며, 바다에서의 전쟁이 그치면 수입의 증가가 뒤따르고 시민들은 그들이 추구하는 목적에 전념할 수 있게 된다는 결론을 내릴 것이다.

(13) 그러나 누군가는 나에게 이렇게 물을 수 있을 것이다. 국가가 부당한 취급을 당했는데도 그 도발자와 평화를 유지해야 하는가? 분명 그

렇지 않다. 우리가 잘못된 행동으로 아무도 도발하지 않는다면 적을 더 신속하게 복수할 것이다. 잘못한 자는 동맹을 구할 수 없기 때문이다.

6장

(1) 이런 제안들이 불가능하거나 어렵지 않다면, 그 제안들을 실행해서 효과를 낸다면, 그리스인들은 우리를 더 우호적으로 여길 것이고, 우리는 더 안전하게 살고 더 칭찬을 받을 것이며, 사람들은 안전 속에서 생활을 유지하고, 부자들은 전쟁 경비를 추가로 부담하지 않으며, 훨씬 남아도는 수입을 가지고 축제를 지금보다 더 화려하게 열고, 신전을 복구하며, 성벽과 조선소를 수리하며, 사제, 평의회원, 행정관, 기사들에게 그들의 오래된 권리들을 돌려주게 될 것이다. 우리 세대에 도시가 안전하고 번영을 누리는 것을 보려면 그 계획을 당장 실행하는 것이 당연한 절차일 것이다.

(2) 나아가 그 계획을 실행하기로 결정했다면, 나는 도도나 신전과 델포이 신전에 가서 신들에게 그 계획이 나라의 현재와 미래에 번영을 가져올지 묻기를 권고한다. (3) 그리고 신들이 계획에 동의한다면, 우리는 신들에게 우리의 작품이 번창하려면 어떤 신을 달래야만 하는지 더 물어야 한다. 그런 뒤 대답으로 돌아온 이름의 신들에게 받아들여질 만한 희생제사를 올릴 때 그 일을 시작하는 것이 마땅하다. 왜냐하면 하늘의 도움을 받아야만 우리의 실행이 앞으로 계속해서 국가에 더 큰 번영을 가져올 것이기 때문이다.

기병대 사령관

파나테나이코 암포라 © The Metropolitan Museum of Art

1장

(1) 기병대 사령관이 가장 먼저 해야 할 일은, 신들에게 희생제사를 올리고 그대의 지휘를 통해 신들이 가장 기뻐하고 그대 자신과 그대의 친구들, 그리고 그대 도시에 최고 수준의 사랑과 영광과 유익을 가져올 수 있는 생각과 말과 행동을 내려 달라고 기도하는 것이다. (2) 신들의 호의를 얻었다면, 다음으로는 충분한 숫자의 기병을 모집해야만 하는데, 그 숫자는 법으로 정한 총원[1]까지 채울 수 있으며, 또한 기존 기병대 숫자의 감소를 막을 수 있다. 기병대에 추가 모집이 이루어지지 않는다면 기병대 숫자는 계속해서 줄어들 것이다. 어떤 기병은 나이가 들어 퇴역할 것이고, 다른 기병은 여러 이유로 기병대에서 탈락할 것이기 때문이다.

(3) 기병이 채워지고 있다면 동시에 말이 힘든 일을 견딜 수 있을 만큼 충분히 밥을 먹는지 확인해야 한다. 기병대 일에 적합하지 않는 말은

---

1 1,000명이다. 그러나 우리가 앞으로 보게 되듯이, 그 숫자는 크세노폰이 이 글을 쓸 당시에 650명 정도까지 떨어졌다.

적을 따라잡거나 적을 피해 달아날 수 없다. 기병대장은 말이 온순한지 확인해야 한다. 온순하지 않은 말은 우리 편이 아니라 적을 돕는다. (4) 등에 올라탔을 때 발로 차면서 뛰어오르는 말은 반드시 제거해야 한다. 그런 난폭한 말은 종종 적보다 더 큰 불행을 가져온다. 또한 거친 땅을 달려야 하기 때문에 말의 발을 살펴보아야 한다. 어느 곳이든 달릴 때 말이 고통을 느낀다면 그 말은 쓸모가 없다.

(5) 말의 상태가 좋다는 것을 확인했다면 다음으로 해야 할 일은 기병을 훈련시키는 것이다. 첫째로, 기병은 뛰어올라 말에 타는 법을 배워야 한다.[2] 그것 때문에 지금까지 수많은 기병이 목숨을 건졌다. 둘째로, 모든 종류의 땅에서 달리는 법을 훈련해야 한다. 어떤 종류의 땅이든 전쟁터가 될 수 있다. (6) 말에 확고히 올라탔으면 다음으로 해야 할 일은 될 수 있는 한 많은 수의 기병이 말에 탄 채 투창을 던질 수 있고[3] 기마술의 모든 세부 사항을 훌륭하게 해낼 수 있도록 조치를 취하는 것이다.

그 다음으로 말과 기병은 반드시 무장해야 한다. 그래야 부상으로부터 완전하게 보호될 수 있으며 적에게 최대의 피해를 줄 수 있는 수단을 갖추게 된다. (7) 그런 뒤 병사들이 복종할 수 있는 방법을 고안해야 한다. 그렇지 않으면 좋은 말도, 확고하게 타는 것도, 훌륭한 무기도 아무 소용이 없다.

이 모든 일을 효과적으로 해내기 위해서는 당연하게도 기병대장이

---

2 아주 어려운 기술이다. 왜냐하면 그리스 기병에는 등자가 없었다.
3 기병대가 열을 갖추어 보병을 공격할 때는 결코 장전할 수가 없었기에 가까이 접근해야만 투창이 충분한 효과를 낼 수 있었다. 등자가 없었기 때문에 이것은 하기가 결코 쉽지 않았다. 《기마술》 12장 참조.

지휘권을 가져야 한다. (8) 그러나 동시에 국가는 이 모든 일을 기병대장 혼자서 하기가 어렵다고 생각할 것이다. 따라서 그를 보좌할 연대장을 뽑는다. 그리고 민회에 기병대의 운영에 참여하도록 의무를 지운다. 그렇다면 기병대장은 연대장에게 기병대를 효과적으로 운용하기 위해 본인처럼 열의를 가지라고 격려하는 것이 좋다. 그리고 민회 내에 알맞은 대변인들을 두어야 한다. 그러면 사람들이 경각심을 갖고 말을 하게 되고 (민회원들은 두려움의 영향 아래서 더 잘 일할 것이다.), 그럴 때가 아닌데도 기병대를 향해 분노를 표출할 때 화난 민회를 달랠 수 있다.

(9) 이상은 기병대장이 주의해야 하는 문제들에 대해 간략하게 언급한 것이다. 이제 나는 어떻게 하면 이런 임무들을 최고로 해낼 수 있을지 자세히 설명할 것이다.

기병대원은 법이 요구하는 바를 따라 재력이나 체력에서 최고의 자질을 갖춘 사람 중에서 설득하거나 법원의 명령을 받아 임명해야 한다. (10) 내가 생각하기에, 법정에 불려 나와야 하는 사람은, 그렇게 하지 않으면 그대에게 뇌물을 주어 기병대원으로 뽑는 것을 고려하지 말아 달라고 청탁할 사람이다. 그대가 가장 자질이 뛰어난 사람을 기병대에 복무하도록 강요하지 않는다면 그보다 못한 사람은 그 즉시 빠져나갈 근거를 갖게 될 것이다. (11) 또한 기마술의 화려함에 대해 자세히 설명하면 그대는 어떤 젊은이들의 마음속에 기병대에 복무하려는 야망의 불을 지피게 되고, 반대하는 후견인들에게는 그들이 부자이기 때문에 그들의 말은 그대가 관리하던가, 할 수 없을 때는 다른 사람을 시켜서 돌볼 것이라고 알림으로써 반대를 극복할 수 있을 것이다. (12) 반면에 후견인의 소년들이 그대가 지휘하는 동안 기병대에 참여한다면 그대는 비싼 말을 사는 그들의 낭비벽을 끝낼 것이고, 곧 훌륭한 기병으로 태어나는 것을 보게 될 것이다. 그대는 그대의 말과 행동을 일치하려고 노력해야만 한다.

(13) 기병대가 이미 있다면, 민회는 앞으로 훈련의 강도가 두 배로 높아질 것이며, 그것을 따라잡지 못하는 말은 퇴출될 것이라고 알려야 한다. 이 경고는 기병에게 압력을 가해 그들의 말을 보다 잘 먹일 것이고 더 많이 돌볼 것이다. (14) 또한 사나운 말은 퇴출될 것이라고 공지하면 좋을 것이다. 이런 위협은 말을 보다 철저히 조련하고 말을 구입할 때 보다 주의하도록 자극을 줄 것이다. (15) 또한 훈련 중에 발로 차면서 뛰어오르는 말 또한 퇴출된다고 공지하면 좋을 것이다. 그런 말은 정렬하는 것조차 불가능하다. 적을 향해 돌진할 때는 꼭 뒤로 처지고 그 결과는 이 말의 잘못된 행동 때문에 기병이 쓸모없어진다.

(16) 말의 발을 최고의 상태로 만드는 방법[4]에서 누구든 나보다 더 쉽고 저렴한 방법이 있다면 단연코 그것을 선택해야 한다. 그러나 없다면 나는 그 방법을 알고 있는데(내 경험을 통해 말한다.), 그것은 길에서 평균 약 453그램 하는 돌들을 골라 가져와 바닥에 뿌리는 것이다. 그리고 그 돌들 위에서 말을 빗질하고, 말이 마구간을 나갈 때마다 그 위에 서도록 하는 것이다. 말이 손질을 받고 파리 때문에 귀찮을 때 말은 돌위에서 끊임없이 발을 사용할 것이다. 시도해 보라. 그러면 말의 발이 동그랗게 되는 것을 발견할 것이고, 나의 나머지 원칙도 믿게 될 것이다.

(17) 말의 상태가 좋다고 가정했을 때, 어떻게 하면 기병을 철저히 효

---

4 알려지지 않은 말의 신발. 《기마술》 4장 참조.

과적으로 만들 것인지를 설명하겠다.

우리는 새로운 젊은 기병이 스스로 말에 뛰어 올라타기를 배우도록 설득할 것이다. 그러나 가르치는 사람을 붙여준다면 그대는 당연히 칭찬을 받을 것이다. 나이 든 기병은 페르시아 방식으로 남의 도움을 받아 올라타는 방법에 익숙해지도록 돕는다.

(18) 어떤 특성의 땅에서도 말에 확고히 타기 위해 전쟁이 없을 때에도 그들을 밖에 자주 데리고 나가는 일은 아무래도 많이 어려울 것이다. 그러나 그대는 그들을 불러 모아 막사나 다른 곳을 향해 달릴 때 길에서 벗어나 온갖 종류의 땅을 전속력으로 달리기를 훈련하도록 권고해야 한다. 이것은 그들을 데리고 밖으로 나가는 것만큼 유용한 일이며 덜 지루하다. (19) 기병들에게, 국가는 전쟁이 터졌을 때 기병대를 구하려고 노력할 필요 없이 즉시 쓸 수 있도록 준비된 기병대를 보유하기 위해 1년에 거의 40탈란톤[5]에 해당하는 경비를 지원하고 있다는 사실을 주지시키는 것도 유익하다. (20) 또한 기병들에게 언젠가 그들을 직접 이끌고 나갈 생각이며, 모든 종류의 땅을 통과해 그들을 인도할 것이라고 알려주는 것 또한 좋다. 그리고 모의전투보다 먼저 하는 훈련 중에, 그들을 이끌고 서로 다른 시간에 서로 다른 땅으로 데리고 가는 것이 적절하다. 이것은 기병과 말 모두에게 유용하다.

(21) 말에 탄 채로 투창을 던지는 것에 대해서는, 만약 연대장들에게 그들은 연대의 명사수들 앞에 달리면서 투창 훈련을 하게 될 것이라고

---

5 하루 경비는 대략 666드라크마이다. 그리고 기병의 하루 일당은 보통 1드라크마였다. 따라서 기원전 365년에는 기병대의 숫자가 650명 정도까지 떨어진 것으로 보인다.

경고한다면 훈련을 가장 많이 할 것이다. 그리하여 십중팔구 그들 모두 명사수가 되려고 할 것이다.

(22) 내가 생각하기에, 만약 연대장들에게, 국가의 관점에서 보면 그들의 갑옷보다 연대를 더 반짝이게 장식하는 것이 훨씬 더 영광스러운 일이라고 설득한다면, 기병을 적절하게 무장시키는 데 필요한 도움은 연대장들에게서 가장 많이 나올 것이다. (23) 연대장이라는 자리에 따르는 명예와 영광을 그들이 매력적으로 여긴다는 것을 고려한다면, 그런 문제에서 그들을 설득하기란 어렵지 않을 것이다. 연대장들은 법에 정해진 대로 기병들에게 비용을 부담 지우지 않고 그들을 무장시킬 수 있고, 역시 법에 정해진 대로 나중에 기병들에게 그들을 무장하는 데 그들의 월급을 쓰라고 강요할 수 있다.[6]

(24) 그대의 지휘 아래에 있는 기병들을 복종하게 만들기 위해서는 그들에게 권위에 복종하는 데 따르는 이득이 많다는 것을 말로써 각인시키는 것이 중요하며, 복종하는 사람에게는 이익이, 하지 않는 사람에게는 손해가 모든 면에서 주어진다는 것을 보여 주는 것도 못지않게 중요하다.

(25) 내가 생각하기에, 각 연대장이 잘 훈련된 연대를 지휘하는 것에 자부심을 갖게 하는 가장 좋은 방법은, 근위중대를 될 수 있는 한 최고로 무장시키고, 그들에게 투창을 사용하는 법을 끊임없이 훈련하라고 요

---

[6] 처음의 비용은 민회 앞에서 시험을 통과할 때 지원자가 말과 장비를 사기 위해 들인 "설치비용"을 말한다. 9장 5절에는 이에 대한 또 다른 암시가 있다. 이 금액은 월급과는 관계가 없다. 그리고 기병대를 떠날 때 기병은 이 비용을 환불받았을 것이다.

구하며, 기병대장 스스로가 그것에 능숙해진 뒤에 그들을 가르치는 것이다. (26) 그리고 관람식에서 대중이 기병대가 보여 주기를 기대하는 모든 훈련 성과에 대해 연대에 상을 준다면, 이것은 모든 아테네인의 마음에 경쟁심을 강력하게 불러일으킬 것이다. 이에 대한 증거로는 사소한 상품을 위해 많은 수고와 돈을 쓰는 합창단을 들 수 있다. 오직 그대는, 승자에게 던지는 표가 승리를 밝게 빛내 줄 심판관들을 찾기만 하면 된다.

2장

(1) 그대의 기병이 이 모든 점에서 잘 훈련되었다면, 그들은 당연하게도 몇몇 대형(隊形) 계획을 알아야만 한다. 그러면 그들은 신들을 위해 가장 아름다운 행렬을 펼치고, 가장 아름답게 말을 타며, 필요하다면 가장 용감하게 싸우고, 길을 따라 움직이며, 대열을 흐트러뜨리지 않은 채 완벽하게 안전히 강을 건널 것이다. 따라서 나는 지금 내가 생각하기에 이런 다양한 상황 속에서 최선의 결과를 낼 수 있는 대형들을 설명할 것이다.

(2) 국가는 기병대를 10개의 연대로 나누었다. 이런 상황에서는 우선 각 연대장과 협의해 훌륭한 행동으로 명성을 얻기를 열중하는 건장한 사람을 골라 중대장[7]으로 임명해야 한다. 그들은 선두에 위치해야 한다. (3) 다음으로는 같은 숫자의 가장 경력이 있고 가장 지각이 있는 사람을

---

[7] 10병의 기병을 지휘하는 "데카다쿠스(Decadarchs)"이다. 크세노폰은 스파르타 보병대의 조직을 마음에 두었다. 《라케다이몬의 국제》 11장 5절 참조.

골라 후미에 위치시켜야 한다. 예시를 들어 설명하자면, 철은 앞날이 예리하고 뒷부분이 든든할 때 가장 힘이 강해 철을 잘라 낸다.

(4) 선두와 후미 사이를 채우기 위해 중대장은 두 번째 열에 들어갈 기병을 골라야 하고, 이어서 세 번째 열에 들어갈 기병, 그리고 그렇게 들어갈 기병을 계속 골라야 한다. 이런 식으로 모든 기병은 자연스럽게 바로 앞사람 뒤에서 완전하게 확신을 얻을 것이다.

(5) 후미에는 유능한 사람을 지휘관으로 임명하도록 매우 유의해야 한다.[8] 그가 유능하다면, 그가 하는 격려는 돌진해야 할 때 그의 앞에 있는 사람들의 마음을 항상 북돋을 것이고, 퇴각해야 할 순간에 그의 신중한 지휘 능력은 십중팔구 연대의 안전에 크게 기여할 것이다.

(6) 중대장이 짝수인 경우는 홀수보다 이점이 있는데, 연대를 같은 크기로 더 나눌 수 있기 때문이다.

내가 이 대형을 좋아하는 이유는 다음과 같다. 우선, 선두에 있는 모든 군사는 장교라는 점이다. 자신을 드러내고 싶은 강박관념은 사병일 때보다 장교일 때 더 강력하게 자극된다. 둘째로, 어떤 것이든 해내야만 할 때의 명령은 사병보다 장교에게 전달될 때 더 효과가 있다.

(7) 이 대형을 채택했다고 가정하자. 모든 연대장이 담당해야 하는 위치를 기병대장에게 전달받아 아는 것과 똑같이, 모든 중대장은 연대장에게 전달받는 말을 통해 행진 대열에서 취해야 하는 위치를 알아야만 한다. 그래야 지시가 내려졌을 때 극장을 떠나는 군중이 서로를 방해하는 것처럼 하지 않고 훨씬 더 질서를 갖출 것이다. (8) 그리고 선두가

---

8 즉, 각 열의 후미에 있는 사람은 어떤 경우에 지휘관의 역할을 해야 했다. 스파르타 보병대에서 열의 제일 뒤는 최고참이 위치했다.

공격을 받았을 때, 선두에 있는 사람들이 이곳이 그들의 위치라는 것을 알 때 훨씬 더 기꺼이 싸우려고 할 것이다. 후미가 뒤에서 갑작스러운 공격을 받았을 때, 그곳에서 자신의 위치를 버리는 것은 불명예스러운 일이라는 것을 아는 사람들이 있을 때도 역시 마찬가지다. (9) 질서가 없다면 좁은 길이나 다리를 만났을 때 혼란을 겪는다. 그리고 싸움이 벌어졌을 때 아무도 전투 대열에서 자신의 위치를 자발적으로 지키지 않는다.

모든 기병은 지휘관을 흔들림 없이 보좌하기 위해 이 모든 예비 사항을 철저히 익혀야 한다.

3장

(1) 이제 우리는 기병대장이 반드시 해야만 하는 임무에 대해 말한다. 첫째, 그는 기병대를 대표해 신들을 달래는 희생제사를 반드시 올려야 한다. 둘째, 그는 축제 기간에 볼 만한 가치가 있는 행진을 반드시 해야 한다. 나아가 사람들 앞에서 의무로 보여야 하는 전시, 즉 아카데미아, 리케이온, 팔레룸, 히포드롬에서의 관람식에서 최대한 화려하게 보여야 한다.

이것들 역시 그저 간략한 언급일 뿐이다. 이제 나는 이런 다양한 행사들을 어떻게 하면 가장 화려하게 수행할 수 있을지 자세하게 설명하고자 한다.

(2) 내가 생각하기에, 행렬은 시장[9]에서의 경축 행진을 포함한다면 신들과 구경꾼 모두에게 가장 환영을 받을 것이다. 출발점은 헤르메스 동상이다. 기병대는 신전들과 동상들에서 신들에게 인사를 하며 주위를 돈다. 디오니소스 축제에서 합창단이 12명의 신들과 다른 신들에게 존경의 일환으로 춤을 추는 것과 같다.

이 돌기가 끝나면 다시 헤르메스 동상 가까이로 온다. 내가 생각하기에, 그 다음으로 할 일은 연대 별로 엘레우시니온까지 전속력으로 질주하는 것이다. (3) 나는 창이 서로 겹치는 것을 막기 위해 취해야 할 자세에 대해 한 가지 말을 하겠다. 모든 기병은 창을 말의 두 귀 사이로 향해야 한다. 창이 위협적으로 보이고, 분명하게 도드라지고, 동시에 숫자가 많다는 인상을 주려면 그래야 한다.

(4) 전속 질주로 목적지에 도착하면 해야 할 옳은 일은 같은 길을 따라 신전으로 돌아오는 것인데, 이번에는 저속으로 와야 한다. 이리하여 사람이 말을 타면서 얻을 수 있는 모든 효과를 얻게 되는데, 그것에는 대중에게 잘 보이는 것과 신들과 인간 모두를 만족시키는 것이 포함된다.

(5) 우리 기병대는 이런 행동에 익숙하지 않다는 것을 안다. 그러나 나는 호감이 가고 멋지다고 믿는다. 그리고 보는 사람을 기쁘게 할 것이다. 또한 기병대장이 기병의 바람을 이룰 만한 충분한 영향력이 있을 때는 다른 진귀한 훈련 성과도 수일 내에 보일 것이라는 것도 안다.

(6) 리케이온에서 투창을 던지기 전에 행진해야 할 올바른 방법은 전

---

[9] 리케이온에서 서쪽으로 오면 만나게 되는 디오니소스 극장을 가리킨다.

투 대열로 부대를 두 개로 나누어 말을 타고 가는 것이다. 나눠진 각 부대는 다섯 개의 연대로 구성되며 선두에 부대 지휘관 연대장이 선다. 그리고 열은 행진 경로의 폭을 모두 덮을 정도로 펼쳐야 한다. (7) 기병대가 극장 맞은 편 아래쪽이 보이는 가장 높은 곳에 도착하면 즉시 기병대가 꽤 많은 무리를 이루어 경사를 따라 전속력으로 내려오는 능력을 보이는 것이 분명 유용하다고 생각한다. (8) 만약 전속력으로 달릴 수 있다고 확신한다면 그들이 그 기술을 보여 주는 기회를 환영할 것을 나는 분명 잘 알고 있다. 그러나 그대는 기병이 훈련이 부족하지 않은지, 적이 기병의 뜻과는 반대로 그것을 강요하는지는 않은지 살펴야 한다.

(9) 관람식에서 가장 아름답게 보일 시범 대형에 대해서는 이미 설명하였다. 말이 충분히 튼튼하다면, 기병대장은 종대를 이루어 항상 대열의 바깥쪽에서 돌아야 한다. 그는 항상 빨리 달릴 것이며, 함께 바깥쪽에서 달릴 종대 대형 역시 빨리 달릴 것이다. 그렇게 되면 민회는 항상 빨리 달리는 종대를 바라보게 될 것이고, 말은 순번대로 숨을 고를 장소를 찾아 쉬게 된다.[10]

(10) 히포드롬에서 시범을 보일 때 해야 할 올바른 계획은 먼저 말로 광장을 채우고 사람들을 내쫓을 수 있을 정도로 기병들을 전면에 넓게 펼치는 것이다. (11) 모의전투를 벌일 때는 다섯 개 연대를 각각 두 개의 부대로 나누어 각자의 지휘관이 이끄는 대로 추격과 후퇴를 선보이며, 각 연대는 서로 스치며 지나가야 한다. 그들이 서로 마주보며 돌격할 때 얼마나 무서워 보이며, 히포드롬 광장을 쓸며 지나가 다시 서로 마주볼

---

[10] 관람식에서 정확히 어떤 전개가 있었는지 알려지지 않기 때문에 크세노폰이 제안한 변화가 무엇인지를 알기가 불가능하다.

때 얼마나 당당해 보이며, 나팔 소리가 들리고 그들이 다시 한 번 빠른 속도로 돌격할 때 얼마나 멋져 보이겠는가! (12) 잠시 멈춘 뒤 나팔이 다시 한 번 울리고 그들은 최고 속도로 세 번째 돌격한다. 그리고 그들이 서로 교차하기를 마친 다음에는 해산을 위한 준비 단계로 전투 대형으로 펼친다. 그리고 익숙하게도 민회를 향해 간다. (13) 이런 훈련은 보다 실전 같아 보이고 참신한 매력이 있을 것이다. 기병대장과 같은 고위직이 연대장보다 더 느린 속도로 말을 달리고 그들이 했던 것과 같은 식으로 말을 타는 것은 어울리지 않는다.

(14) 말달리기가 아카데미아의 딱딱한 땅에서 열려야 한다면 나는 다음 사항을 추천하고 싶다. 말에서 튕겨져 나가는 것을 피하기 위해 기병은 돌격할 때 몸을 뒤로 젖혀야 하며, 회전할 때는 말을 붙잡고 말에서 떨어지는 것을 막아야 한다. 그러나 직선상에서는 전속력으로 달려야 한다. 이렇게 하면 민회는 안전하면서도 화려한 시범을 지켜보게 된다.

4장

(1) 행진할 때 기병대장은 자신이 말에서 내려 쉬고, 기병이 적절한 시차를 두고 걷고 말 타는 것을 교대하기를 항상 미리 머릿속에 두어야만 한다. 그러나 사람은 각자의 척도[11]가 있기 때문에 기병은 그들이 피곤할 때 그대에게 알려 줄 것이므로, 무엇이 적절한 시차인지 판단하기

---

11 아마도 "인간은 만물의 척도다."라는 프로타고라스의 이론을 언급한 것일 것이다.

불가능하지 않다.

(2) 그러나 어느 곳을 가든 도중에 적을 만날지 확신할 수 없을 때는 연대를 교대로 쉬게 해야 한다. 적이 가까운 거리에 있을 때 기병이 모두 말에서 내려 쉬고 있다면 정말 안 좋은 일이다.

(3) 그대가 좁은 길을 따라 간다면 대형을 종대로 하라고 명령해야 하지만, 넓은 길에 접어들었을 때는 모든 연대가 전면을 향해 펼치라고 명령해야 한다. 그대가 탁 트인 평지에 도착했을 때는 모든 연대가 전투 대형을 갖추어야 한다. 덧붙여 말하면, 이렇게 대형을 바꾸는 것은 훈련에 도움이 되며, 기병대 훈련을 통해 행진 대형을 자주 바꿈으로써 기병이 지형을 보다 즐겁게 극복할 수 있도록 돕니다.

(4) 도로에서 벗어나 어려운 지형을 지날 때는 각 연대 별로 선도기병을 미리 보내는 것이 아주 유용하다. 그들은 막다른 숲속을 지나야 할 때 사면이 트인 평지로 우회하는 길을 찾을 수 있을 것이며, 기병대에 어떤 대형을 취한 채 뒤따라 와야 하는지를 알려 모든 부대가 길을 잃지 않도록 할 것이다.

(5) 그대가 가는 길이 위험한 지역이라면, 척후가 정찰하면서 전위를 선도하는 것이 신중한 기병대장이라면 할 일이다. 이것은 적을 가능한 먼 거리에서 발견하는 것이기 때문에 공격과 방어 모두에 유용하다. 또한 강을 건널 때는 후미가 지휘관을 쫓아가려고 말을 혹사시켜 말이 못 쓰게 되지 않기 위해 멈추는 것도 유용하다. 이러한 규칙들은 분명 거의 모든 사람에게 익숙한 것들이다. 그러나 그것을 준수하기 위해 수고를 아끼지 않는 사람은 매우 드물다.

(6) 기병대장은 평화의 때에도 적대 국가와 우호 국가 모두를 알고

있어야 한다. 그가 몸소 겪은 경험이 없다면 최소한 군대 내에서 여러 지역에 대해 가장 잘 알고 있는 사람과 상담할 줄 알아야 한다. 길을 알고 있는 지휘관은 모르는 지휘관에 비해 월등히 유리하다. 적에 대해 계획을 짤 때도 지역에 대한 지식은 큰 차이를 만든다.

(7) 그대는 또한 전쟁이 발발하기 전에 간첩 임무를 맡을 사람을 뽑는 조치를 취해야만 한다. 이들 중 일부는 중립국 시민이어야 하며, 모든 국가가 상품을 수입하는 사람을 변함없이 환영하기 때문에 일부는 상인이어야 한다. 위장 투항자도 가끔 쓸모가 있다. (8) 여전히 그대는 첩자에 의존한다고 해서 경계를 소홀히 하는 일을 결코 해서는 안 된다. 그대의 예방 조치는 적이 접근하고 있다는 정보를 얻었을 때와 같이 항상 완전해야 한다. 왜냐하면 비록 첩자를 완전히 신뢰할지라도 전쟁 중에는 첩자를 가로막는 여러 가지 일이 일어나기 때문에 결정적인 순간에 보고하기가 어렵다.

(9) 기병대의 출발은 전령이나 문서로 미리 알리는 것보다 말을 통해 순차적으로 전달하는 것이 적에게 발각될 가능성이 적다. 따라서 이 목적으로 위해 출발 명령은 말로써 중대장에게, 중대장은 그 뒤에 있는 부중대장에게 순차적으로 전달해[12] 각자가 최대한 적은 수의 사람에게 전달하도록 하는 것이 좋다. 이렇게 하면 부중대장은 회전하거나 대열을 늘려야 할 때 혼란에 빠지지 않고 실행할 수 있다.

(10) 적을 망을 보며 경계할 필요가 있을 때는 초소와 경계병을 숨기는 계획을 전적으로 지지한다. 이렇게 하면 동료를 보호하고 적에게 덫

---

12 이것들이 6번째 열을 만든다.

을 놓는 일을 동시에 하게 된다. (11) 그리고 보이지 않기 때문에 기병은 자신을 더 안전하게 보호하고 동시에 적에게는 더 무서운 존재가 된다. 적은 초소가 어딘가 있다는 것을 의식하고 있지만 그 구체적인 위치와 병력이 얼마나 되는지 모르기 때문에 불안을 느껴 할 수 있는 모든 곳을 의심할 수밖에 없다. 반면에 초소가 눈에 보인다면 어디에 위험이 있고 어디가 안전한지를 그들에게 보인다. (12) 그 외에도 초소를 숨기면 경계병 몇 명은 보이게 두고 숨겨 놓은 병력은 가림으로써 적을 매복으로 유인하는 기회도 얻을 것이다. 또한 때로는 제2의 경계병을 숨어 있는 병력 뒤에 보이도록 세우는 교활한 덫을 놓을 수도 있다. 이 계획은 방금 언급한 계획과 같이 적을 속이게 될 것이다.

(13) 신중한 기병대장이라면 그가 적보다 유리하다는 것을 사전에 분명히 알 때를 제외하고는 절대로 불필요한 위험을 감수하지 않는다. 적의 간계에 빠지는 것은 용기 있는 행동이 아니라 오히려 동맹군에 대한 배신으로 타당하게 여겨질 것이다.

(14) 또 다른 완전한 원칙은, 약한 적이 있는 곳이라면 비록 그곳이 멀리 떨어졌더라도 가야만 한다는 것이다. 비록 힘들지라도 강력한 적과 싸우는 것보다 덜 위험하기 때문이다. (15) 그러나 적이 그대와 그대에게 우호적인 나라의 요새 사이를 침입해 온다면, 비록 적이 강력할지라도 적을 공격하는 것이 적절하다. 그대가 있는 곳이 분명히 드러나는 곳에서 공격을 하든가, 아니면 양쪽에서 동시에 공격한다. 그러면 그대 군대의 한쪽이 후퇴할 때, 다른 쪽이 적의 반대쪽을 공격하면 적은 요동하고 동료들을 구할 수 있을 것이다.

(16) 적의 사정을 알아내려고 할 때 첩자를 고용하는 것이 좋다는 것

은 오래된 격언이다. 그러나 내 생각으로 가장 좋은 계획은 기병대장 스스로가 관찰하기 좋은 안전한 지점에서 적을 직접 관찰하는 것이고, 가능하다면 적이 저지르는 실수를 목격하는 것이다. (17) 그리고 교활한 수법으로 도둑질 할 수 있는 무언가가 있다면 사람을 보내 그것을 훔칠 수도 있다. 만약 빼앗을 무언가가 있다면 군대를 보내 그것을 빼앗을 수 있다. 그리고 적이 어떤 목적으로 행군하고 있는데, 세력이 약한 적의 일부가 적의 본대에서 분리되었거나 부주의하게 낙오했다면 그 기회를 절대로 놓쳐서는 안 된다. 그러나 사냥꾼은 사냥감보다 항상 강해야만 한다.

(18) 생각하면 이 점을 확인할 수 있다. 매와 같이 사람보다 지능이 떨어지는 야생 동물도 무방비 상태의 먹잇감을 포획해 붙잡히기 전에 안전한 곳으로 이동한다. 또한 늑대는 무방비 상태로 있는 것에 대해 덫을 놓고, 구멍과 모퉁이 속에 놓인 것을 훔쳐 간다. (19) 만약 개가 늑대를 뒤쫓아 따라잡는다 해도, 늑대가 개보다 힘이 세다면 개를 공격한다. 만약 약하다면 훔치고 재빨리 도망간다. 게다가 일군의 늑대들이 우두머리를 두려워하지 않을 때는 스스로 조직해 누군가에게 우두머리를 쫓아내게 해 그 포획물을 차지한다. 이렇게 해서 그들은 식량을 마련한다. (20) 그렇다. 야수들도 그렇게 총명한데, 실력 있는 사람이 이끈다면 어떤 사람일지라도 분명 야수보다 더 지혜롭게 행동할 것이다.

5장

(1) 모든 기병은 한 마리의 말이 한 사람의 보병을 따라잡을 수 있는 거리가 얼마이고, 속도가 느린 말이 빠른 말을 피하려면 얼마만큼 먼저 출발해야 하는지 알아야 한다. 기병대장은 또한 어떤 종류의 땅에서는 보병이 기병에 유리한지, 어떤 종류의 땅에서는 기병이 보병에 유리한지 판단할 수 있어야 한다. (2) 그는 또한 적은 숫자의 말을 많아 보이게 하고, 반대로 많은 숫자의 말은 적게 보이게 하며, 있을 때는 없는 것처럼 없을 때는 있는 것처럼 보이며, 적을 속일 줄 알고, 단순히 적의 소유물을 탈취할 줄 아는 것만 아니라, 어떻게 하면 아군을 감추고 적을 예상치 못하게 공격할지를 아는 재주가 충분해야 한다. (3) 다른 멋진 계책도 있다. 그대가 위태로운 입장에 처했다면 적 사이에 공포심을 불러일으켜 적이 공격하지 않도록 만들고, 그대가 강한 입장이라면 적을 안심시켜 적이 공격을 시도하게끔 만들어야 한다. 그러면 그대는 피해를 가장 덜 입게 될 것이고 실수하는 적을 잡을 가능성이 가장 높게 된다.

(4) 나는 불가능한 것을 요구한다고 보지 않기 때문에, 당황스러울 것 같은 문제들에 대한 한 가지 해결책을 추가하려고 한다.

추격하거나 후퇴하려고 할 때의 성공은 말과 말의 능력에 대한 경험이 있느냐에 달려 있다. 그렇지만 이 경험을 어떻게 얻을 것인가? 그것은 모의전투를 유심히 관찰하고 추격과 전투 후에 말이 어떤 상태인지를 관찰함으로써 가능하다.

(5) 기병대의 숫자를 많아 보이게 하는 것이 그대의 목적이라면, 가능하다면 적이 가까이 있을 때는 그 계책을 시도하지 말 것을 첫 번째

공리로 삼아야 한다. 거리가 멀면 안전하고 오해를 키우기 때문이다. 둘째로, 말이 모여 있으면 말의 크기 때문에 숫자가 많아 보이지만, 흩어질 때는 숫자를 쉽게 파악할 수 있다는 점을 알아야 한다. (6) 기병대의 현재 세력을 과장해 보이는 또 다른 방법은, 기병대가 정지하고 있을 때나 이동하고 있을 때나 기병대를 보이려고 할 때면 마부들을 창이나 창이 없으면 모조 창으로라도 무장시켜 기병들 사이에 배치하는 것이다. 그러면 기병대의 몸집은 보다 밀집되고 보다 커 보이기 마련이다.

(7) 한편, 그대의 목적이 기병대를 적게 보이는 것이라면, 기병대가 있는 땅이 기병대를 숨길 수 있는 곳이라고 했을 때, 그대는 분명 기병대의 일부를 노출시키고 나머지는 감출 수 있다. 그러나 땅이 완전히 노출된 곳이라면, 그대는 종대에서 횡대로 바꾸어 돌며, 횡대 사이의 간격을 띄어야 한다.[13] 그리고 적과 가까운 곳에 있는 기병은 적을 향해 창을 높은 수평으로 하고, 다른 부대원은 창을 낮게 해 보이지 않도록 해야 한다.

(8) 적에 공포를 주는 데 쓰는 방법은 가짜로 매복하고, 가짜로 안심시키며, 가짜 정보를 흘리는 것이다. 적은 상대가 어려움에 처해 있고 딴 데 정신이 팔려 있다는 말을 들었을 때 가장 크게 안도한다.

(9) 이상의 가르침을 따라 기병대장은 비상상황이 발생했을 때마다 그에 맞는 계책을 만들어야 한다. 전쟁에서는 속임수보다 더 유익한 것이 정말 없기 때문이다. (10) 심지어 아이들도 "숫자가 무엇인지 알아맞혀 봐." 놀이에서 아주 잘 속인다. 그들은 손에 하나나 둘을 쥐고 있으면서도 손에 가득 쥐고 있는 것처럼 믿게 만들고, 가득 쥐고 있으면서도

---

13 앞사람 뒤에 서게 되면, 열이 방향을 틀었을 때, 적은 세로로 열이 몇 개나 되는지 얼마나 많은 수의 병력이 열에 있는지 알지 못한다.

조금 쥐고 있는 것처럼 한다. 그렇듯이 기병도 그들이 본격적으로 속이려 한다면 분명 비슷한 속임수를 쓸 수 있다. (11) 그리고 전쟁에서 거두었던 승리를 곰곰이 생각해 보면, 대부분의 승리가, 그리고 그들 중 가장 큰 승리는 속임수의 도움을 받아 거둔 것을 발견할 것이다. 이런 이유 때문에 그대는 지휘하려고만 할 게 아니라, 이런 자질을 갖출 수 있게 해달라고 하늘에 기도하거나 스스로 그런 자질을 갖추려고 노력해야 한다.

(12) 바다 가까이 있을 때는, 배에 필요한 물품을 얻으려고 땅에 내렸을 때 공격하고, 땅에서 공격하는 척하면서 바다에서 공격하는 두 가지 계책이 효과적이다.

(13) 기병대장이 해야 할 또 다른 임무는 보병이 없는 기병대가 보병이 딸린 기병대에 비해 얼마나 약한지를 보여 주는 것이다. 나아가 보병을 확보했다면 이용해야 한다. 기병은 보병보다 훨씬 키가 크므로, 보병은 기병 사이나 뒤에 감출 수 있다.

(14) 이런 수단들과 그 외 다른 것들을 실제적으로 활용해 적을 무력이나 계책으로 무력화시키려고 할 때, 나는 그대가 신의 가호를 얻기를 권고한다. 신들이 그대에게 호의적이라면 운명 또한 그대에게 호의적이기 때문이다.

(15) 과도하게 경계해 위험을 감수하기를 꺼리는 것으로 보이는 것도 때로는 아주 효과가 좋은 것으로 증명된 또 다른 계책이다. 이렇게 위장하면 적이 주의를 하지 않아 보다 치명적인 실수를 하도록 종종 유도한다. 또는 일단 위험하다고 생각했다면, 그대는 그저 가만히 서 있으면서 뭔가를 막 하려는 순간인 것처럼 하는 것만으로도 적을 곤경에 빠뜨릴

수 있다.

6장

(1) 그러나, 만들려는 작품의 소재가 예술가의 뜻대로 준비되지 않는다면 어떤 예술가도 의도한 작품을 만들 수 없다. 신의 도움을 입어 기병들이 기병대장에게 호감을 갖고, 적을 상대로 한 작전에서 그가 그들보다 더 현명하다고 여기지 않는 한, 그대는 기병들을 가지고 어떤 것도 더 이상 만들 수 없다.

(2) 충성심은 기병대장이 부하들에게 친절할 때, 부하들이 음식을 제대로 먹고 있는지, 후퇴할 때 안전한지, 그리고 쉴 때 잘 보호받고 있는지 분명하게 주의를 기울일 때 자연스럽게 길러질 것이다. (3) 그는 요새에서 사료, 천막, 물, 땔감, 그리고 다른 모든 보급품에 관심을 기울여야 한다. 그는 병사들의 이익을 먼저 생각하고 그들을 항상 지켜보는 것을 보여야 한다. 그리고 여유가 생겼을 때는 부하들에게 나누어주는 것이 지휘관이 할 최선의 방책이다.

(4) 요약하자면, 기병대장은 기병들에게 요구하는 것은 무엇이든 그들보다 더 잘한다는 것을 보일 때 병사들로부터 경멸을 가장 적게 받을 것이다. (5) 따라서 그는 기마술의 모든 세부사항(올라타기와 그 외의 것들)을 훈련해 부하들이 그들의 대장이 말에서 떨어지지 않으면서 도랑을 건너고, 벽을 뛰어넘고, 제방에서 달려 내려오며, 투창을 능숙하게 던질 줄 아는 것을 눈으로 보아야 한다. 이 모든 성과를 통해 존경심을 차근

차근 얻게 된다. (6) 또한 부하들이 그가 전술의 대가이며 적보다 더 유리하게 지휘할 수 있다는 것을 안다면, 그 외에도 그가 경솔하거나 신의 허락을 받지 않거나 희생제사의 징조를 따르지 않고 그들을 지휘하지는 않을 거라고 확신한다면, 이 모든 조건 하에서는 부하들이 기병대장에게 더욱 복종할 것이다.

7장

(1) 그러므로 모든 기병대장은 똑똑해야 한다. 그러나 아테네 기병대장은 신들에 대한 의무의 준수와 전사로서의 자질 모두에서 월등히 뛰어나야 한다. 아테네 국경에는 같은 수의 적 기병과 많은 수의 적 보병[14]이 있기 때문이다. 국가의 다른 군대와 함께하지 않고 적을 침공하려고 한다면, 기병대 하나만을 가지고 적의 두 군대와 맞설 수밖에 없다. (2) 만약 적이 아테네 영토를 침공한다면, 적은 분명 자체 기병대와 보병대 외에도 다른 기병대를 데려와 추가할 것이므로, 그 숫자를 세어 보면 모든 아테네 시민을 합친 것보다 많을 것이다. (3) 이제 도시가 총동원해 그 군대를 맞서기로 한다면 전망은 좋다. 우리 기병대는 적절하게 관심을 기울이면 신의 도움을 입어 더 나을 것이며, 우리의 중장보병은 숫자에서 밀리지 않을 것이며, 첨언하자면, 신의 도움을 받아 적절한 대열로 훈련한다면 날카로운 정신을 보여 줄 것이다. 그리고 아테네인은 보이오

---

14 테베 군대를 말한다.

티아인 못지않게 그들의 조상을 매우 자랑스러워한다는 점을 기억하라. (4) 그러나 라케다이몬인이 모든 그리스인을 이끌고 우리를 침략했을 때처럼, 해군에 의지하고 기꺼이 성벽을 온전히 지키려 하고, 기병대가 성벽 바깥에 있는 모든 것을 보호해 줄 것을 기대하며 운에 맡긴 채 각자 적에 대해 독자적으로 싸운다면, 그때는 우선 우리를 돕는 강력한 신들의 군대가 필요하고, 다음으로는 우리의 기병대장이 반드시 탁월한 인물이어야 한다.

(5) 또한 기병대장은 힘든 일을 견딜 수 있어야 한다. 그를 위협하는 적에 맞서는 일을 운에 맡겨야만 한다면(심지어 국가 전체를 동원한다 해도 맞설 엄두가 나지 않다면), 그는 강력한 적 앞에서 완전히 속수무책으로 아무것도 할 수 없을 것이다. (6) 그러나 성벽 밖에 있는 적을 계속 경계하고, 보호해야 할 재산이 있을 때는 먼 거리에서 안전한 곳으로 옮길 정도로만 충분한 군대로 성벽 밖에 있는 것은 무엇이든 지킨다면(이를 위해서는 많은 군대가 필요하지 않다. 적은 군대도 큰 군대와 같이 경계를 계속할 수 있고, 동료의 재산을 지키고 옮겨야 할 때에는 스스로에게나 말에 자신이 없는 병사라 할지라도 그것을 할 수 있다. (7) 그런 이유로 공포심은 수비대의 강력한 일원인 것 같다.), 도시의 방어에 이들 기병을 의지하는 것이 어쩌면 완전한 계획인 것 같다. 그러나 수비대 외의 남은 인원을 가지고 전투부대를 만들려고 생각한다면 곧 인원이 너무 적다는 것을 발견할 것이다. 그 인원을 가지고 탁 트인 평지에서 전투하는 위험을 떠안기란 완전히 부적절하다. 기병대장은 그 인원을 특공대로 활용해야 하며, 그 목적으로 쓰기에 충분한 규모의 부대를 갖게 될 것이다. (8) 기병대장의 임무는, 내가 보기에, 적에게 들키지 않으면서 적이 어떤 실

수를 하는지 지켜보고, 부하들이 계속 경계하고 공격할 준비를 하게 하는 것이다. (9) 군사의 숫자가 많을수록 더 실수를 많이 하는 경향이 있다. 식량을 찾으러 다니려고 의도적으로 흩어지거나, 행진 중에 무질서하게 일부는 너무 앞서고 일부는 너무 뒤처지거나 한다. (10) 따라서 기병대장은 그런 실수들을 결코 놓쳐서는 안 된다. 그랬다간 온 나라가 점령당할 것이다. 기병대장은 공격하는 순간에 언제 후퇴할지를 잘 생각해, 적의 본대가 지원하러 현장에 도착하기 전에 달아나야 한다.

(11) 행군 중에 있는 군대는 종종 도로로 오곤 하는데, 도로는 대규모의 군대가 소규모 군대에 대해 유리한 점이 없는 곳이다. 현명한 기병대장이라면 적이 강을 건널 때 안전하게 뒤를 쫓아 원하는 숫자만큼 적을 공격할 수 있다. (12) 때로는 적이 아침이나 저녁 식사를 할 때, 잠에서 막 깨어났을 때 공격하는 것도 적절하다. 이럴 때에 군사들은 무기를 갖고 있지 않은데, 보병은 짧은 시간 기병은 긴 시간 갖고 있지 않다. (13) 적의 정찰병과 초소에 대해서는 끊임없이 계책을 강구해야 하는데, 이들은 예외 없이 숫자가 적고 때로는 적의 본대에서 멀리 떨어져 있다. (14) 그러나 적이 그런 공격에 대해 적절하게 주의할 줄 안다면, 신의 도움을 입어, 여러 곳에 있는 적의 세력과 초소들의 위치를 알아낸 뒤에 적의 영토로 몰래 들어가야 한다. 보초를 사로잡는다면 그것이야말로 최고의 노획물이다. (15) 그 외에도 보초는 속이기 쉽다. 보초는 소수의 적을 보면 그것이 자신들의 특별한 임무라고 믿어 추격하기 때문이다. 그러나 후퇴가 곧바로 적의 지원으로 이어지지 않도록 주의해야만 한다.

8장

(1) 그러나 전쟁 기마술을 실제로 적용하는 데 있어 전문가가 아마추어와 다투는 것처럼 보일 정도로 우월하지 않는다면, 아무런 피해를 입지 않고 더 강력한 군대에 피해를 줄 수 없을 것은 분명하다. (2) 이런 우월한 능력은 다른 무엇보다도 그대의 약탈 부대가 말타기를 철저히 훈련해 작전의 고된 임무도 견딜 수 있어야만 얻을 수 있다. 이런 점에서 부주의하게 훈련된 말과 기병은 당연히 남자와 싸우는 여자 같을 것이다. (3) 반대로, 도랑을 뛰어 건너고, 벽을 뛰어 넘고, 제방을 향해 올라가며, 높은 곳에서 말에서 떨어지지 않고 뛰어 내려오며, 경사진 곳을 전속력을 달려 내려오는 것을 배우고, 여기에 익숙해진 기병들은 새가 발달린 짐승보다 더 우월하듯이 우월한 군사들이다. 게다가 발을 충분히 단련한 군사는 신체 건강한 사람이 절름발이와 다르듯, 거친 땅에서는 단련되지 않은 군사와 다를 것이다. 그러나 지형에 익숙한 군사는 그렇지 않은 군사와 비교했을 때, 눈이 온전한 사람이 맹인과 다르듯 전진과 후퇴에서도 다를 것이다.

(4) 또한 말의 상태가 좋으려면 잘 먹이고 철저히 훈련시켜야 한다는 것을 깨달아야 한다. 그래야 피곤을 겪지 않고 주어진 임무를 해낼 수 있다. 그리고 재갈과 안장을 끈으로 조여야 하므로, 기병대장은 끈이 부족하지 않도록 유의해야 한다. 그런 사소한 것들에 돈을 쓰는 것으로도 궁지에 빠진 기병을 유용한 기병으로 만들 수 있다.

(5) 기마술을 이렇게 훈련하는 임무를 끝임 없이 힘들어하는 사람이 있다면, 그에게 체조 경기를 위해 훈련하는 사람은 기마술을 힘들게 훈

런하는 사람에 비해 겪는 어려움의 가짓수와 강도가 훨씬 크다는 것을 알려 주도록 한다. (6) 대부분의 체조 훈련은 땀을 흘리는 힘들고 단조로운 일이지만, 거의 대부분의 승마 훈련은 즐거운 일이다. 인간은 날고 싶어 하지만, 인간의 행동 중에 승마만큼 나는 것과 밀접하게 닮은 것은 없는 것이 사실이다. (7) 그리고 권투 경기에서 승리하는 것보다 전쟁에서 승리하는 것이 더 영광스러운 일이라는 것을 기억하라.[15] 국가는 권투 우승자와 마찬가지로 이 영광[16]을 얻지만, 전쟁에서 승리하면 신들이 국가에 행복 또한 주기 때문이다. 따라서 다른 기술보다 전쟁 기술을 더 열심히 익히지 않을 이유는 없다고 본다. (8) 해적이 수고를 감내하며 오랫동안 기술을 익힌 결과 더 강력한 사람의 재산을 빼앗아 먹고사는 것을 보라. 육지에서도 스스로 씨를 뿌린 것을 거두는 사람은 약탈을 하지 않지만, 그렇지 않는 사람은 약탈을 해야 먹고살 수 있다. 사람은 일을 하거나 다른 사람이 일해서 거둔 수확물을 먹거나 해야 한다. 이것 외에 삶을 이어 가고 평화를 얻을 다른 방법이 있는가?

(9) 만약 그대가 더 우월한 군대를 공격한다면, 그대의 뒤에는 말에게 힘든 땅이 있어서는 안 된다는 것을 기억하라. 후퇴할 때 말에서 떨어지는 것과 추격할 때 말에서 떨어지는 것은 아주 다르다.

(10) 또 다른 실수에 대한 경고의 말을 더하고 싶다. 어떤 기병들은, 자신들이 적보다 강하다고 여길 때 완전히 부적절한 병력을 이끌고 적

---

[15] 《키로파에디아》 제4권 3장 15절
[16] 분명하게 표현하지는 않지만 "이 영광"은 "전쟁이나 경기에서 이겼을 때 얻는 승리의 영광"을 의미한다.

을 공격하러 간다.[17] 그 결과 적에게 주기를 예상하는 피해를 자신들이 받는다. 또는 자신들이 적보다 약하다고 여길 때 가용한 모든 병력을 동원해 적을 공격한다. (11) 내가 생각하기에 올바른 수순은 이와 정반대이다. 기병대장은 이길 것으로 예상될 때 자신의 모든 병력을 이용하는 것을 주저해서는 안 된다. 압도적인 승리를 후회 없이 거두려면 그래야만 한다. (12) 그러나 자신들보다 힘이 센 적을 습격하려고 할 때는, 최선을 다해 공격하기를 마치고 후퇴해야만 한다는 것을 사전에 안다면, 그런 경우에는 병력 전체를 동원하기보다 적은 수의 병력으로 공격하는 것이 훨씬 낫다. 대신 말과 기병은 최고의 것들이어야 한다. 그런 병력이라면 뭔가를 성취하고 위험 없이 후퇴할 수 있을 것이다. (13) 그러나 더 강한 적을 공격하는 데 모든 병력을 동원한다면 후퇴할 때 가장 느린 말에 탄 기병은 포로가 되고, 어떤 기병은 기마술이 부족해 말에서 떨어지며, 어떤 기병은 고르지 못한 땅을 만나 말에서 떨어진다. 넓은 땅에서 자신의 맘에 완전히 드는 땅을 찾기란 어렵다. (14) 게다가 많은 숫자 때문에 서로 부딪치고 가로막고 다치게 될 것이다. 그러나 그대가 특별히 예비 부대를 사용해 추격자들을 가까스로 겁을 먹게 한다면 훌륭한 말과 기병들은 달아나려고 노력할 것이다. (15) 가짜 매복 또한 이런 목적에 도움이 된다. 또한 아군이 갑자기 나타나 적의 추격을 늦출 수 있는 안전한 장소를 발견하는 것도 유용하다. (16) 또한 인내와 속도라는 점에서도 많은 수보다는 적은 수의 병력이 더 유리한 것은 분명하다. 그러나 단순히 숫자가 적다고 해서 기병의 인내와 속도가 높아질 것이라고 의미

---

17 《헬레니카》 제6권 5장 51절

하지는 않는다. 그보다는 말을 적절히 관리하고 스스로 현명하게 기마술을 연마하는 소수의 기병을 찾는 게 더 쉬울 것이다.

(17) 적과 동수의 숫자로 싸움이 붙었을 때는, 내 생각에는 연대를 두 개의 중대로 나누고, 하나의 중대는 연대장이 지휘하고, 다른 중대는 가용한 최고의 병사를 붙여 지휘하게 한다. (18) 뒤의 중대는 연대장의 중대를 잠시 뒤따를 것이고, 현재 적이 가까이 있다면 명령을 받아 방향을 바꾸어 적을 공격한다. 내가 생각하기에 이 계획은 연대의 공격을 더 위협적이고 막아내기 더 어렵게 만들 것이다. (19) 두 개의 중대는 부속된 보병대를 보유해야 한다. 그리고 보병대가 기병대 뒤에 숨어 있다 갑자기 나타나 적으로 향해 진격하게 되면 승리를 보다 결정적으로 만드는 결정적인 요인이 될 것이다. 뜻밖의 일은, 상황이 좋을 때는 사람의 기운을 돋우지만, 상황이 두려울 때는 망연자실하게 만드는 것을 나는 보았다. (20) 아무리 숫자가 많을지라도 매복에 걸려들었을 때는 충격을 받아 멍해지고, 서로 적대적인 두 개의 군대가 서로 맞붙었을 때 간계를 잘 쓰면 처음 며칠 동안 겁을 먹어 어쩔 줄 몰라 한다. 곰곰이 생각해 보면 누구나 이것이 사실이라는 것을 알 것이다.

(21) 이런 전술을 쓰는 것은 어렵지 않다. 그러나 오직 훌륭한 기병대장만이 방향을 바꾸어 적을 공격하는 현명하고 믿을 만하며 용기 있는 기병을 발견할 수 있다. (22) 기병대장은 말과 행동 모두에서 능력이 있어 부하들이 자신에게 복종하고, 그들의 지휘관을 뒷받침하며, 적을 향해 말을 달리는 것이 유익하다는 것을 깨닫도록 만들어야 한다. 그들의 마음속에 칭찬을 받으려는 열망을 불태우고 인내를 가지고 의도한 바를 실행할 수 있도록 해야 한다.

(23) 이제 기병대가 서로 마주보는 두 전열을 가르는 공터나 두 개의 전략 지점에서 방향을 바꾸고 추격하고 후퇴하느라 바쁘다고 가정하자. 그런 움직임을 마친 뒤에는 양쪽이 처음에는 느린 속도로 출발하지만 중간의 공터에서는 전속력으로 달리는 것이 일반적이다. (24) 그런데 기병대장이 처음에는 이런 식으로 하는 것처럼 속이다가, 나중에 방향 바꾸기와 추격과 후퇴를 전속력으로 한다면 적에게 최대의 손실을 주며, 아마도 최소의 손실을 입고 해낼 수 있을 것이다. 적이 그의 방어부대 가까이 있으면 전속력으로 추격을 하고, 적의 방어부대에서 전속력으로 후퇴하는 것을 통해 가능하다. (25) 게다가 최고의 말과 기병을 그의 뒤에 네댓 명 몰래 남겨 놓으면 기병대장이 방향을 바꾸어 새로운 공격을 할 때 적에게 덤벼드는 큰 이득이 있다.

9장

(1) 이 제안들은 두세 번 정도 읽는 것으로 충분하다. 그러나 기병대장은 항상 적절한 순간에 적절한 것을 생각해 내고, 현재 상황을 파악해 그에 비추어 적절한 것을 실행할 필요가 있다. 기병대장이 해야 할 모든 것을 기술하기란 앞으로 일어날 모든 것을 아는 것과 같이 불가능한 일이다. (2) 내가 지금껏 말했던 모든 것 중에서 가장 중요하게 생각하는 것은 이것이다. 그대가 무엇을 결정하든 그것의 최선의 결정이어야 하며,

그 최선의 결정이 꼭 실행되도록 해야 한다. 그대가 농부이든,[18] 선장이든, 사령관이든, 올바른 결정은 하늘의 도움을 입어[19] 충분히 실행되도록 단단히 조치를 취하지 않으면 열매를 맺을 수 없다.

　(3) 나아가 내 의견으로는 1천명의 기병대를 완전히 충원하는 일은 200명의 외국인 기병을 배치한다면[20] 시민에게 부담을 훨씬 덜 주면서 보다 빠르게 이루어질 수 있다고 본다. 왜냐하면 이 외국인 기병이 있으면 전체 군대의 규율을 높이고 서로 효율적으로 보이려고 경쟁하는 것을 부추길 수 있다고 믿기 때문이다. (4) 나는 라케다이몬 말의 명성은 외국인 기병을 받아들인 것과 함께 시작되었다고 알고 있다. 그리고 다른 모든 나라에서도 외국인 기병의 명성은 높다. 필요는 위대한 노력을 낳기 때문이다. (5) 기병대에 배속된 사람조차도 기병대에서 벗어나기 위해 기꺼이 돈을 내기 때문에, 외국인 기병이 탈 말을 마련하는 데 드는 비용[21]은 기병대에 복무하기를 강력히 반대하는 사람들이 부담하는 돈으로 마련될 것으로 믿는다. 또한 신체 조건이 맞지 않는 부자와 큰 땅을 소유한 고아[22]도 비용을 부담할 것으로 생각한다. (6) 또한 외국인 거주자 중에서 기병대에 가입된 것을 자랑스럽게 생각하는 사람들이 있다고 믿는다. 나는, 시민이 외국인 거주자에게 어떤 명예로운 의무에 참여

---

18 《오이코노미쿠스》 11장 8절
19 이 표현은 분명 이곳에 온다. 그리고 특별히 "신과 함께 행동하라."라는 금언(8절)과, 《수단과 방법》 끝부분과 비교하라.
20 200명의 용병이 1,000명이라는 총원에 포함되었을 것이다.
21 용병은 "설치비용"을 받지 않았을 것이다.
22 고아는 성년이 될 때까지 국가에 대한 부담에서 면제되었다. 따라서 면제되는 기간에 돈을 내달라고 요구를 해도 타당하다는 의미인 듯하다.

할 몫을 주었을 때마다 그들이 주어진 일에 기꺼이 참여하는 것을 목격했다. (7) 또한 나는 기병대에 부속된 보병대가 적에 대해 매우 심한 적대심을 품고 있는 사람들로 구성된다면 매우 효과가 좋을 것이라고 생각한다.

이 모든 것은 신들이 동의해 준다면 타당한 것들이다. (8) 누구든 신과 함께하라는 나의 거듭된 권고를 놀랍게 생각하는 사람이 있다면, 그런데 그가 자주 어려움을 만나고 전쟁 중에 적의 계략과 그 계략을 맞설 복안을 생각하지만 그것이 어떤 결과를 낳을지 좀처럼 알 수 없다면, 나는 그의 놀라워하는 감정을 누그러뜨릴 수 있다고 생각한다. (9) 그러므로 그런 상황들에서 조언을 줄 수 있는 존재는 신들 외에는 없다. 그들은 모든 것을 알고, 그들이 하기를 원하는 자들에게 희생제사, 징조, 음성, 그리고 꿈을 통해 경고한다.[23] 그리고 우리는, 신들은 필요할 때 무엇을 해달라고 요구하는 사람들뿐 아니라 그들이 번성할 때 있는 힘을 다해 신들을 섬기는 사람들에게 더 기꺼이 조언을 줄 준비가 되어 있다고 생각할 수 있다.

---

23 《소크라테스 회상》 제1권 1장 3절

기마술

파나테나이코 암포라 © The Metropolitan Museum of Art

1장

(1) 우리가 기병대에 오래 복무했고, 그 결과 기마술에 대해 잘 안다고 할 수 있으므로, 우리가 믿기에 말을 다루는 정확한 방법이라고 할 수 있는 것을 우리의 젊은 친구들에게 설명하고 싶다. 기마술에 관한 저술은 이미 시몬이 썼던 것이 사실이다. 그는 아테네에 있는 엘레우시니온에 청동으로 만든 말 동상을 봉헌했으며, 그 동상의 받침대에 자신의 공적을 부조로 기록한 인물이기도 하다. 그럼에도 우리는 그의 결론과 우연히 맞아떨어진 우리의 결론을 우리의 저술에서 삭제하지 않을 것이다. 오히려 우리의 결론은 기마술에 관한 전문가가 우리와 의견을 같이한다는 점에서 우리의 젊은 친구들에게 기쁨을 줄 것이다. 게다가 우리는 그가 빠트렸던 점을 모두 설명할 것이다.

먼저, 우리는 어떻게 하면 말을 살 때 속지 않을 수 있는지 그 최선의 방법을 알려 주려고 한다.

아직 길들이지 않은 수망아지를 고를 때는, 아직 사람이 등에 타지 않았어도 성질을 부리는 기미가 하나도 없어야 한다는 점이 유일한 기준인 것은 분명하다.

(2) 수망아지의 몸을 점검할 때는 제일 먼저 발을 보아야 한다. 집의 윗부분이 아무리 멋져 보일지라도 기초가 부실하면 쓸모가 없듯이, 전마(戰馬)는 다른 모든 부분이 괜찮을지라도 발이 나쁘면 쓸모가 없다. 발이 나쁘면 몸의 다른 좋은 부분을 도저히 쓸 수 없기 때문이다.

(3) 발을 점검할 때는 먼저 말발굽을 살펴야 한다. 말발굽이 얇지 않고 두껍다면 말의 발에 큰 차이를 만든다. 다음으로 말발굽이 앞쪽과 뒤쪽 모두 높은지 낮은지 살피는 것도 빠뜨리지 말아야 한다. 발굽이 높으면 우리가 제차(蹄叉/frog)라고 부르는 발굽 부분이 땅에서 높게 떨어져 위치하게 되지만, 발굽이 낮으면 사람의 평발과 같이 발의 가장 강한 부분과 가장 약한 부분이 동시에 지면에 닿은 채 걷게 된다. 게다가 말발굽 소리로 좋은 말을 확실히 가릴 수 있다고 시몬은 말했는데, 그의 생각이 옳다. 굽 안쪽이 움푹 들어간 말발굽 소리는 바닥을 칠 때 실로폰 같은 소리가 난다.

(4) 여기서 시작해 우리는 말의 신체 나머지 부분으로 계속해서 올라갈 것이다.

발굽 위의 발목과 구절(球節/fetlock) 아래의 뼈는 양의 구절처럼 너무 곧지 않아야 한다. 그런 발은 걷는 데 고통을 주고, 기수를 흔들리게 하며, 염증에 걸리기 쉽다. 구절 아래의 뼈가 너무 낮아서도 안 된다. 그렇게 되면 말이 흙덩이나 돌로 된 곳을 달릴 때 구절이 벗겨지거나 상처를 입는다.

(5) 정강이뼈는 몸의 기둥이기 때문에 두꺼워야[1] 한다. 그렇지만 살과 정맥으로 두꺼워서는 안 된다. 그렇게 되면 말이 딱딱한 지면을 달릴 때, 정맥이 가득 차 다리가 부풀게 되고 피부가 떨어져 나갈 것이다. 그리고 다시 피부가 오그라들 때 뼈가 부러져 절름발이가 되기 쉽다.

(6) 만일 수망아지가 걸을 때 무릎을 유연하게 구부린다면 달릴 때의 다리도 역시 유연할 것이라고 판단해도 된다. 모든 수망아지는 시간이 흐를수록 한층 더 유연하게 무릎을 구부리기 때문이다. 뻣뻣한 발보다 유연한 무릎이 발을 헛딛거나 쉬이 피곤해지지 않기 때문에 높은 평가를 받는 것은 당연하다.

(7) 어깨뼈 아래의 앞쪽 넓적다리는 사람의 경우와 마찬가지로 두꺼우면 힘이 세고 보기에도 좋다.

모양과 힘을 위해 적절한 너비의 가슴이 있는 것이 좋다. 그러면 다리가 겹치지 않게 잘 떨어져 있게 된다.

(8) 목은 수퇘지와 같이 아래쪽을 향해 매달려서는 안 되며, 수탉과 같이 볏을 향해 꼿꼿이 서 있어야 한다. 그러나 구부러질 정도로 유연해야 하며, 머리는 뼈가 비쳐야 하고, 뺨은 작아야 한다. 그래야 목이 기수를 보호하며 눈은 발밑에 있는 것을 볼 것이다. 그 외에도 그런 유형의 말은 달릴 때 힘이 가장 덜 들 것이며, 결코 다루기 힘들지 않을 것이다. 그런 말은 달리려고 할 때 목과 머리를 동그랗게 구부리는 것이 아니라 위로 꼿꼿이 뻗기 때문이다.

(9) 또한 두 개의 턱이 모두 부드러운지 딱딱한지, 아니면 한쪽 턱만

---

[1] "넓다(wide)"라는 말이 더 적절하다.

부드러운지 딱딱한지 확인해야 한다.

눈이 튀어나온 말이 들어간 말보다 더 기민해 보이며 시력 또한 좋다. (10) 콧구멍이 넓은 쪽이 좁은 쪽보다 더 수월하게 숨을 쉴 공간이 있으며 더 강하게 비쳐지기까지 한다. 말이 다른 말에게 화를 내거나 주인이 말을 화나게 하면 콧구멍을 팽창하기 때문이다.

(11) 큰 이마와 작은 키는 말의 머리 부분을 더욱 말답게 만든다.

말의 기갑(鬐甲/withers)이 높으면 기수가 더욱 편히 앉을 수 있고, 말의 어깨에 보다 강하게 밀착할 수 있다.

두 겹의 등은 한 겹의 등보다 앉기에 더 안락하며 보기에도 기분이 좋다.[2]

(12) 옆구리가 배 쪽으로 깊고 볼록하게 되어 있으면 기수가 더 탄탄하고 강하게 앉게 되며, 일반적으로 말의 영양 상태도 좋다.

허리 살이 넓고 엷게 분포되어 있으면 말은 더 수월하게 상반신을 들어 올린다. 그런 말은 배가 아주 작아 보이다. 말의 배가 크면 어느 정도 보기 흉하고 역시 어느 정도 약하고 어눌하다.

(13) 궁둥이는 반드시 넓고 살집이 있어야 하며 옆구리와 가슴의 비율이 맞아야 한다. 궁둥이 살이 골고루 탄탄하게 퍼져 있으면 훨씬 가볍게 달리고 속도가 빠르다.

---

2 두 겹의 등(double back)은 척추를 중심으로 양쪽으로 근육이 잘 발달한 상태를 말한다. 그렇게 되면 양쪽의 근육으로 인해 척추 부분이 들어가게 된다. 반면에 한 겹의 등은 산 모양으로 척추가 위로 돌출된 형태이다. 당연히 두 겹의 등을 한 말이 신체조건이 우월하다. 더군다나 당시는 안장이 없던 시기라서 두 겹의 등이 타기 더 편한 것도 당연하다. ― 역주

(14) 꽁무니가 넓게 벌어져 있으면 말은 역시 뒷다리를 배 아래로 넉넉하게 뻗을 수 있고, 그렇게 하면 자신을 더 맹렬하고 강하게 밀쳐, 달릴 때 최상의 능력을 발휘하게 된다. 사람의 운동에서도 이 원리를 유추할 수 있다. 땅에서 무언가를 들어 올리려고 할 때 사람은 다리를 모으기보다는 예외 없이 다리를 벌리고 들어 올리려고 한다.

(15) 말의 고환은 커서는 안 되지만 수망아지일 때 그것을 확인하기란 불가능하다.

우리가 말했던 말 아래의 비절, 정강이뼈, 구절, 발굽은 말 앞다리에도 그대로 적용된다.

(16) 또한 말의 크기를 판단할 때 어떻게 하면 가장 적게 실수할 수 있는지 설명하고 싶다. 태어날 때 정강이뼈가 가장 긴 수망아지가 가장 큰 말이 된다. 모든 네 발 달린 짐승은 시간이 지나도 정강이뼈가 가장 적게 자라며, 신체의 나머지 부분도 정강이뼈에 비례해 성장한다.

(17) 이 원리를 수망아지에 적용해 고른다면, 내 생각으로는 분명 좋은 말과 힘세고 근육이 많으며 잘생기고 좋은 크기의 수망아지를 얻게 될 것이다. 왜냐하면 못생긴 수망아지를 쓸모 있는 말로 만드는 것이 잘생긴 수망아지가 못생긴 말로 드러나는 것보다 훨씬 더 흔하기 때문이다.

2장

(1) 수망아지를 길들이는 데 필요한 방법을 알려 주는 것이 필요하다

고 생각하지는 않는다. 우리나라에서 기병대는 재산이 많고 정부에서 상당한 역할을 담당하는 사람들로 꾸려졌기 때문이다. 따라서 젊은이는 몸을 만들고 기마술을 익히는 것이 수망아지 조련사가 되는 것보다 낫다. 늙은이는 그의 가족과 친구, 국가와 전쟁에 헌신하는 것이 말을 조련하는 데 시간을 쓰는 것보다 낫다. (2) 따라서 나의 의견에 동의하는 사람은 당연히 수망아지를 조련사에게 보낼 것이다. 그래도 자녀를 도제로 보낼 때와 같이, 말이 조련을 마치고 돌아오면 습득해져 있어야 할 것들을 적어서 보내야 한다. 이런 목록들은 조련사가 돈을 받으려면 무엇을 가르쳐야 하는지 유념하게 만드는 유의사항 역할을 하게 될 것이다.

(3) 조련사에게 수망아지를 보낼 때는, 수망아지가 온순하고 말을 잘 들으며 사람을 좋아해야만 한다고 주의를 주어야 한다. 일반적으로 그런 일은 집에서 마부가 한다. 말이 홀로 있을 때 배고픔과 갈증, 파리들을 어떻게 대처해야 하는지, 말이 사람과 함께 있을 때 먹고, 마시고, 피로움을 어떻게 해소할지를 마부가 안다면 가능하다. 이런 환경이라면 망아지는 사람을 좋아할 뿐 아니라 갈망하기까지 한다. (4) 또한 말이 가장 아끼는 곳, 다시 말해서 털이 많은 부분이나 말이 불안을 느끼면 자신을 주체할 수 없는 곳을 만져 주어야 한다. (5) 마부에게 명령하여 말을 데리고 군중 속을 지나가게 해 온갖 종류의 시선과 소리에 익숙하게 만든다. 만약 말이 겁을 먹는다면 단호하게 말에게 아무것도 두려워하지 말고 진정하라고 가르쳐야 한다.

일반 시민에게 말 조련에 대한 가르침으로는 이상이 충분하다고 생각한다.

3장

(1) 기존에 사람을 태웠던 말을 고르는 경우를 위해, 우리는 구매자가 사기를 당하지 않으려면 반드시 숙지해야 할 사항들을 기술하려고 한다. 우선, 말의 나이를 확인하는 일에 실패하지 말아야 한다. 이에서 우윳빛이 모두 사라진 말은 더 기대할 것도 없거니와 쉽게 팔리지도 않는다.[3]

(2) 만약 조련이 끝나지 않은 어린 말이라면 입에 재갈을 어떻게 물고 귀에 굴레끈을 어떻게 매고 있는지 더 살펴야 한다.

(3) 다음으로 사람을 태웠을 때 어떻게 행동하는지 유심히 관찰해야 한다. 왜냐하면 사람을 태우면 어쩔 수 없이 일을 해야 한다는 것을 미리 아는 말들이 순순히 사람을 태우려고 하지 않는 경우가 많기 때문이다.

(4) 살펴야 할 또 다른 특징은, 말에 올라탔을 때 말이 동료들을 떠나려고 하는지, 서 있는 말들을 지날 때 갑자기 그들을 향해 달려가지 않는지 살펴야 한다. 마찬가지로 어떤 말은 잘못된 조련의 결과로 달리는 중에 갑자기 벗어나 집으로 향하는 길로 들어가는 경우도 있다.

(5) 턱의 강도가 좌우 고르지 못한 말은 윤승(輪乘/ring)[4]이라고 하는 운동을 통해 가려낼 수 있지만, 운동의 방향을 바꿈으로써 더욱 확실하게 가려낼 수 있다. 안 좋은 턱과 집으로 달려갈 수 있는 길의 방향

---

3 나이를 가늠하는 기준으로 이에 대한 지식은 가장 기초적이다.
4 볼테(volte)를 말한다.

기마술 215

이 같지 않은 이상, 말은 대부분 갑자기 달아나려고 하지 않는다.[5] 마찬가지로, 최고 속도로 달릴 때 말이 기꺼이 멈출 수 있는지, 그리고 기꺼이 방향을 바꾸려고 하는지 알 필요가 있다. (6) 또한 채찍에 맞아 흥분했을 때에도 기꺼이 복종하려는지 확실히 알아두는 것이 좋다. 복종하지 않는 하인과 군대가 쓸모가 없듯이, 복종하지 않는 말은 쓸모가 없을 뿐 아니라 종종 반역자처럼 행동하기 때문이다.

(7) 우리는 전마를 가정해 말을 사는 것이므로, 전쟁에서 검증되어야 하는 모든 점이 구매 시에 검증되어야 한다. 이 검증에는 배수로를 뛰어 건너는 것, 벽을 뛰어넘는 것, 제방을 향해 달려 올라가는 것, 제방에서 뛰어 내리는 것이 포함된다. 또한 언덕을 달려 오르내리고, 경사진 곳을 달리는 것도 시험해 보아야 한다. 이 모든 실험을 통해 말의 몸이 강하고 정신이 온전한지 확인할 수 있다.

(8) 그렇지만 이런 모든 시험을 완벽하게 통과하지 못했다고 해서 그 말을 반드시 사지 말아야 하는 것은 아니다. 많은 말이 능력이 부족해서 이 시험을 통과하지 못하는 것이 아니라 경험이 부족해서 그렇기 때문이다. 가르치고, 훈련하고, 길들임으로써 이 모든 훈련을 완벽하게 해낼 수 있다. 다른 점에서는 모두 온전하고 결함이 없다는 가정 하에서이다. (9) 그러나 태생적으로 겁을 잘 먹는 말도 있다는 점을 인식해야 한다. 겁이 많은 말은 적에게 피해를 줄 수 있는 기회를 이용할 수 없고, 종종 기수를 위에서 떨어뜨려 아주 곤란한 상황에 처하게 만들기 때문이다.

(10) 또한 말이 다른 말이나 사람에 대해 적의를 가지고 있는 것은

---

5 예를 들어, 집으로 가는 길이 오른쪽이고 말의 오른쪽 턱이 더 민감하다면 말은 갑자기 달아나려고 한다는 뜻이다.

아닌지, 또는 간지럼을 참지 못하는 것은 아닌지 확인할 필요가 있다. 왜냐하면 이 모든 것은 주인에게 골칫거리가 될 것이기 때문이다.

(11) 굴레를 씌우거나 올라타는 것을 거부하거나 그 외 다른 반응을 할 때, 계속해서 말의 자질을 확인할 수 있는 더 좋은 방법은 말을 타기 전에 했던 것과 동일한 것을 다시 시도해 보는 것이다. 일을 마친 후에도 또 일하려고 하는 말은 인내심이 충분하다는 증거로 충분하다.

(12) 정리하자면, 다리가 온전하고, 성질이 온화하고, 속도가 빠르며, 일을 견딜 의지와 체력이 있고, 무엇보다 복종적이라면 당연하게도 그 말은 전쟁에서 기수에게 문제를 가장 적게 일으키면서도 안전은 가장 높게 담보하는 수단이 된다. 그러나 게으르기 때문에 여러 번 채근해야 하고, 성질이 사납기 때문에 여러 번 구슬리고 조심해야 하는 말이라면, 기수가 끊임없이 수고해야 하고, 위험의 순간에 그에게서 확신을 빼앗아 간다.

4장

(1) 맘에 드는 말을 발견하고 그것을 사서 집으로 데려왔을 때는 주인이 말을 자주 볼 수 있는 곳에 마구간을 설치하는 것이 좋다. 또한 마구간을 꾸밀 때는 주인의 식품 저장고에서 음식을 훔쳐 가기 힘들게 하듯이, 말의 식량도 훔쳐 가기 힘들게 해야 한다. 이것을 소홀히 하는 사람은 내가 보기에 자기 자신을 소홀히 하는 것 같다. (2) 잘 보호된 마구간은 도둑으로부터 식량을 지킬 뿐만 아니라 말이 사료를 마구 흩트

려 놓는 것을 막기도 한다. 그리고 말이 사료를 흘리면 말의 몸에 피가 너무 많거나 휴식이 필요하거나, 아니면 배앓이를 하거나 병이 들었다고 확신할 수 있다. 사람의 경우와 같이 말도 마찬가지다. 모든 병은 만성이 되어 잘못 치료되었을 때보다 초기 단계에서 훨씬 잘 치료된다.

(3) 말의 신체가 건강하기 위해서 음식과 운동에 신경을 써야 하는 것처럼, 말의 발에도 관심을 기울여야 한다. 축축하고 미끄러운 바닥은 모양이 좋은 발굽도 망가뜨린다. 바닥이 축축하지 않기 위해 바닥의 습기를 쓸어내릴 정도로 경사가 있어야 하고, 미끄럽지 않기 위해서는 돌로 포장을 해야 하는데, 각 돌은 말굽 크기 정도여야 한다. 그런 바닥은 그 위에 서는 말의 발을 단단하게 하는 또 다른 이점이 있다.

(4) 다음으로, 마부는 말을 이끌고 나가 깨끗하게 씻겨야 하고, 아침을 먹인 뒤 마구간에서 데리고 나와 저녁에 밥을 맛있게 먹을 수 있도록 식욕을 돋운 뒤 데리고 들어가야 한다. 그리고 주먹 만한 크기에 453그램 정도의 돌을 마차 4~5대 분량 흩어지지 않도록 마구간 마당에 철제 테두리를 만들어 뿌리면 말의 다리가 한층 튼튼해질 것이다. 그 돌들 위에 서는 것은 매일 일정 시간 돌길을 걷는 것과 같은 효과가 있을 것이다. 빗질을 받거나 파리에게 괴롭힘을 당할 때에도 말은 굽을 사용하려고 할 것이다.

굽을 단단하게 했던 것과 마찬가지로 딱딱한 턱도 부러지지 않도록 주의를 기울여야 한다. 이것은 사람의 몸을 부드럽게 하는 데 쓰는 것과 같은 방법으로 할 수 있다.

5장

(1) 우리의 생각으로, 좋은 기수는 말을 가르치는 것과 같은 식으로 마부를 가르쳐야 한다.

첫째로, 마부는 말의 굴레끈이 달린 지점에 고삐를 매지 말아야 하는 것을 알아야 한다. 말의 귀 주위로 고삐가 떨어져 있지 않으면 말은 종종 고삐를 향해 머리를 비빌 것이며, 그 결과 종종 고통을 느낄 것이다. 그리고 귀 주위에 통증이 있다면 말은 굴레를 씌우거나 빗질을 할 때 가만 있지 못할 것이다. (2) 마부에게는 또한 말똥과 쓰레기를 매일 일정한 곳에 버리도록 명령해야 한다. 그렇게 함으로써 오물을 가장 쉽게 치우고 동시에 말을 편하게 한다. (3) 마부는 또한 말의 털을 빗기거나 말이 누워 뒹구는 곳으로 데려갈 때 말의 입에 마개를 씌울 줄 알아야 한다. 사실 그는 말에 굴레를 씌우지 않고 가는 곳이라면 어디든 입마개를 해야 한다.[6] 입마개는 숨 쉬는 것을 방해하지 않으면서도 말이 무는 것을 막을 수 있으며, 나아가 입마개를 하면 말의 악한 기도를 사전에 막을 수도 있다.

(4) 마부는 말을 머리 위쪽에서 묶어야 한다. 말의 얼굴에 불편한 것이 있으면 말은 본능적으로 머리를 위로 발딱발딱 쳐들어 치우려 한다. 말을 이렇게 묶으면 말이 고개를 쳐들더라도 고삐가 끊어지지 않고 대신 느슨해진다.

(5) 말의 털을 빗길 때는 머리와 갈기에서 시작해야 한다. 말의 윗부

---

6 몇몇 그리스 꽃병에 말 입마개의 모양이 나온다. 그리스 말은 곧잘 물곤 했다.

분이 깨끗하지 않으면 아랫부분은 다듬기 게을리한다. 다음으로 몸의 나머지 부분을 다듬을 때는 모든 손질 도구를 사용해 털을 세우고[7] 털이 놓인 방향으로 빗겨 먼지를 제거해야 한다. 그러나 등뼈에 있는 털에는 어떤 도구도 대지 말고 원래 자란 방향대로 손으로 문지르고 매만져야 한다. 그렇게 하면 기수가 앉는 자리가 가장 덜 상처를 입을 것이다.

(6) 마부는 말의 머리를 물로 잘 씻어야 한다. 뼈가 드러나기 때문에 철이나 나무를 사용해 씻기면 상처를 입는다. 마부는 또한 앞갈기를 물로 적셔야 한다. 털이 다발로 되어 있는 이 부분은 길이가 꽤 길어도 말의 시야를 가리지 않는다. 그러나 시야를 가릴 염려가 있는 것은 무엇이든 없애는 것이 좋다. 우리는 신들이 나귀와 노새에게 눈을 보호하기 위해 긴 귀를 주었지만 말에게는 앞머리를 주었다는 것을 알아야 한다. (7) 마부는 또한 꼬리와 갈기를 씻어야 한다. 꼬리가 최대한 길게 닿도록 장려하고 말을 불안하게 만드는 것은 무엇이든 없애기 위해서이다. (8) 이 외에 갈기, 앞머리, 꼬리는 신들이 말에게 장식으로 준 것들이다. 그 증거로, 무리를 지어 있는 번식용 암말은 갈기가 훌륭하다면 주위에 있는 노새와 교미하기를 싫어한다.[8] 그런 이유로 모든 노새지기는 교미를 시키기 위해 암말의 갈기를 잘라낸다.

(9) 다리를 씻는 것은 피해야 한다. 발굽이 매일 물에 젖으면 상할 수 있다. 배꼽 아래쪽의 과도한 세척도 줄여야 한다. 너무 깨끗하게 하면 오히려 말이 매우 불안해하고, 더 깨끗하게 할수록 말에게 안 좋은 것을

---

7 이 가르침은 약간 모호하다.
8 주석가들은 그리스인의 이 믿음에 오류가 있다고 본다.

배꼽 아래에 더 많이 모으게 된다.⁹ (10) 그리고 이런 모든 고통을 감수하고서 청소를 할지라도, 밖에 나가자마자 씻지 않은 동물과 꽤 똑같이 보일 것이다. 따라서 이런 일들은 생략해야 하며, 말의 다리를 빗기는 것도 맨손으로 충분하다.

6장

(1) 이제 우리는 말의 다리를 빗질 할 때 어떻게 하면 사람에게 가장 위험이 없고 말에게 가장 유익한지를 설명할 것이다. 만약 마부가 말과 같은 방향에서 말을 청소한다면, 그는 말의 무릎과 굽에 얼굴을 가격 당할 위험이 있다.¹⁰ (2) 하지만 마부가 말과 반대 방향에 있고, 청소할 때 말의 다리가 닿지 않는 어깨 옆에 앉아서 빗질을 한다면, 마부는 아무런 피해를 입지 않게 되고, 말굽을 들어 올림으로써 말의 제차도 청소할 수 있게 된다.¹¹ 뒷다리도 똑같은 방법으로 청소하면 된다. (3) 말 근처에서 일하는 사람은 말을 손질하거나 다른 일을 할 때 말의 머리나 꼬리로부터 접근하는 것을 극도로 꺼려야 한다. 말이 적의를 가지고 있다면 이 두 방향 모두에서 사람을 공격할 힘이 있다.

---

9 세척한 부분이 충분히 마르지 않았음을 보여 준다. 말리는 데 효과가 있는 천이 사용되지 않았다.
10 앞발을 닦는 내용이 뒤에 이어질 것이나, 그것이 본문에서 빠졌음이 분명하다.
11 서론에서 언급한 꽃병에는 마부가 말의 밑에서 같은 방향으로 쭈그리고 앉은 채 제차를 점검하고 있다.

(4) 그러나 마부가 옆에서 접근한다면 위험을 최소화하면서도 최선의 방법으로 말을 관리할 수 있다. 말을 끌 필요가 있을 때는 이런 이유로 말을 뒤쪽으로 끌어서는 안 된다. 그렇게 되면, 말은 원하는 것은 무엇이든 할 수 있게 되면서도 말을 끄는 사람은 자신을 돌보는 데 최소한의 상태가 된다. (5) 다른 한편으로, 우리는 다음과 같은 이유로 말을 앞에서 끌고 훈련을 위해 장거리를 가는 것을 반대한다. 말은 원하면 좌우어느 쪽이든지 잘못 행동할 수 있는 힘이 있고, 방향을 바꾸어 이끄는 사람과 마주 대할 수 있는 힘이 있다. (6) 그리고 여러 말을 한꺼번에 끌고 간다면 말들이 서로 엉키는 것을 어떻게 막을 것인가? 그러나 옆에서 끄는 것에 익숙해진 말은 말이나 사람에게 해를 줄 여력이 가장 없을 것이고, 만약 기수가 빨리 올라타려 한다면 가장 편리한 자세가 될 것이다.

(7) 재갈을 적절하게 물리기 위해 마부는 먼저 말의 주위로 접근해야 한다. 그런 다음 말의 머리 위로 고삐줄을 던져 견갑 위에 놓고, 오른손으로 굴레끈을 들어 올리고 왼손으로 재갈을 물린다. 만약 말이 재갈을 문다면 당연히 굴레도 씌워야 한다. (8) 만약 말이 입을 열기를 거부하다면, 마부는 말의 이에 재갈을 대고 왼쪽 엄지손가락을 말의 턱으로 밀어 넣어야 한다. 이렇게 하면 대부분의 말은 입을 열지만, 만약 말이 계속 거부하면 입술을 잡아당겨 어금니 쪽으로 바싹 붙여야 한다. 이런 식으로 다루면 저항하는 말이 아주 드물다. (9) 마부에게는 또한 다음 사항을 가르쳐야 한다. 첫째, 절대로 고삐줄 한쪽만 가지고서 말을 끌지 말아야 한다. 그랬다간 말의 한쪽이 아주 다루기 힘들게 된다. 둘째, 재갈과 턱 사이의 거리가 적정해야 한다. 재갈이 너무 높으면 입을 꽉 조여 감각을 잃게 만들고, 너무 낮으면 말이 이빨로 그것을 물어 말을 듣지

않게 된다. (10) 마부는 또한 다음과 같은 점에 주목해야 한다. 말이 일을 해야 할 때 재갈을 쉽게 물지 않으려고 하는가? 사실 재갈을 쉽게 물려는 의지는 매우 중요해 그것을 거부할 때는 말로써 아주 쓸모가 없다. (11) 그러나 말이 달릴 때뿐 아니라 음식을 먹으려고 이끌려 갈 때, 운동을 마치고 집으로 갈 때도 굴레를 쓴다면, 재갈이 주어질 때 자발적으로 재갈을 무는 것은 전혀 놀랄 일이 아니다.

(12) 마부는 그의 주인이 병이 들거나 나이가 많은 경우 편안하게 말에 오를 수 있도록 페르시아식[12] 말 오르는 법을 알아 두는 것이 좋다. 또는 친구에게 다른 사람을 말에 오르게 부탁할 때도 필요하다.

(13) 말을 다룰 때에 으뜸이 되는 규칙과 실천은 절대로 화난 상태로 말에게 가지 말라는 것이다. 화는 무분별한 것이며, 후회할 짓을 사람이 종종 저지르게 만들기 때문이다.[13] (14) 게다가 말이 어떤 것을 무서워해 그것에 가까이 가지 않는다면 전혀 무서워할 필요가 없다고 말에게 가르쳐야만 한다. 그 방법으로는, 용기 있는 말의 도움을 받거나(가장 확실한 방법이다.), 아니면 무섭게 보이는 물체를 사람이 직접 만짐으로써 온화하게 말을 그것으로 이끈다. (15) 말을 때려서 억지로 이끌고 가면 말에게 공포심만 높일 뿐이다. 말이 그런 곤란한 상황에서 고통을 느낀다면, 그것 역시 무서워하는 것 때문에 초래되었다고 생각하기 때문이다.

(16) 마부가 말을 주인에게 데려올 때, 주인이 말에 편안하게 오르도록 마부가 말을 구부리게 할 줄 안다면 우리는 아무런 이의를 제기할 수 없다. 그렇지만 기수는 말의 도움이 없이도 말에 오르는 것에 익숙해

---

12 《기병대 사령관》 1장 17절
13 《헬레니카》 제5권 3장 7절

져야 한다. 왜냐하면 기수는 때에 따라 다른 말을 타기도 하고, 같은 마부가 항상 같은 식으로 도와주는 것도 아니기 때문이다.

7장

(1) 이제 우리는 말을 인계받아 말에 올라타려 할 때 기수가 해야 할 것들과, 달리기를 통해 말과 기수의 역량을 최대로 발휘하려면 무엇을 해야 하는지를 기술할 것이다.

첫째, 기수는 턱끈이나 코끈에 매달려 있는 고삐줄을 왼손에 쥐되, 귀 주위에 있는 갈기를 붙잡고 오르거나 창을 땅에 짚고 오르려고 할 때 말을 획 잡아당기지 않을 만큼 느슨하게 쥐어야 한다. 그리고 오른손으로는 갈기를 따라 기갑 옆에 고삐줄을 쥐어 말에 오를 때 재갈로 말의 입을 획 움직이지 않도록 한다. (2) 기수가 말에 오르기 위해 도약할 때 그는 왼손으로 몸을 들어 올려야 하며 동시에 오른손을 바깥으로 뻗어야 한다. 그렇게 하면 말의 구부린 모습을 뒤에서 보더라도 어색하지 않다. 기수는 또한 무릎을 말의 등에 닿지 말아야 하지만, 오른발은 오른쪽으로 뻗어야 한다. 발을 뻗은 뒤에는 엉덩이를 말의 등에 내려놓아야 한다.

(3) 기수가 왼손으로 말을 인도하고 오른손에는 창을 쥐어야 하는 경우라면, 오른쪽 방향에서 말에 오르는 것을 연습하는 것이 좋다. 이 목적을 위해 그가 배워야 할 모든 것은, 그가 신체 오른쪽으로 했던 경우의 것들을 신체 왼쪽으로 하는 것이다. 반대의 경우도 마찬가지다. (4)

우리가 또한 이 승마법을 추천하는 이유는 갑작스러운 적의 출현에 맞서 말에 오르자마자 싸울 준비가 되어야 하는 상황도 있기 때문이다.

(5) 말에 올라탔을 때는, 그게 말의 맨 등에 올랐든 아니면 천을 깔고 올랐든 간에 의자에 앉는 것처럼 앉지 말고 마치 양쪽 다리를 벌리고 똑바로 서 있는 것처럼 앉아야 한다.[14] 이렇게 하면 넓적다리로 말을 보다 잘 쥘 수 있고, 직립 자세는 필요하다면 말 등에서 창을 더 세게 던지고 적을 더 힘 있게 칠 수 있다.

(6) 발을 포함한 하퇴(下腿) 부분은 헐거워야 하며 무릎으로부터 자유로워야 한다. 만약 다리가 꽉 조여 있으면 어떤 물체와 부딪쳤을 때 부러지기 쉽다. 반면 느슨하게 되어 있으면 충격에 움츠러들 것이지만 넓적다리의 자세는 전혀 흐트러지지 않을 것이다. (7) 기수는 또한 엉덩이 윗부분을 될 수 있는 한 유연하게 하는 데 익숙해져야 한다. 이렇게 하면 피로를 잘 견딜 수 있고 앞으로 쏠리거나 뒤로 밀릴 때 덜 튕겨져 나간다.

(8) 말에 타자마자 기수는 먼저 아래에 치워야 할 것들을 옮기고, 고삐줄을 균등하게 쥐고, 창을 가장 편리한 자세로 쥐기까지 말이 조용히 서 있도록 가르쳐야 한다. 그런 다음 왼쪽 팔을 자신에게 가까이 오도록 한다. 이렇게 하면 기수가 가장 멋져 보일 것이며 손은 가장 힘이 셀 것

---

14 기마 자세를 말한다. "나는 크세노폰이 기수는 극단적인 직립 자세(fork seat)를 취해야 한다고 의미했다고 이해하는 비평가들이 잘못되었다고 생각한다. 그런 자세는 아주 단순한 안장 밖에 없는 그리스에서는 아주 불안정한 자세일 뿐 아니라, 대리석 그림에서 나타나는 우아하고 확고한 자세와도 일치하지 않는다." E. L. 앤더스 《승마》 (배드민턴 시리즈).

이다. (9) 고삐줄은 좌우 같은 힘으로 약하거나 미끄럽지 않으며 필요할 때 같은 손에 창을 쥘 수 있도록 두껍지 않기를 추천한다.

(10) 말에게 앞으로 가라고 지시할 때는 걷기부터 시작해야 동요의 여지를 미연에 방지할 수 있다. 만약 말이 머리를 너무 낮게 하면 기수는 손을 높이 쥐어야 하고, 말의 머리가 너무 높을 경우에는 낮게 쥐어야 한다. 이렇게 하면 가장 멋진 승마 자세를 갖출 것이다. (11) 그런 뒤 말이 속보에 들어가면 몸을 가장 편한 형태로 늘어뜨려 달릴 수 있는 최선의 상태가 된다. 그리고 왼쪽부터 시작[15]하는 것이 더 많이 쓰는 방법이므로, 이쪽부터 시작하는 것이 가장 좋다. 따라서 말이 속보하면서 오른쪽 앞을 디디는 순간에 달리라는 신호를 내리면 된다. (12) 그리고 말이 왼쪽 발을 들고 기수가 왼쪽으로 말을 틀자마자 즉시 달리기를 시작할 것이다. 왜냐하면 말이 오른쪽으로 향할 때는 오른쪽으로 이끌고, 왼쪽으로 향할 때는 왼쪽으로 이끄는 것이 자연스럽기 때문이다.[16]

(13) 우리는 권승(券陞/ring)[17]이라는 연습을 추천한다. 그 연습은 말이 양턱으로 도는 것을 익숙하게 만든다. 또한 훈련을 바꾸어[18] 양턱을

---

15 왼쪽으로 이끄는 것이 말에게 자연스럽다. 그러나 파르테논 신전의 그림은 오른쪽으로 이끄는 것으로 나와 있다. 그리스인은 실제로 하지 않았던 것을 예술에서 많이 표현했다.
16 크세노폰의 관찰력이 뛰어나다는 명확한 증거다. 말이 오른쪽 앞다리로 속보를 시작하면 뒷다리는 말이 왼쪽 방향으로 전속력 달리기를 할 장소에 위치하게 되고 말은 왼쪽 앞다리를 박차고 나가게 된다.
17 문자 그대로는 "페터(fetter)"를 의미한다. 오래된 영어로는 "링(ring)"이라고 하고, 지금은 "볼테(volte)"라고 한다.
18 다른 쪽 손으로 달리는 것을 말한다. 이것은 볼테의 일부가 아니다.

양방향으로 훈련하는 가운데 동일하게 훈련되어질 수 있도록[19] 하는 것도 좋다. (14) 우리는 완전한 원형이 아닌 타원형 사각형을 추천한다. 왜냐하면 말이 일정 거리를 직선으로 가면 더 기꺼이 방향을 바꾸려고 하고, 직선과 곡선을 동시에 훈련할 수 있기 때문이다. 곡선에서는 말을 잡아당길 필요가 있다. (15) 빠른 속도로 갈 때 급하게 꺾는 것은 쉽지 않을 뿐더러 말에게 안전하지 못하다. 특별히 땅이 고르지 못하거나 미끄러울 때 그렇다. (16) 말을 잡아당길 때는 재갈로 말을 최대한 적게 기울여야 하며, 마부도 자신의 몸을 최대한 적게 기울어야 한다. 그렇지 않으면 이런 하찮은 것 때문에 말과 기수가 넘어질 수 있다. (17) 말이 곡선을 지나 직선에 들어서면 말의 속도를 즉시 높여야 한다. 물론 전쟁에서는 추격이나 퇴각 시 방향 전환을 한다. 따라서 방향 전환을 한 뒤 속도를 높이는 훈련을 하는 것이 좋다. (18) 말이 훈련을 충분히 한 것 같으면 일정 시간을 쉬도록 하는 것이 좋다. 그런 뒤 말에 갑자기 올라타서 속도를 높인다. 물론 다른 말들을 향해서가 아니라 벗어나는 방향으로 한다. 그리고 직선거리의 중간쯤에서 최대한 속도를 늦춘다. 그런 뒤 방향을 돌리고 처음부터 다시 시작한다. 이것이든 저것이든 할 필요가 있을 때가 분명 올 것이다.

(19) 말에서 내릴 때는 절대로 다른 말들이 모여 있는 곳이나, 사람들이 모여 있는 근처나 훈련장 바깥에서 내려서는 안 된다. 말이 일하도록 시켰던 곳이 쉬도록 보상받는 곳이 되도록 해야 한다.

---

[19] 어느 쪽 손에 이끌려 달리든 양턱이 동일한 감각을 느낄 수 있게 하기 위해서이다.

8장

　(1) 말은 언덕을 자주 올라갔다 내려갔다 해야 하며, 경사를 따라 전속력으로 달려야 하며, 뛰어넘고 뛰어오르거나, 여러 번에 걸쳐 뛰어내려야 할 것이므로, 기수는 이 모든 상황을 훈련해야 한다. 그렇게 함으로써 말과 기수는 좀 더 잘 도울 수 있고, 둘 다 더 능숙하다고 느낄 것이다.

　(2) 누군가는 우리가 이미 다루었던 문제들을 말하고 있기 때문에 이야기를 반복하고 있다고 생각할지 모른다. 하지만 이것은 반복이 아니다. 우리는 말을 살 때 이것들을 할 수 있는지 시험해 보기를 추천했었다. 그러나 이제 우리는 기수가 그의 말을 가르쳐야 한다고 말한다. 그리고 어떻게 가르칠지를 알려 줄 것이다.

　(3) 뛰어넘는 것을 전혀 모르는 말이 있다면, 기수는 먼저 고삐를 느슨하게 쥐고 자신이 먼저 도랑을 넘어야 하고, 그 다음에 말이 뛰어넘도록 고삐를 당겨야 한다. (4) 만약 말이 거부하면 다른 사람을 시켜 막대기나 채찍으로 할 수 있는 한 세게 때려야 한다. 그러면 필요한 거리 이상으로 뛰어넘을 것이다. 그러면 장차 말을 때릴 필요도 없을 것이다. 사람이 뒤에 오는 것만 봐도 뛰어넘을 것이기 때문이다. (5) 이런 식으로 뛰어넘는 것에 익숙해지면 즉시 좁은 개울에서 시작해서 넓은 개울로 뛰어넘는 시도를 옮겨 간다. 그리고 말이 갑자기 뛰어넘어야 할 때는 박차를 가해야 한다. 비슷하게 박차를 가해 뛰어오르고 뛰어내리는 것을 가르쳐야 한다. 말이 이 모든 것을 몸에 익혔을 때는, 뛰어넘거나 위로 갑자기 뛰어오르거나 아래로 뛰어 내려가야 하는 데서 말의 뒷몸이 꾸

물거릴 때보다 말과 기수 모두에게 더 안전하다.

(6) 언덕을 내려가는 것은 먼저 부드러운 땅에서 가르쳐야 한다. 그리고 마침내 이것이 익숙해지면 보통 구보로 언덕을 오르는 것보다 내려가는 것을 더 기꺼이 하려고 할 것이다. 만약 달려 내려오기 때문에 말의 어깨뼈가 탈골될 것이 두렵다면, 페르시아인과 오드뤼사이인은 모두 언덕을 달려서 내려오지만 그리스인처럼 말을 온전히 관리한다는 사실을 이해한다면 마음이 편할 것이다.

(7) 우리는 어떻게 하면 기수가 이 모든 움직임에 익숙해질 수 있는지를 설명하기를 빠뜨리지 않을 것이다. 만약 말이 갑자기 튀어 오른다면 기수는 몸을 앞으로 숙여야 한다. 그렇게 하면 말이 미끄러지거나 기수를 내팽개칠 가능성이 적다. 그러나 말을 급격하게 속도를 늦추려고 할 때는 몸을 뒤로 젖혀야 한다. 그러면 덜커덕 움직이는 것이 덜할 것이다. (8) 도랑을 뛰어넘거나 언덕을 오를 때는 말의 갈기를 잡는 것이 좋다.[20] 그러면 말이 굴레와 달리는 땅의 어려움을 동시에 겪지 않는다. 급한 경사를 내려갈 때는 몸을 뒤로 젖히고 굴레로 말을 지탱해야 한다. 그래야 기수와 말이 아래로 곤두박질하지 않는다.

(9) 또한 어떨 때는 한 곳에서, 어떨 때는 다른 곳에서, 어떨 때는 길게, 어떨 때는 짧게 말을 훈련시키는 것이 옳다. 그렇게 하면 항상 같은 곳에서 같은 시간 훈련하는 것보다 말에게 짜증이 덜하다.

(10) 기수는 온갖 종류의 땅을 최고 속도로 달릴 때 확고하게 말에 앉아 있어야 하고, 말 위에서 무기를 쓸 줄 알아야 하므로, 사냥하기에

---

20 물론 현대의 기수는 이것을 인정하지 않을 것이다.

적합한 땅에서 사냥을 통해 기마술을 연습하고, 큰 사냥 대회를 개최하는 것을 추천한다. 이런 조건이 충족되지 않는다면 두 명의 기수가 짝을 이루어 훈련하는 것도 좋은 방법이다. 한 사람은 말을 타고 온갖 종류의 땅을 달리면서 퇴각한다. 그는 창을 거꾸로 해서 창끝이 뒤를 향하게 한다. 다른 사람은 투창의 끝을 동그랗게 감싸고 창은 같은 위치에 쥐고서 추격을 한다. 투창을 던질 수 있는 거리까지 추격하면, 뭉뚝해진 투창으로 상대를 맞추려고 하고, 만약 창을 쓸 수 있을 정도로 가까워졌다면 창으로 상대를 때린다. (11) 근접전의 경우에는, 적을 자기 쪽으로 끌어당기다 갑자기 그를 뒤로 밀치는 것도 좋은 계획이다. 왜냐하면 그렇게 하는 것이 적을 말에서 떨어뜨리는 방법이기 때문이다. 끌어당겨지고 있는 사람이 취해야 할 올바른 방법은 그의 말이 앞으로 가도록 재촉하는 것이다. 그렇게 하면 끄는 사람이 끌어당겨지는 사람보다 더 쉽게 말에서 떨어진다.

(12) 적의 주둔지가 앞에 있고 소규모 기병전이 벌어져 한쪽이 추격하여 적의 전열 가까이까지 밀어붙인 뒤 서둘러 본대를 향해 퇴각한다면, 만약 아군이 근처에 있다면 먼저 방향을 바꾸어 전속력으로 적을 향해 가는 것이 적절하고 안전한 방법이라는 것을 아는 것이 좋다. 그러나 적에게 접근할 때는 말을 마음먹은 대로 확실히 움직일 수 있어야 한다. 이것이 자신은 피해를 입지 않으면서 적에게 피해를 주는 최선의 방법이다.

(13) 신들은 임무에 대해 다른 사람을 말(言)로 가르칠 수 있는 힘을 주었지만, 말(馬)에게는 말로 가르칠 수 없다는 사실은 분명하다. 그러나 원하는 대로 행동했을 때 말에게 보상을 하고, 복종하지 않을 때 처벌한

다면, 말은 자기가 해야 할 임무를 가장 잘 배울 것이다. (14) 이 규칙은 단어 몇 개로 말할 수 있지만 적용은 모든 기마술에 가능하다. 예를 들어, 재갈을 물자마자 말에게 좋은 일이 생긴다면 말은 더욱 기꺼이 재갈을 물려 할 것이다. 또한 시킨 것을 실행하자마자 휴식이 주어질 것이라고 기대할 수 있다면, 말은 뛰어넘거나 뛰어오르는 모든 행동을 당연히 실행할 것이다.

9장

(1) 지금껏 우리는 어떻게 하면 말을 사는 데 사기당하지 않고, 어떻게 말을 이용하면 망가뜨리지 않는지, 어떻게 하면 전투 기병대원에게 필요한 모든 자질을 말에게 전수할 수 있는지 언급하였다. 이제는 아마도 너무 성질이 급하거나 너무 느릿느릿한 말을 교정할 방법을 알려 줄 차례다.

(2) 우선, 말의 기질은 사람의 분노와 정확히 같은 것이라고 인식할 필요가 있다. 따라서 어떤 사람이 불쾌하게 여기는 어떤 것도 말하거나 행동하지 않으면 그 사람을 화나게 하지 않듯이, 성깔 있는 말을 괴롭히는 것을 삼간다면 말의 분노를 불러일으키지 않을 것이다. (3) 따라서 말에 올라탈 때는 말이 최대한 걱정하지 않도록 주의를 해야 하며, 말에 올라탔으면 보통 때보다 더 길게 말을 차분하게 세워 두어야 하고, 그런 뒤에 가장 온화한 방법으로 가라고 지시해야 한다. 그런 뒤 아주 느린 속도로 걷다가 마찬가지로 온화한 방법으로 속도를 높여야 한다. 그러면

말이 빠르게 움직이는 것으로 바뀌는 것을 인식하지 못할 것이다. (4) 갑작스러운 시각, 소리, 감각이 사람을 당황하게 하듯이, 갑작스러운 신호는 성깔 있는 말을 당황하게 만든다. 말은 또한 무엇이든 갑작스러운 것에 동요한다는 것을 아는 것도 중요하다. (5) 만약 성깔 있는 말이 너무 빨리 달리는 것을 교정하고 싶다면 말을 갑자기 당기지 말고 재갈로 그를 조용히 제지하면서 조용히 걸으라고 강요하지 말고 부드럽게 달래야 한다. (6) 자주 방향을 바꾸는 것보다 장거리를 달리는 것이 말의 성질을 차분하게 만든다. 그리고 조용히 달리면 말을 달래는 것이 오래 지속되며, 성깔 있는 말을 조용하게 하며, 그를 흥분시키지 않는다. (7) 그러나 짧은 거리를 여러 번 달려 말을 지치게 함으로써 그를 차분하게 할 수 있다고 생각한다면, 그는 사실과 반대로 생각하고 있다. 그런 경우 성깔 있는 말은 힘을 최대한 끌어올려 흥분한 상태에서 분노한 사람이 하듯이 종종 자신과 기수에게 회복할 수 없는 부상을 많이 입힌다. (8) 기질 있는 말은 최고 속도를 내는 것을 막아야 하며, 당연히 다른 말과 경주를 하는 것도 피해야 한다. 가장 성깔 있는 말이 가장 승부욕이 강하다.

(9) 재갈은 딱딱한 것보다는 부드러운 것이 더 적합하지만, 딱딱한 것을 써야 한다면 고삐의 도움을 받아 부드럽게 보이게 해야 한다. 또한 기질 있는 말은 등에 차분히 앉아 있는 것에 익숙해지도록 하는 것이 좋다. 그리고 편안하게 앉게 해주는 곳 이외의 부분은 최대한 적게 만지는 것이 좋다.

(10) 또한 말은 휘파람 소리로 차분해지고, 혀를 쯧쯧 차는 소리로 흥분할 수 있게 가르칠 수 있다는 사실을 알아야 한다. 그리고 처음부

터 혀로 차분하게 하고 휘파람으로 흥분하게 했다면, 말은 휘파람 소리에 흥분하고 혀 소리에 차분해질 것이다. (11) 따라서 만약 함성이 들리고 나팔소리가 울린다면 당신이 동요하는 모습을 말에게 절대로 보여서는 안 되며, 어떤 것으로든 말을 동요하게 해서는 안 된다. 오히려 그런 상황에서도 가능한 그를 쉬도록 해야 하며, 기회가 된다면 아침이나 저녁밥을 먹이도록 한다. (12) 하지만 우리가 줄 수 있는 최고의 조언은 기질 있는 말은 전쟁에 쓰지 말라는 것이다.

느려 빠진 말에 대해서는 기질 있는 말에 했던 조언과 반대되는 것을 모두 실천하라고 말하면 충분할 것이다.

10장

(1) 만약 쓸모 있는 전마를 더욱 당당하게 보이게 하고 달릴 때 더욱 돋보이게 하려면, 재갈을 그 입에 물리는 것을 피하고, 보통 사람들이 말을 더욱 돋보이게 할 것이라고 생각하는 박차나 채찍을 사용하는 것을 피해야 한다. 사실 이것들은 의도한 것과 반대되는 결과를 낳는다. (2) 말의 입을 위로 당기면 말은 앞을 보기는커녕 아무 것도 보지 못하게 된다. 그리고 채찍질하고 박차를 가하면 말은 당황한 나머지 요동치게 되고 결국 위험에 빠진다. 이것이 사람을 태우기를 강력히 거부하고 볼품없고 꼴사납게 행동하는 말의 특징이다. (3) 그러나 느슨한 굴레로 가기를 가르친다면, 말의 목을 위로 하고 머리를 향해 동그랗게 구부린다면, 말은 기수가 좋아하는 바로 그것들을 하려 할 것이고 크게 기뻐할 것이

다. (4) 말이 그걸 좋아한다는 증거는, 말이 다른 말 앞에서 뽐내려고 할 때, 특히 암말 앞에서 목을 높이 치켜들고 머리를 둥글게 하여 강렬하게 보이려고 한다. 발은 자연스럽게 들어 올리며 꼬리를 위로 툭툭 올린다. (5) 따라서 말이 스스로를 가장 멋지게 보이려는 자세를 유도하려면, 달릴 때 가장 즐거운 것 같아 보이게 하고, 고상하고 강렬하고 멋진 외모를 주어야 한다. 어떻게 하면 이런 효과를 낼 수 있는지 이제부터 설명하려고 한다.

(6) 우선, 재갈이 최소 2개는 있어야 한다. 하나는 부드러우며 알맞은 크기의 원판(圓板)이 끼어 있어야 한다. 다른 하나는 무겁고 평평한 원판에 이빨 모양의 톱니가 달려 있는 재갈이어야 한다. 그래서 말이 그걸 물었을 때 거칠기 때문에 바닥에 떨어뜨린다. 대신에 부드러운 재갈을 물었을 때는 그 부드러운 성질을 환영해 거친 재갈을 물고 훈련받았던 일을 한다. (7) 그러나 부드럽기 때문에 개의치 않고 계속해서 재갈을 문다면 그것을 멈추기 위해 부드러운 재갈에 큰 원판을 끼어 넣어야 한다. 그러면 입을 어쩔 수 없이 벌리게 되어 재갈을 떨어뜨릴 것이다. 또한 재갈을 감싸고[21] 고삐를 조임으로써 거친 재갈을 약간 부드럽게 만들 수도 있다. (8) 그러나 어떤 형태의 재갈이든 모든 재갈은 유연해야 한다. 왜냐하면 말이 재갈 어느 부분을 물든 턱에 재갈 전체를 물기 때문이다. 마치 사람이 쇠막대기 어디를 집든 막대기 전체를 드는 것과 같다. (9) 다른 종류의 재갈은, 쥐고 있는 부분만 뻣뻣하고 나머지 부분은 느슨하게 매달려 있는 사슬처럼 기능하기도 한다. 말은 입속에서 빠져나간 부분을

---

[21] 거친 이(teeth)의 효과를 누그러뜨리기 위해서이다. 이것을 위해 때로는 이에 왁스를 덧칠하기도 했다.

잡기 위해 끊임없이 노력함으로써 재갈을 턱에서 떨어뜨린다. 이것이 왜 작은 고리들[22]이 재갈의 축 가운데에 끼어 있는 이유다. 말은 그 고리들을 혀와 이로 느끼면서 자기가 턱 사이로 재갈을 물고 있다고 생각하지 않는다.

(10) 재갈이 유연하고 딱딱하다는 뜻이 무엇인지 모르는 경우를 위해 이것 또한 설명하려고 한다. "유연하다"라는 말은 재갈 축이 넓고 부드럽게 연결되어 쉽게 구부러진다는 말이다. 그리고 축 주위를 도는 모든 것이 구멍이 크고 꽉 조여 있지 않다면 훨씬 더 유연하다. (11) 한편 "딱딱하다"라는 말은 재갈의 각 부분이 축을 따라 쉽게 돌지 않고 함께 움직이는 것도 쉽지 않다는 말이다.

재갈의 유형이 무엇이든 간에, 말이 내가 기술한 형태의 모습 그대로 되기를 원한다면 다음에 언급하는 모든 면에서 재갈을 같은 방법으로 사용해야만 한다. (12) 말의 입도 말이 코를 하늘을 향해 들어 올릴 정도로 세게 당겨서는 안 되지만, 앞을 보지 않을 정도로 느슨하게 풀어서도 안 된다. 당겼을 때 말이 고개를 들면 즉시 재갈을 물려야 한다. 사실 변함없이 우리가 자주 반복하지 않을 수 없듯이, 말이 의도하는 대로 반응할 때마다 말을 즐겁게 해주어야 한다. (13) 만약 말이 고개를 높이 쳐들고 고삐를 느슨하게 쥐는 것을 좋아하는 것을 발견하거든 말에게 억지로 무엇을 시키려는 것처럼 보이게 거칠게 다루어서는 안 된다. 대신 말을 쉬게 하고 싶어 하는 것처럼 구슬려야 한다. 그러면 말은 기분이 좋아

---

22 "유연한 재갈"을 구성하는 두 개의 축을 가운데서 연결하는 연결 고리에 각각 매달려 있는 두 벌의 고리를 말한다. 모두 베를린박물관에 있는 재갈 그림에서 발견할 수 있다.

져 빨리 가려고 할 것이다. (14) 말이 빨리 가는 것을 즐거워한다는 분명한 증거가 있다. 말은 편안해지면 결코 걷는 속도로 가지 않고 언제나 달린다. 말은 있는 힘껏 달리라는 강요를 받지 않는 한 본능적으로 달리는 것을 즐거워한다. 이보다 더 과도한 것은 말이나 사람에게 즐거움을 주지 않는다.

(15) 말이 달릴 때 스스로를 자랑할 정도로 나아졌다면, 말은 당연히 방향을 바꾼 뒤 빠르게 달리는 초기의 훈련에 이미 익숙해졌을 것이다. 이제 말이 이것을 배웠다면 재갈로 말을 잡아당기고 동시에 말에게 앞으로 가라는 신호를 한다. 그러면 재갈에 의해 뒤로 젖히고 앞으로 가라는 신호를 받은 말이 가슴을 앞으로 내밀고 발을 성급하게 땅에서 들어 올린다. 그러나 유연한 행동은 아니다. 말은 불편하면 발의 움직임이 전혀 유연하지 않다. (16) 그러나 말이 흥분했을 때 재갈을 물리고 느슨한 재갈을 그에게 속박에서 자유를 준 것으로 착각하게 만든다면, 말은 다른 말들 앞에서 했던 것과 똑같은 품위를 흉내 내며 도도한 자세로 유연하게 발을 움직이며 기쁘게 약진한다. (17) 그리고 그렇게 행동할 때, 보는 사람은 그 말에 대해 잘 길러졌고, 의욕이 넘치며, 탈 만한 가치가 있으며, 기운차고, 위풍당당하다고 말하며, 그의 용모가 즉시 기쁨을 선사하며 강렬한 인상을 준다고 선언한다. 그리고 우리는 이런 것들이 필요한 사람에게 했던 설명을 여기서 끝낸다.

11장

 (1) 그러나 발을 높이 들고 현란한 자세로 퍼레이드를 하기에 적합한 말을 소유하려는 사람의 경우에는, 그런 자질은 모든 말에서 발견될 수 있는 것이 결코 아니므로 기질이 풍부하고 신체가 강한 말을 갖는 것이 필수이다. (2) 많은 이들이, 유연한 다리를 가진 말이 자신의 신체도 일으켜 세울 수 있다고 추측하는데, 그것은 그렇지 않다. 뒷다리를 앞다리 아래로 잘 뻗을 수 있는 말이 오히려 유연하고 짧고 강한 엉덩잇살을 가진 말이다. 우리는 "엉덩잇살"이 꼬리 주변 부분을 의미하는 것이 아니다. 옆구리와 배 주위의 궁둥이 사이 부분이다. (3) 만약 말이 뒷다리를 몸의 아래에 놓고 기수가 재갈로 말을 들어 올리면, 말은 비절(飛節/hock)로 뒷다리를 구부리고서 몸의 앞부분을 들어올린다. 그러면 말을 마주하는 사람은 말의 배와 성기를 보게 될 것이다. 말이 그것을 할 때면 반드시 재갈을 물려 구경꾼에게 말이 할 수 있는 가장 멋진 일을 기꺼이 하고 있다는 것을 보여야 한다. (4) 그러나 어떤 말은 회초리로 비절을 때림으로써 그 일을 할 수 있고, 어떤 말은 사람과 함께 달리면서 회초리로 정강이를 때리도록 마부에게 시킴으로써 할 수 있다. (5) 그러나 우리가 여러 번 반복해서 말했듯이, 기수가 원하는 무언가를 말이 했을 때 말을 쉬게 하는 것이 가장 만족스러운 가르침이다. (6) 시몬이 말했듯이, 강제로 하면 말은 이해하지 못하면서 하는 것이고, 그것은 무용수가 회초리를 맞으며 강제로 하는 것만큼 아름답지 못하다. 그런 대우를 받는다면 말과 사람은 모두 멋진 것보다는 추한 것을 더 많이 할 것이다. 말

은 도움을 받아 스스로의 의지로 할 때 가장 아름답고 똑똑해 보인다. (7) 말이 땀을 흘릴 때까지 달리게 하고, 훌륭한 태도를 뽐내며 활보한 다음에 즉시 말에서 내리고 굴레를 풀어 주면 말은 분명 활보하러 기꺼이 이 기수에게 올 것이다.

(8) 이것이 신들과 영웅들이 탔던 말들을 예술가가 묘사하는 자세이고, 그런 말들이 훌륭한 모습을 갖추도록 관리하는 우아한 방식이다. (9) 뽐내며 활보하는 말이야말로 정말로 멋지고 훌륭하고 깜짝 놀랄 만한 일이어서 나이 든 사람이나 젊은 사람이나 보는 모든 사람의 시선을 고정시킨다. 어떤 행사든 아무로 자리를 뜨지 못하며 말이 뿜어내는 광채를 지켜보는 것을 전혀 지루해하지 않는다.

(10) 그런 말의 소유자가 기병 연대장이나 기병대장이 되었다면, 그는 자신을 광채 나는 존재로 만들려 하지 말고,[23] 자신의 뒤에 있는 전체 군대를 더 바라볼 수 있는 대상이 되도록 하는 것을 더 중요하게 생각해야 한다. (11) 만약 그런 말이 최고의 찬사를 얻도록 이끈다면, 즉 말과 밀착한 상태에서 최대한 높은 걸음으로 뽐내며 아주 짧은 보폭으로 앞으로 나간다면, 나머지 말들 또한 분명 걷는 걸음으로 뒤를 따를 것이다. 그런 광경에서 정말로 멋진 것이 있겠는가? (12) 그러나 말을 흥분시켜 너무 빠르지도 너무 느리지도 않게 이끌고, 가장 기질 있는 말이 가장 강하고 위엄 있게 보이는 속도로 달리고, 부하들을 그런 식으로 이끈다면, 말이 계속해서 히잉 하고 울며 코를 힝힝거리는 광경이 뒤따를 것이다. 그러면 앞에서 이끄는 지휘관뿐 아니라 뒤를 따르는 군대 모두가 볼

---

23 《기병대 사령관》 1장 22절

만한 멋진 광경이 될 것이다.

(13) 만약 말을 잘 샀다면, 말이 주어진 일을 견딜 수 있도록 훈련을 시키고, 전쟁에 쓸 수 있도록 적절하게 훈련하고, 행사장이나 전쟁에서 적절하게 사용한다. 그렇다면 그 말을 데리고 오는 것만큼 그 말을 가치 있게 만드는 일이 또 어디 있겠으며, 유명한 말의 주인이 되는 것만큼 가치 있는 것이 또 어디 있겠는가? 또한 신이 방해만 하지 않는다면 훌륭한 기마술 덕분에 유명해지는 것만큼 가치 있는 일이 또 어디 있겠는가?

12장

(1) 우리는 또한 말 위에 있는 사람이 위험에 맞서 어떻게 무장을 해야 할지를 설명하고 싶다.

우리는 먼저 흉갑은 몸에 꽉 맞도록 만들어져야 한다고 주장한다. 잘 맞는 흉갑은 몸 전체로 지탱되지만, 너무 헐렁한 흉갑은 오직 어깨로만 지탱되며, 너무 끼는 흉갑은 방어에 오히려 지장이 된다. (2) 또한 목은 중요한 부분이므로 그곳을 덮는 부분 또한 있어야 하므로 흉갑에서 시작해 목까지 이어지는 모양이어야 한다. 이것은 멋진 장식이 될 것이고, 동시에 잘 만들어진다면 얼굴까지 덮을 것이며, 쓰는 사람이 좋아한다면 코까지 높아질 것이다. (3) 보이오티아 스타일의 투구는 흉갑 위에 있는 모든 부분을 시선을 방해하지 않으면서도 가장 잘 보호할 수 있다. 흉갑의 형태에 관해서는 그것을 입은 사람이 앉거나 상체를 굽히는 것을 방해하지 않는 형태를 띠어야 한다. (4) 배와 그를 둘러싼 부분은 날아오는 물체를 막을 수 있는 크기와 소재의 둥글고 납작한 덮개를 덧대야 한다. (5) 왼손에 상처를 입으면 기수를 불구로 만들므로 우리는 "갑옷용 장갑"이라고 불리는 그곳을 보호하도록 고안된 갑옷 조각을 착용할 것을 추천한다. 그 갑옷은 어깨, 팔, 팔목, 고삐를 쥐는 손가락을 덮으며, 펼쳐지고 접혀질 수 있다. 게다가 그것은 겨드랑이 밑의 흉갑이 덮지 못하는 빈 부분을 덮어 준다. (6) 그러나 오른팔은 투창을 힘껏 던지거나 타격을 하려고 할 때 들려져야 한다. 결과적으로 그것을 실행하기를 방해하는 흉갑의 부분은 제거되어야 한다. 그곳에는 연결 부분에 떼었다 붙였다 할 수 있는 덮개가 있어야 하며, 따라서 팔을 들어 올렸을 때 열리고 내렸을 때 닫혀야 한다. (7) 팔뚝은 정강이받이와 같이 별도로 덮는 것이 흉갑과 일체형으로 엮는 것보다 나을 것이다. 오른쪽 팔을 들었을 때 노출되는 부분은 흉갑 근처에서 송아지 가죽이나 금속으로 덮어야 한다. 그렇지 않으면 가장 중요한 부분이 보호되지 않게 된다.

(8) 기수는 말이 부상을 입었을 때 심각하게 위험에 빠지므로, 말 또한 무장을 해야 하며, 머리와 가슴, 넓적다리를 보호해야 한다. 말의 넓적다리는 기수의 넓적다리로 보호한다. 그러나 무엇보다도 말의 배가 보호되어야 한다. 말의 배는 가장 약하면서도 가장 중요한 부분이다. 그곳을 덮는 옷을 만들어 부분적으로 보호하는 것도 가능하다. (9) 옷을 짜면 그것은 기수가 안전하게 앉을 자리가 되며 말의 등에서 쏠리지 않도록 해주기도 한다.

이렇게 하면 말과 기수가 대부분을 무장하게 될 것이다. (10) 그러나 기수의 정강이와 발은 넓적다리를 덮는 부분 바깥에 있게 된다. 이곳 또한 가죽으로 만든 부츠를 신으면 보호될 수 있다. 그렇게 하면 정강이와 발을 동시에 보호하게 된다.

(11) 하늘의 은혜로운 도움과 함께 위험으로부터 지켜 줄 방어 무기들이 있다. 적에게 피해를 주는 데는 검보다는 날이 휘어 있는 군도[24]를 추천한다. 기수는 높은 곳에 있기 때문에, 검으로 찌르는 것보다 페르시아 군도로 베는 것이 더 효과적이라는 것을 발견할 것이다. (12) 그리고 자루가 긴 창은 약하고 관리하기 불편하므로, 우리는 산딸나무로 만든 두 개의 페르시아 투창을 쓰기를 추천한다. 훈련된 병사라면 하나를 던지고 남은 하나를 앞뒤 좌우로 던질 수 있다.[25]

(13) 우리는 투창을 가능한 멀리 던질 것을 추천한다. 이렇게 하면 말을 방향 전환할 시간과 다른 투창을 집을 시간을 벌게 된다. 우리는 또한 투창을 던지는 가장 효과적인 방법을 짧게나마 말할 것이다. 기수가 몸의 왼쪽을 앞으로 빼고 몸의 오른쪽을 뒤로 젖힌 후 넓적다리로 일어서서 약간 위쪽을 향해 투창을 던지면 투창에 추동력을 가장 세게 주고 가장 멀리 날아갈 힘을 부여하게 된다. 게다가 투창을 던질 때 창끝이 표적을 조준하게 되면 가장 잘 맞추게 될 것이다.

(14) 우리가 여기에 적은 정보, 설명, 훈련은 오직 일반 개인을 위한 것이다. 기병대 장교가 알아야 하고 해야 할 것은 다른 책에 기술하였다.

---

24 군도(sabre)는 라케다이몬과 페르시아 군대에서 사용되었다.
25 두 개의 페르시아 투창은 그리스 창보다 길이가 짧았다.

사냥술

파나테나이코 암모라 © The Metropolitan Museum of Art

1장

(1) 사냥과 사냥개는 아폴론과 아르테미스 신이 발명하였다. 그들은 케이론이 정의롭기 때문에 그것들을 그에게 선물로 주어 그를 명예롭게 하였다. 케이론은 그 선물을 기쁘게 받고서 그것을 사용하였다. (2) 그는 사냥과 다른 귀한 기술에서 제자를 길렀다. 세팔루스, 아스클레피우스, 메일라니온, 네스토르, 암피아라오스, 펠레우스, 텔라몬, 멜레아그로스, 테세우스, 히폴리투스, 팔라메데스, 오디세우스, 메네스테우스, 디오메데스, 카스토르, 폴리데우케스, 마카온, 포다레이리우스, 안틸로코스, 아이네아스, 아킬레우스는 그의 시대에 신들에게서 명예를 받았다. (3) 이들 중 많은 이가 신들을 기쁘게 했지만 그럼에도 세상을 떠났다는 사실은 놀랄 일이 아니다. 그것이 자연의 순리다. 그러나 그들에 대한 칭송은 점점 강해졌다. 이들 모두가 동시에 번성하지 않았다는 것도 놀랄 일이 아니다. 케이론의 인생은 모든 것을 충족한다. (4) 제우스와 케이론은 같은 아버지를 둔 형제로 자랐지만, 제우스의 어머니는 레아였고, 케이론의 어머니는 님프 나이스였다. 케이론은 형제들보다 먼저 태어났지만, 그들보다 늦게 죽은 관계로 아킬레우스를 가르쳤다.

(5) 그들은 사냥개와 사냥, 그리고 나머지 과목에도 신경을 써 탁월하게 해냈으며, 그들의 미덕은 칭찬을 받았다. 세팔루스는 여신[1]에게 붙들려갔다. (6) 아스클레피우스는 죽은 자를 살리고 병든 자를 고쳐 커다란 명예를 얻었다. 이런 것들은 인간들 사이에서 신이 가지는 영원한 명성이다. (7) 메일라니온은 누구와도 비할 데 없이 노고를 사랑해, 당대 최고의 여성에게 구혼하는 경쟁자가 많았음으로 유일하게 아틀란타를 차지했다. 네스토르의 미덕에 관한 이야기는 그리스인에게 너무나 익숙하기 때문에 그것에 대해 말할 필요가 없다. (8) 암피아라오스는 테베와 싸울 적에 커다란 칭송을 받았으며 신들로부터 불멸의 명예를 얻었다. 펠레우스는 무려 신들의 마음을 움직여 그에게 여신 테티스를 주고 케이론의 집에서 그들의 결혼을 칭송하고픈 욕망을 불러일으켰다. (9) 텔라몬은 위대해져 가장 큰 도시에서 알카토오스의 딸 페리보이아를 부인으로 골랐다. 그리고 그리스 군대의 제일인자이면서 제우스의 아들이었던 헤라클레스는 트로이를 차지한 뒤 전공을 나누어줄 때 자기 자신에게 헤시오네를 주었다. (10) 멜레아그로스가 얻은 명예는 유명하다. 그는 그의 아버지가 노년에 여신을 잊어버렸을 때 슬퍼했다.[2] 그렇지만 그건 그의 잘못이 아니었다. 테세우스는 모든 그리스의 적을 혼자 죽였고, 나라의 명예를 크게 넓혔기 때문에 오늘날까지 칭송을 받는다. (11) 히폴리투스는 아르테미스 여신에게 영광을 받았고 그녀와 대화를 나누었다. 그는 신중하고 신성했기 때문에 죽을 때 행복했다고 한다. 팔라메데

---

1 오로라를 말한다.
2 그의 아버지가 아르테미스를 잊었을 때를 말한다. 이는 결국 멜레아그로스의 죽음으로 이어졌다.

스는 살아 있을 때 지혜에서 동시대 사람들을 훨씬 능가했다. 그리고 부당하게 사형에 처해졌을 때 다른 사람에게는 주어지지 않는 복수의 권리를 신들에게서 얻었다. 그러나 그는 일반적으로 생각할 수 있는 사람들에 의해 최후를 맞지 않았다.[3] 그렇지 않았더라면 그 사람 중 누구는 거의 최고의 인물이 되지 못했을 것이고, 다른 사람은 훌륭한 인물에 필적하는 사람이 되지 못했을 것이다. 악인들이 그를 죽였다. (12) 메네스테우스는 사냥에 집중했고, 다른 누구보다 월등히 수고한 결과 그리스인의 제일인자도 전쟁 능력에서 그에 못 미친다고 고백했다. 네스토르는 메네스테우스보다 낫지는 못해도 그와 경합한다는[4] 평가를 들었다. (13) 오디세우스와 디오메데스는 모든 행동에서 지략이 넘쳐 트로이를 차지한 것이 당연하다고 요약할 수 있다. 카스토르와 폴리데우케스는 케이론에게 배운 기술을 그리스에 보여 얻은 명성으로 불멸의 존재가 되었다. (14) 마카온과 포다레이리우스는 모두 같은 교육을 받아 기술과 연설과 전쟁에서 훌륭한 인물이 되었다. 안틸로코스는 자신의 생명을 아버지에게 바침으로써[5] 그리스인 사이에서 홀로 "효자"라고 선포되는 영광을 얻

---

3 일설에 따르면 오디세우스와 디오메데스는 팔라메데스가 낚시를 할 때 그를 물에 빠뜨려 죽였다고 한다. 여기는 그 이야기를 말한다. 《소크라테스 회상》 제4권 2장 4절에서 크세노폰은 오디세우스가 팔라메데스를 반역을 꿈꾼다는 거짓 누명을 씌워 죽게 만들었다는 보다 보편적인 설을 따른다. 《오디세우스》에서 수사학자 알키다무스는 디오메데스와 스테네루스가 오디세우스와 공모해 이런 죄목을 이끌어 냈다고 말한다. 그의 죽음에 대한 복수로 아버지 나우플리우스는 유보이아 섬 남쪽에서 그리스 함대를 난파시켰다고 한다.
4 《일리아스》 2장 555절
5 네스토르의 아들 안틸로코스가 어떻게 아버지의 목숨을 구했는지는 핀타로스의 여섯 번째 《피시안》에 나온다.

었다. (15) 아이네아스는 친가와 외가의 신들을 구했고, 그의 아버지 또한 구했다. 그런 이유로 그는 신앙심이 깊다는 명성을 크게 얻어, 트로이에서 패한 모든 사람 중에서 그 혼자만 약탈되지 않도록 적에게 허락을 받았다. (16) 아킬레우스는 케이론의 교육으로 길러지고 후대에 위대하고 영광스러운 기억으로 남겨져, 누구도 그에 대해 말하거나 듣는 것을 피곤해하지 않았다.

(17) 훌륭한 사람들이 오늘날에도 사랑하고, 나쁜 사람들이 오늘날에도 질시하는 사람들은 케이론에게 받은 교육으로 훌륭하게 만들어진 사람들이다. 그들은 그리스의 어느 도시나 왕에게 곤란한 일이 닥쳤을 때 그들의 영향력을 이용해 그 문제를 수습했다. 또는 모든 그리스가 모든 야만족 국가와 분쟁을 벌이거나 전쟁을 할 때, 그리스 국가들에 승리를 가져다주어 그들을 무적으로 만들었다.

(18) 따라서 나는 젊은이들에게 사냥이나 다른 어떤 훈련도 소홀히 하지 말 것을 주장하는 바이다. 이런 것들을 통해 젊은이들이 전쟁과 다른 모든 점에서 유능하게 되고, 그 결과 훌륭한 성격과 말과 행동을 반드시 하기 때문이다.

2장

(1) 따라서 젊은이가 소년 시절을 지나자마자 배워야 할 것이 사냥이며, 그 후에 돈이 있다면 다른 분야를 배워야 한다. 그는 반드시 자신의 재산 상황을 직시해야 한다. 만약 돈이 충분하다면 그에게 도움이 되는

것에 쓰는 것이 맞지만, 돈이 충분하지 않아도 최소한 열정을 내는 데는 힘이 부족하지 않아야 한다.[6]

(2) 나는 사냥에 필요한 장비의 목록과 사용 방법을 각각 설명하려고 한다. 그렇게 함으로써 사냥에 착수하기 전에 사냥에 대해 알게 될 것이다. 이러한 세부사항을 사소한 것으로 여겨서는 안 된다. 그런 지식이 없다면 아무것도 이루어질 수 없다.

(3) 그물지기는 사냥에 관심이 많고 그리스어를 할 줄 알며 대략 스무 살 전후의 민첩하고 강한 신체에 의지가 강한 젊은이여야 한다. 맡은 일을 견뎌 낼 자질이 충분하다면 그는 사냥을 즐거워할 것이다. (4) 추적그물도 파시안[7]이나 카타기니아 아마 섬유로 만들어야 하며, 길목그물과 평지그물도 같은 재료로 만들어야 한다.

추적그물은 9개의 실을 3개의 꼰 실로 엮어 만들어야 하며, 각각의 꼰 실은 3개의 실로 이루어져야 한다. 추적그물의 적절한 길이는 114센티미터이며, 적절한 폭은 15센티미터이다. 망을 동그랗게 두르는 끈[8]은 매듭이 없어 쉽게 움직일 수 있어야 한다. (5) 길목그물은 12줄, 평지그물은 6줄로 만들어야 한다. 길목그물의 길이는 365센티미터, 731센티미터 또는 914센티미터이며, 평지그물의 길이는 1,828센티미터, 3,657센티미터, 5,486센티미터이다. 그보다 길면 다루기 힘들다. 두 개의 그물은 매

---

6 이 단락의 본문은 의심의 여지가 있다.
7 콜키스를 말한다. 콜키스에서 아마 섬유들이 많이 들어왔다.
8 여기서의 끈은 그물의 입구를 동그랗게 두르는 끈을 말한다. 이 끈은 산토끼가 그물 안으로 들어왔을 때 그물을 닫는 역할을 한다.

듭이 30개가 있어야 하고,[9] 넓이는 추적그물과 같아야 한다. (6) 추적그물의 굽은 이음매에는 풀매듭 형태의 끈을 달고, 평지그물에는 금속 고리[10]를 달아 고리에 끈[11]을 묶도록 한다. (7) 추적그물에 쓰는 막대기는 길이가 76센티미터여야 하지만, 어떤 것은 그보다 작아야 한다. 이렇게 길이가 작은 것은 경사진 땅에서 높이를 맞추기 위해서이며, 같은 길이의 것들은 평지에서 사용된다. 이 막대기들은 꼭대기에서 그물이 쉽게 벗겨질 수 있는 형태여야 하며 반드시 부드러워야 한다.[12] 길목그물이 쓰는 막대기는 추적그물의 막대기보다 길이가 두 배는 되어야 하고, 평지그물에 쓰는 막대기는 길이가 114센티미터여야 한다. 후자[13]의 막대기는 홈이 얕고 갈퀴가 적어야 하며, 모두 튼튼하고, 두께는 길이에 비례해야 한다. (8) 평지그물에 쓰는 막대기의 숫자는 많거나 적을 수 있다. 만약 그물을 꽉 조이게 세운다면 적어도 되지만, 헐겁게 세운다면 많아야 한다. (9) 추적그물, 길목그물, 평지그물을 운반하고, 나무를 자르고, 필요하면 구멍을 매우기 위해 낫을 넣을 송아지 가죽으로 만든 가방이 필요할 것이다.

---

9 그물눈이 10개라는 말이다. 따라서 그물을 최대로 펼쳤을 때 최대 높이는 152센티미터이다.
10 양쪽으로 내려오는 금속 고리는 두 개의 그물을 묶기 위해 쓰였다.
11 그물의 꼭대기와 바닥을 따라 있는 끈을 말한다.
12 저자는 여기서 추적그물에 쓰는 막대기와 다른 그물에 쓰는 막대기의 차이를 암시하는 것 같다.
13 또는 저자는 두 그물 모두를 의미하는 수 있다.

3장

(1) 사용하는 사냥개는 두 가지 종류로, 카스토리안과 벌파인이다.[14] 카스토리안은 카스토리아가 그 종에 특별히 관심을 기울여 기르는 것을 취미로 삼았기 때문에 그렇게 불린다. 벌파인은 개와 여우의 교배로 생겼기 때문에 그런 이름이 붙었다. 시간이 흐르면서 부모들의 성질이 융합되었다. (2) 열등한 표본들(다시 말해 다수)은 다음의 하나 또는 그 이상의 결점을 보인다. 그들은 몸집이 작고, 매부리코이며, 회색 눈에 눈을 깜빡거리며, 볼품없고, 몸이 뻣뻣하고 나약하고, 털이 얇으며, 흐느적거리듯 움직이고, 몸의 균형이 맞지 않으며, 겁이 많고, 후각이 둔하고, 발이 좋지 못하다. (3) 몸집이 작은 개는 크기가 작기 때문에 종종 추격에서 탈락하고, 매부리코의 개는 입의 움직임이 나빠 토끼를 물지 못한다. 회색 눈에 깜빡거리는 개는 시력이 나쁘고, 볼품없는 개는 못생겼다. 몸이 뻣뻣한 개는 사냥이 끝나면 건강이 위험한 상태가 된다. 허약하고 털이 얇은 개를 가지고는 아무 일도 할 수 없다. 흐느적거리듯 움직이고 몸에 균형이 맞지 않는 개는 동작이 무거워 겨우 움직인다. 겁이 많은 개는 일을 그만두고, 포기하고, 태양을 피해 살금살금 움직여 그늘진 곳으로 가서 누워 버린다. 후각이 둔한 개는 토끼의 냄새를 좀처럼 맡지 못하고 어려움만 겪는다. 발이 좋지 못한 개는 설령 용기가 있을지라도 힘든 일을 견디지 못하고, 발의 고통 때문에 지쳐 버린다.

(4) 게다가 같은 종의 사냥개일지라도 추격을 할 때면 하는 행동이

---

14 두 종은 모두 스파르타 산 변종들로서 카스토리안이 훨씬 크다. 벌파인은 여우를 닮았다. 따라서 개와 여우의 교배종이라는 생각은 틀렸다(O. 켈러, 《고대의 야생》).

아주 다양하다. 어떤 사냥개는 냄새의 발자취를 발견하자마자 추격한다는 신호도 없이 달려 나간다. 그래서 그 개가 토끼를 추격하는지 보이지 않는다. 어떤 개는 오직 귀만 움직이고 꼬리는 꼼짝하지 않는다. (5) 다른 개는 귀를 가만히 하고 꼬리의 끝만 흔든다. 다른 개는 귀를 쫑긋 세우고[15] 추격로를 따라 찌푸린 표정으로 달리며, 꼬리를 떨어뜨려 두 다리 사이에 놓는다. 그러나 많은 개들이 이들 중 어느 것도 하지 않고 추격로 주위를 미친 듯이 달린다. 그리고 우연히 냄새 발자취를 발견하면 멍청하게도 그 길을 밟아 뭉개고 줄곧 짖기만 한다. (6) 또 어떤 개는 끊임없이 빙글빙글 돌면서 길에서 벗어난다. 냄새의 흔적을 지워 버렸을 때는 발자취의 앞으로 가는 바람에 토끼가 도망쳐 버리고, 발자취를 쫓을 때마다 토끼가 어디 있을지를 추측하기 시작하며, 토끼를 발견하면 몸을 떨면서 토끼가 달아나는 것을 볼 때까지 결코 추격하는 법이 없다. (7) 앞으로 달리면서 찾고, 추격할 때 다른 개가 발견한 것을 자꾸자꾸 점검하는 개는 스스로에 대한 확신이 없다. 반면에 똑똑한 동료를 앞으로 가지 못하게 하고 호들갑을 떨면서 동료를 뒤로 보내는 개는, 너무나 확신에 차 실수한다. 다른 개는 지금 자신이 바보짓을 하고 있다는 사실을 잘 알면서, 틀린 발자취길을 진지하게 뒤따르면서 나타나는 무엇이든 크게 흥분한다. 사냥길에 집중하면서도 진짜 발자취길을 찾지 못하는 개는 쓸모없는 도구다. (8) 토끼가 둥지로 가는 발자취길을 모르면서, 토끼가 다녔던 길을 이리저리 뛰어다니는 사냥개는 품종이 나쁜 개다. 또 어떤 개는 처음에는 열심히 추격하다 나중에 용기가 부족해 게으름을 피

---

[15] 그리스 개는 폭스테리어처럼 귀가 작다(4장 1절).

운다. 다른 개는 선두에 끼어들다 길을 잃고 만다. 다른 개는 멍청하게도 길로 돌진해서 길을 잃는다. 그리고 아무것도 기억하지 못한다. (9) 많은 사냥개들이 추격을 포기하고 되돌아온다. 사냥을 싫어하기도 하지만 사람을 좋아해서이기도 한다. 다른 개는 추격 중에 짖어 아닌 길을 맞다고 오해를 준다. (10) 다른 개는 이런 잘못에 대한 죄책감도 느끼지 않은 채 추격 중에 다른 곳에서 함성이 들리면 제멋대로 추격을 멈추어 버린다. 추격할 때 어떤 개는 의심이 많고, 어떤 개는 머릿속에 가정이 가득하지만 하나같이 틀렸다. 그리고 추격을 회피하는 개도 있고, 어떤 개는 그저 사냥하는 흉내만 내며 질투심 때문에 추격선 주위를 무리지어 날쌔게 움직인다.

(11) 이런 결점들은 대부분 타고난 것들이지만, 그들 중 일부는 현명하지 못한 결과로 망가졌다. 이런 결점이 있는 개는 사냥에 도움이 되지 않는다. 같은 종[16]의 사냥개들이 외견이 어떠해야 하고, 다른 점에서는 어떠해야 하는지를 이제 설명할 것이다.

4장

(1) 우선, 사냥개는 몸집이 커야 한다. 다음으로 머리가 가벼워야 하며, 코는 낮아야 하고, 근육질이어야 한다. 이마 아랫부분은 힘줄이 많아야 하고, 눈은 튀어나오고 색깔이 검고 반짝반짝 빛나야 하며, 이마는

---

16 저자가 이상적으로 생각하는 사냥개 종은 분명 카스토리안이다.

넓고 이마를 가르는 선이 깊어야 한다. 귀는 작고, 작고 얇은 털이 뒤에 있어야 한다. 목은 길고 유연하며 둥글어야 한다. 가슴은 넓고 꽤 살집이 있어야 한다. 어깨날뼈는 어깨에서 살짝 튀어나와야 하며 짧고 곧게 뻗으며 둥그렇고 튼튼해야 한다. 무릎은 안이나 밖으로 굽지 않아야 한다. 갈비뼈는 땅을 향해 내려오지 않고 옆구리 쪽으로 굽어야 하며 비스듬한 선을 그리며 경사져야 한다. 엉덩잇살은 살집이 있어야 하고 길이는 중간 정도여야 하지만, 너무 물컹하거나 너무 딱딱해서는 안 된다. 엉덩이는 둥글고 뒤쪽에 살이 있어야 하지만 위쪽과 너무 가까워서는 안 되며 부드러워야 한다.[17] 배 아랫부분과 배는 날씬해야 한다. 꼬리는 길고 곧으며 말라야 한다. 넓적다리는 단단하고, 정강이는 길고 둥글고 튼실해야 한다. 뒷다리는 앞다리보다 길어야 하고 약간 굽어야 한다. 발은 둥글어야 한다. (2) 이렇게 생긴 사냥개는 강해 보이고, 기민하며, 몸이 균형이 맞고, 속도가 빠르며, 쾌활하게 표정을 짓고 온순할 것이다.

(3) 추격을 할 때 사냥개는 사냥길을 빨리 벗어나야 한다. 머리를 아래로 비스듬히 내리고, 토끼의 냄새를 맡았을 때는 웃으며 귀를 내린 채, 그리고 나서 자주 원형의 형태로 움직이는 토끼를 향해 토끼의 발자취 길을 따라 떼를 지으며, 눈은 계속해서 전방을 주시한 채 꼬리를 흔들며 앞으로 가야 한다. (4) 사냥개들이 토끼에 근접하면 그 즉시 사냥꾼에게 알려야 한다. 방법으로는 걸음을 빨리 하고, 흥분에 겨워 보다 격정적인 표정을 지어 보이고, 머리와 눈을 움직이며, 자세를 바꾸고, 토끼의 은신처를 올려다보고 지켜보았다가 다시 토끼의 둥지로 돌아오고, 앞으로 뒤

---

17 엉덩잇살로 향하는 털가죽에 주름이 없어야 한다.

로 옆으로 뛰며, 자연스러운 흥분 상태와 토끼 주위에 있다는 것에 대한 강렬한 기쁨을 보인다.

(5) 사냥개들은 열정을 끝없이 불사르며, 마음 놓고 냄새를 맡고 짖으며, 토끼가 가는 어느 곳이든 뒤따라가야 한다. 사냥개들은 추격이 빠르고 지혜로워야 하며, 추격로를 떠나 사냥꾼에게 되돌아가지 말아야 한다.

(6) 이런 외모와 행동과 함께 사냥개는 용기와 예리한 촉각, 튼튼한 발, 좋은 털이 있어야 한다. 햇볕이 뜨겁게 내려도 사냥터를 떠나지 않는다면 용기가 있는 것이고, 삼복더위[18]의 메마르고 건조하고 해가 내리쬐는 땅에서도 토끼의 냄새를 맡을 수 있다면 후각이 예리한 것이다. 역시 같은 계절에 산을 뛰어다녀도 발이 갈라지지 않는다면 발이 튼튼한 것이고, 털이 멋지고 두꺼우며 부드러우면 털이 좋은 것이다. (7) 사냥개의 색깔은 완전한 황갈색이거나 검은색이거나 흰색이어서는 안 된다. 이것은 좋은 종의 표시가 아니다. 반대로 한 가지 색으로 된 개는 야생종이라는 것을 나타낸다. (8) 따라서 황갈색과 검은색 사냥개는 얼굴 주위에 흰색 무늬가 있어야 하며, 흰색 사냥개는 황갈색 무늬가 있어야 한다. 넓적다리 꼭대기에 있는 털은 곧고 두꺼워야 하며, 엉덩잇살과 꼬리 아래 부분의 털은 올라갈수록 점점 두꺼워야 한다.

(9) 사냥개를 산에 자주 데려가는 것은 추천할 만하지만 농경지에 자주 데려가는 것은 추천하지 않는다. 왜냐하면 산에서는 산토끼를 수색하고 추격하는 것에 방해받지 않지만, 농경지에서는 교차로와 익숙한

---

18 이것을 태양이 아니라 시리우스(천랑성[天狼星]: 밤하늘에서 가장 밝은 별)를 암시하는 것이라고 이해했던 옛날의 주석가가 맞을지도 모른다.

길 때문에 수색과 추격을 할 수 없다. (10) 또한 산토끼를 찾든 찾지 못하든 사냥개를 울퉁불퉁한 땅으로 데려가는 것도 좋다. 그러면 발이 튼튼해지고, 그런 땅에서 힘들게 걷기 때문에 몸도 튼튼해진다. (11) 여름에는 정오까지 해야 하며, 겨울에는 어느 때든 상관없고, 가을에는 정오를 제외한 어느 시간도 괜찮으며, 봄에는 밤이 되기 전까지 해야 한다. 이들 시간대가 기온이 온화하기 때문이다.

5장

(1) 겨울에는 밤의 길이가 길기 때문에 산토끼의 냄새가 오래 남는다. 여름에는 그 반대의 이유로 짧게 남는다. 그러나 겨울일지라도 흰서리가 있거나 땅이 꽁꽁 언 곳에서는 이른 아침에 냄새가 없다. 왜냐하면 흰서리와 된서리 모두 열을 보유하고 있지만, 흰서리는 자체의 힘으로 열을 방출하지만 된서리는 열을 굳히기 때문이다. (2) 또한 개의 코는 추위로 감각이 없어져 햇빛으로 날씨가 풀리거나 날의 시간이 지나기 전에는 냄새를 맡지 못한다. 그때가 되면 냄새가 살아나 개들이 냄새를 맡는다. (3) 또, 이슬이 무겁게 내리면 냄새가 바람에 깔리기 때문에 냄새가 사라진다. 오랜만에 발생하는 폭풍우는 땅에서 냄새를 가져가므로 마르기까지 땅을 냄새에 안 좋은 곳으로 만든다. 남풍은 습기를 뿌리기 때문에 냄새를 없애고, 북풍은 냄새가 이미 없어지지 않는 한 냄새를 모으고 유지한다. (4) 폭우는 냄새를 물속에 잠겨 버리고, 얕은 비도 마찬가지다. 달은 달의 온기로 냄새를 없애 버리며, 특히 보름달인 경우에는 더

욱 그렇다. 냄새는 그때 가장 비규칙적이다. 산토끼들은 달빛을 즐겨 공중으로 높이 뛰어오르고 긴 거리를 점프한다. 서로 신나게 떠들기 때문에 그렇다. 이때 여우가 끼어들면 냄새는 더욱 복잡해진다. (5) 봄은 온화한 기온 때문에 냄새를 가장 분명하게 드러내지만, 땅이 꽃으로 덮여 있고 꽃향기와 냄새를 섞어 사냥개들을 방해한다면 예외가 된다. 여름에는 냄새가 옅고 희미하다. 땅이 달궈져 따뜻할 때 품고 있던 냄새를 없애 버리기 때문이고, 그 결과 냄새가 없다. 또한 사냥개의 몸이 늘어졌기 때문에 개들이 여름에는 냄새를 잘 맡지 못한다. 가을에는 방해되는 것이 없다. 농산물은 수확되었고, 잡초는 시들었기 때문에 목초의 냄새가 산토끼의 냄새와 섞여도 산토끼의 냄새를 맡는 데 문제가 되지 않는다. (6) 겨울, 여름, 가을에는 산토끼의 냄새가 대체로 단순한데, 봄에는 복잡하다. 산토끼는 사철 교미를 하는데, 특별히 봄[19]에 많이 한다. 본능은 산토끼들을 부추겨 짝을 지어 배회하도록 하기 때문에 그런 결과가 생긴다.

(7) 산토끼가 자기의 서식처로 가는 중에 남기는 냄새는 달리면서 남기는 냄새보다 더 오래간다. 서식처로 가는 중에 산토끼는 멈추기를 반복하지만, 달릴 때는 빠르게 지나간다. 그 결과 전자의 경우에는 땅에 냄새가 차지만, 후자의 경우에는 차지 않는다. 사방이 트인 곳보다 은신처가 냄새가 더 강하다. 토끼는 주위를 달리고, 앉은 상태에서 자세를 바로 하는 중에 여러 물체를 건드리기 때문이다.

(8) 산토끼는 무언가 자라는 곳에 서식처를 찾는다. 또는 땅 위나, 땅 속이나, 물체의 위나 속이나, 물체와 나란히, 또는 물체에서 꽤 떨어지거

---

19 3월을 말한다.

나 꽤 가까이 있거나 물체 사이에 눕기도 한다. 때로는 심지어 뛰어서 닿을 수 있는 곳이라면 바다에서도, 위에 무언가 튀어나오거나 자라는 것이 있다면 물에서도 눕기도 한다. (9) 산토끼는 보통 추위와 뜨거운 열을 피할 곳을 서식처로 고르지만, 봄과 가을에는 햇빛에 노출된 곳을 서식처로 고른다. 그러나 달리는 산토끼는 사냥개에 놀랐기 때문에 그렇게 하지 않는다. (10) 토끼는 앉을 때 뒷다리를 옆구리 밑에 놓고 앞다리를 가까이 모아 펼치며 턱을 발끝에 놓고 쉬며, 귀는 날갯죽지 위에 펼쳐 올리며 몸의 부드러운 부분을 덮는다. 털 또한 두껍고 부드러워 보호하는 기능을 한다. (11) 깨어 있을 때는 눈꺼풀을 깜빡거리지만 잠 들었을 때는 눈꺼풀을 활짝 열고 움직이지 않으며 눈은 가만히 있다. 잠 잘 때도 콧구멍을 계속 움직이지만 깨어 있을 때만큼 자주 움직이지는 않는다. (12) 땅에 채소들이 올라올 때는 산보다는 들판을 자주 나간다. 토끼는 어디서든지 그곳에 그대로 머문다. 단, 밤에 갑자기 놀라는 경우는 예외다. 그때는 마구 달아난다.

(13) 이 동물은 대단한 다산이어서 새끼를 기르고 낳고 배는 것을 동시에 한다. 새끼 산토끼의 냄새는 어른 산토끼의 냄새보다 강하다. 새끼는 팔다리가 아직 무르므로 몸 전체를 바닥에 끌기 때문이다. (14) 그러나 사냥꾼은 이 아주 어린 짐승을 여신[20]에게 바친다. 한 살배기 동물은 처음에는 매우 빨리 달리지만 기력이 떨어지고 기민하지만 연약하다.

(15) 개를 데리고 산토끼의 길을 찾는 일은 경작지에서 시작해 점점 아래쪽으로 내려온다.[21] 경작지로 오지 않는 산토끼를 추적하려면 목초

---

20 아르테미스이다.
21 경작지는 산의 아래쪽 경사면에 있다.

지, 계곡, 개울, 돌무더기, 나무 등을 찾아야 한다. (16) 산토끼가 사냥개에 의해 발견되고 때로 추격당할 때는, 개울을 건너 되돌아가서 도랑이나 구멍 속으로 미끄러져 들어간다. 사실 산토끼는 사냥개뿐 아니라 독수리도 무서워한다. 산토끼는 작은 언덕과 맨땅을 지날 때[22] 독수리에 낚여 채이기 쉬우며, 좀 더 몸집이 큰 녀석은 아래쪽으로 내리달리다 사냥개에 붙잡히기 쉽다.

(17) 가장 빠른 산토끼들은 산을 자주 다니는 녀석들이고, 평지를 다니는 산토끼들은 그렇게 빠르지 않다. 그리고 습지에 있는 녀석들이 가장 느리다. 어떤 종류의 땅이든 땅을 배회하는 산토끼들이 추격하기 어렵다. 그들은 지름길을 안다. 그들은 주로 산등성이나 평지를 달리며, 평평하지 않는 땅은 자주 달리지 않고, 아래로 경사진 땅은 거의 달리지 않는다. (18) 산토끼는 추격을 당할 때, 몸에 빨간색이 조금 있다면 갈라진 땅을 지나갈 때 가장 눈에 띄며, 그루터기를 지날 때 남기는 그림자 때문에 가장 눈에 띈다. 또한 사냥길이나 길이 평평하다면 깃털의 밝은 색깔이 빛에 빛나기 때문에 눈에 띈다. 그러나 도주로가 바위 사이이거나 산속이거나 험난하게 우거진 숲속 길이라면, 색깔이 비슷한 관계로 눈에 띄지 않는다. (19) 산토끼가 사냥개를 훨씬 앞섰을 때는 멈춰 곧추앉아 사냥개 짖는 소리나 발자국 소리가 어디서 나는지를 듣는다. 그리고 어느 곳에서든 사냥개 소리를 들으면 급히 달아난다. (20) 때로는 아무 소리를 듣지 않다 할지라도 어떤 상상이나 확신을 하여 여기저기로 충동적으로 뛰어다니고 같은 물체를 반복적으로 지나다님으로써 도망

---

22 추격했을 때이다.

갈 때 추격로를 흩트려 놓는다. (21) 가장 멀게 달리는 산토끼는 눈에 띄기 때문에 벌거숭이 땅에서 발견된다. 가장 짧게 달리는 산토끼는 어두움이 가려 주기 때문에 두꺼운 덤불에서 발견된다.

(22) 산토끼는 두 종류가 있다.[23] 몸집이 큰 녀석은 어두운 갈색으로 이마에 큰 흰색 무늬가 있다. 몸집이 작은 녀석은 밤색이며 이마에 작은 흰색 무늬가 있다. (23) 큰 녀석은 짧은 꼬리 둘레에 점이 있으며, 작은 녀석은 꼬리 옆에 있다. 큰 녀석은 눈이 푸른색이고 작은 녀석은 흰색이다. 한 종의 귀의 끝부분에 있는 검은색은 넓으며 다른 한 종은 좁다. (24) 작은 종은 사람이 살지 않는, 사람이 사는 섬 모두에서 발견된다. 산토끼는 본토보다는 섬에 많이 사는데, 이유는 다수의 섬에 자신을 공격하고 자신과 새끼들을 잡아채 갈 여우가 없기 때문이다. 독수리도 없다. 독수리는 작은 산보다는 큰 산에 출몰하며, 섬에 있는 산은 대체로 작다. (25) 사냥꾼은 사람이 살지 않는 섬에 좀처럼 들어가지 않는다. 설령 사람이 적게 사는 섬일지라도, 그 주민들이 사냥을 좋아하지 않는다. 그리고 만약 섬이 신들에게 봉헌된 신성한 곳이라면, 개를 데리고 그곳에 들어갈 수 없다. 그러므로 섬에서 태어난 늙은 산토끼나 새끼 산토끼나 사냥으로 박멸되는 숫자 자체가 아주 적으므로 그 수가 많을 수밖에 없다.

(26) 산토끼의 시력은 몇 가지 이유로 좋지 않다. 눈은 돌출되어 있고 눈꺼풀은 너무 작아 동공을 어떻게도 보호하지 못한다. 그 결과 시력이 약하고 흐릿하다. (27) 여기에 더해, 비록 산토끼가 잠자는 시간이 많

---

23 보통의 종과 여기서 나온 작은 변화종을 말한다. 변화종은 큰 종보다 얼룩무늬가 많다. 《털과 깃털》 시리즈의 "산토끼" 5페이지.

다 하더라도 계속해서 보기 때문에 시력에는 도움이 되지 않는다. 속도 또한 침침한 시력에 적지 않은 이유가 된다. 섬광처럼 달리면 물체의 본질을 인식하기도 전에 힐끗 보고 달리는 것이다. (28) 그리고 그 뒤를 바싹 따라오는 사냥개와 공포는 이러한 원인들과 결합해 재치를 잃게 만든다. 그 결과 산토끼는 무의식중에 수많은 장애물과 부딪치고 그물 속으로 뛰어 들어간다. (29) 만약 토끼가 곧게 달렸더라면 이런 불행은 좀처럼 만나지 않았을 것이다. 그러나 그렇게 하는 대신 산토끼는 길을 돌아 자신이 태어나고 자랐던 곳을 사랑해 돌아온다. 그렇게 붙잡힌다. 똑같이 달린다면 속도 때문에 사냥개는 좀처럼 산토끼를 이길 수 없다. 붙잡히는 산토끼는 이러한 타고난 본성에도 불구하고 사냥개와 우연히 마주치기 때문에 붙잡히는 것이다. 실제로 토끼와 같은 크기의 동물 중에서 신체 구성에서 토끼에 필적하는 동물은 없다. 토끼의 몸을 구성하는 다양한 부분은 아래와 같다.

(30) 머리는 가볍고, 작고, 아래로 쳐졌으며, 앞면이 좁다. 귀는 곧게 솟았으며,[24] 몸은 야위고 둥글며 뻣뻣하지 않고 꽤 길다. 날갯죽지는 곧으며 꼭대기에 걸리는 것이 없다. 앞다리는 기민하고 밀접하게 붙어 있으며, 가슴은 넓지 않고, 갈비뼈는 가볍고 서로 대칭되었으며, 엉덩잇살은 원형이고, 엉덩이는 둥글고 살이 잘 쪘으며, 옆구리는 부드럽고 꽤 푹신하며 꼭대기와 적당한 거리를 하고 있다. 넓적다리는 작고 단단하며 바깥쪽으로 근육이 있지만 안쪽으로 너무 부풀지 않았다. 정강이는 길고 단단하다. 앞발은 극도로 유연하고 좁고 곧으며, 뒷발은 단단하고 넓다.

---

24 "귀가 곧게 솟았다."는 표현은 폴룩스가 집어넣었다. 저자는 속도를 내는 토끼의 특징을 열거하고 있지만 이 표현이 그의 것인지는 꽤 불분명하다. 33절을 참조.

그리고 네 발 다 거친 땅에는 무감각하며, 뒷다리는 앞다리보다 길고 약간 밖으로 굽었다. 털은 짧고 가볍다. (31) 그런 신체 구조로는 강할 수밖에 없으며, 유연하고 매우 기민하다.

산토끼가 기민하다는 증거가 여기에 있다. 조용하게 갈 때는 껑충 뛴다(토끼가 걷는 것을 보았거나 앞으로 볼 사람은 아무도 없다). 토끼는 뒷다리를 앞다리 앞쪽 바깥으로 가져온다. 이것이 산토끼가 달리는 방법이다. (32) 이것은 땅에 눈(雪)이 있을 때 분명하게 볼 수 있다. 꼬리는 길이가 짧아 몸의 방향을 잡을 수 없으므로 달리는 데 도움이 되지 못한다. 산토끼는 귀로 방향을 잡는다. 사냥개에 의해 흥분되었을 때, 산토끼는 한쪽 귀를 추격받는 쪽으로 내려 비스듬하게 떨어뜨리고는, 급격하게 방향을 틀거나 추격자를 한참 뒤로 따돌리는 순간까지 그 자세를 유지한다. (33) 토끼의 발자취를 추적하고, 토끼를 발견하고, 뒤쫓아 사로잡는 광경은 너무나 매력적이어서 누구든 마음속에 있는 욕망을 잊게 만들기에 충분하다.

(34) 경작지에서 사냥할 때는 곡식이 자라는 곳은 피하고 저수지와 개울은 건드리지 않는다. 사냥꾼을 막는 것은 바람직하지 않고 나쁘며, 사람이 법을 어기도록 부추길 위험이 있다.[25] 사냥이 없는 시기[26]에는 모든 사냥 도구를 치워야 한다.

---

25 본문과 의미 모두 불확실하다. "법"이라고 하면 아마도 곡식이 자라는 곳에서 사냥하는 것을 허락했던 법(또는 관습)을 의미한다. 12장 6절 참조.
26 축제 기간을 말한다.

6장

(1) 개의 몸에 지우는 기구는 목걸이, 가죽끈, 뱃대끈이다. 목걸이는 부드럽고 넓으며 사냥개의 털을 쏠리게 하지 말아야 한다. 가죽끈은 손에 쥐는 올가미이며 그 외 다른 기능은 없다. 만약 목걸이가 가죽끈과 일체형으로 만들어진다면 사냥개를 안전하게 통제하기가 불가능하다. 뱃대끈의 끈은 넓어야 하며 사냥개의 옆구리를 쓸어 내려서는 안 되며, 품종의 순수성을 유지하기 위해 띠에 바느질로 작은 돌출물을 넣어야 한다.

(2) 사냥개가 식사를 거절할 때는 사냥에 데리고 가서는 안 된다. 이것은 사냥개가 병들었다는 증거다. 바람이 심하게 불 때는 나가서는 안 된다. 바람은 냄새를 흩어 사냥개가 냄새를 맡을 수 없을 뿐더러, 추격그물의 자세를 유지할 수 없고, 건초도 마찬가지다. (3) 그러나 이런 방해가 없다면 사냥개를 매일 데리고 나간다. 사냥개가 여우를 추격하도록 놔둬서는 안 된다. 그것은 완전한 몰락이며, 사냥개가 필요할 때에 전혀 가까운 곳에 있지 않게 된다. (4) 사냥 장소를 자주 바꾸어 사냥개가 여러 종류의 장소에 익숙하게 하고, 사냥개의 주인도 역시 땅에 익숙하게 한다. 사냥은 일찍 시작해 사냥개가 냄새를 따라갈 수 있도록 충분한 기회를 준다. 늦게 시작하면 사냥개가 산토끼를 발견할 기회를 잃게 되고, 사냥꾼은 토끼를 잡을 기회를 잃는다. 왜냐하면 산토끼의 냄새는 본질상 하루 종일 지속되기에는 너무 옅다.

(5) 그물지기는 사냥을 나갈 때 옅은 색의 옷을 입는다. 그물지기에게는 추격그물을, 구불구불하고 거칠고 가파르고 좁고 그늘진 길, 시내, 협

곡, 흐르는 물줄기(이것들은 산토끼가 가장 잘 피하는 곳이다. 다른 피난처 목록도 끝없이 있다.)에 세우라고 지시한다. (6) 이곳들로 통하는 길이 가로막혀 있지 않고 좋지 못하면 피한다. 추격그물은 너무 일찍도 아니고 동이 틀 무렵에 한다. 그래야 그물을 세울 근처를 탐색할 때 산토끼가 근처의 소음을 듣고 동요하지 않는다(만약 거리가 상당히 떨어졌다면 이 일을 일찍 하는 것이 별 문제가 되지 않는다). 그물은 아무것도 위에 매달려 있지 않도록 깔끔하게 서 있어야 한다.[27] (7) 그물지기는 막대기를 비스듬하게 박아[28] 잡아당겨도 힘을 견딜 수 있도록 해야 한다. 막대기 위에는 같은 수의 그물코를 얹고 가운데를 향해 그물을 들어 올려[29] 버팀목을 균일하게 맞추어야 한다. (8) 그물지기에게 끈을 길고 큰 돌에 매달게 하여[30] 그물 안에 산토끼가 들어갔을 때 쓸려나가지 않도록 한다. 그물을 길고 높게[31] 하여 산토끼가 뛰어넘어가지 않도록 한다.

산토끼를 추격할 때 사냥꾼은 너무 열정이 넘쳐서는 안 된다. 빨리 잡기 위해 할 수 있는 모든 것을 하는 것이 의지 있어 보인다. 하지만 그것은 사냥이 아니다.[32]

---

27 거창한 문장은 확실하지는 않지만 그리스 문장의 문학적 표현이다. 그물을 동 트기 전에 은신처 근처에 세운다면 산토끼는 소음 때문에 동요하기 마련이다. 동이 튼 이후는 산토끼가 동요하지 않는다.
28 토끼가 올 쪽을 향해 경사지게 한다는 말이다. 물론 그물은 막대기의 다른 쪽에 매달려 있다.
29 그물을 들어올리기 위해 작은 막대기들이 사용되었다.
30 돌은 그물이 막대기를 넘어뜨렸을 때 닻의 역할을 하였다.
31 막대기를 땅에 너무 깊게 박지 말아야 한다. 그렇지 않으면 충분한 높이를 확보할 수 없다.
32 이 언급은 나중에 덧붙인 것으로 해석된다.

(9) 건초를 평지에 펼치고, 길목그물을 길에 세워,[33] 사냥길에서 인근 평지까지 그물을 놓는다. (아래) 끈을 땅바닥에 바짝 조이고, 모퉁이를 연결하고, 끝단 사이에 막대기를 박는다.[34] 막대기의 꼭대기를 그물 끝으로 삼아 샛길을 막는다. (10) 그물지기를 보초로 세우고, 그물 주위를 둘러본다. 만약 추격그물이 막대기를 선 밖으로 끌어당긴다면 막대기를 세우라고 한다. 산토끼가 추격그물을 향해 추격을 당할 때 그물지기는 앞을 향해 달리며, 산토끼 뒤를 따를 때는 소리를 질러야 한다. 또한 사냥꾼에게 반드시 소리를 쳐 토끼가 잡혔다거나, 토끼가 이쪽 또는 저쪽으로 갔다거나, 토끼를 보지 못했다거나, 어디서 토끼를 봤다는 것을 알려야 한다.

(11) 사냥꾼이 사냥터에 나갈 때는 간단하고 가벼운 옷과 신발을 하고, 손에는 곤봉을 들며, 그물지기가 뒤따르게 해야 한다. 사냥터로 접근할 때는 조용히 하도록 한다. 그래야 산토끼가 근처에 있을 때 소리를 듣고 도망가지 않는다. (12) 사냥개를 나무에 묶어 둘 경우에는 따로 떨어져서 묶도록 한다. 그래야 쉽게 풀 수 있다. 그물지기에는 앞에서 언급한 대로 추격그물과 건초[35]를 세우도록 한다. 그물지기가 그물을 지키도록 한 뒤에 사냥꾼은 사냥개를 데리고 산토끼가 숨어 있을 만한 장소로 간

---

33 건초와 추격그물은 서로 연결된 것 같다. 그러나 길목그물은 독립된 것 같다.
34 우리는 일련의 그물이 서로 연결된 것으로 생각해야 한다. 막대기들이 그물의 꼭대기와 바닥 선에 심어졌을 것이다. 끝단은 그물의 꼭대기와 바닥을 따라 이어졌다.
35 이곳과 26절에 길목그물에 대한 언급이 없다. 이에 대한 이유를 제시하기는 불가능하지만, 아마도 두 곳에서 필요한 단어를 빠뜨렸을 것이다. 쉽게 발생할 수 있는 일이다.

다. (13) 아폴론과 사냥의 여신 아르테미스에게 전리품에 대한 몫을 바치겠다고 서원을 한 뒤, 가장 똑똑한 사냥개 한 마리를 풀어 토끼의 발자취길을 따라가게 한다. 시기는, 겨울에는 해 뜰 무렵, 여름에는 새벽 전에, 그리고 다른 계절에는 둘 사이의 어느 시점에 한다. (14) 사냥개가 발자취길 중에서 하나를 잡았을 때 그것이 앞으로 쭉 이어진다면 즉시 다른 사냥개를 보낸다. 그 발자취길이 계속 이어지면 짧은 간격으로 다른 개들을 하나씩 차례대로 보낸다. 사냥개들을 압박하지 않으면서 뒤따르며 각 사냥개에게 말을 걸지만 너무 자주 걸어 금방 흥분하지 않도록 한다. (15) 사냥개들은 기쁨과 열정이 가득해져 앞으로 가면서 여러 종류의 발자취길을 풀어 제친다. 발자취길이 두 겹이거나 세 겹일 수 있어 사냥개들은 앞으로 뛰어나갔지만 지금은 나란히 같은 길을 뛰어넘는다. 발자취길은 이리저리 엇갈리거나, 원형이기도 하고, 직선이거나 곡선이거나, 막혔다가 이리저리 흩어졌다가, 분명하거나 모호하거나 한다. 사냥개들은 달려 서로를 지나치며 꼬리를 흔들고 귀를 밑으로 떨어뜨리며 눈빛을 번뜩인다. (16) 사냥개들은 산토끼 근처로 갔을 때 즉시 다음과 같은 행동을 해서 사냥꾼에게 알린다. 꼬리와 온몸을 함께 흔들고, 강하게 앞으로 돌진하며, 서로 경주하여 지나가고, 무리를 지어 계속 허둥지둥 달리며, 모였다 흩어져서 다시 앞으로 돌진한다. 결국 사냥개들은 산토끼의 은신처에 돌진해 산토끼를 추격할 것이다. (17) 산토끼가 갑자기 출발하는 바람에 사냥개들이 짖으며 뒤를 쫓을 것이다. 사냥꾼은 산토끼가 달리면 사냥개들에게 소리를 쳐야 한다. "지금이야, 지금! 잘했다! 녀석들아! 잘했어!"라고 외친다. 망토를 팔에 두르고 곤봉을 쥔 채 사냥꾼은 산토끼의 뒤를 따라 올라가야 하지만, 도주로를 차단하려고 해서는 안 된다. 해봐야 소용없다. (18) 산토끼가 비록 시야에서 보이지 않을 정도로 도망쳤다 해도 일반적으로 발견된 장소로 되돌아온다. 사냥꾼은 그물지기에게 소리친다.36 "잡아라. 토끼를 잡아!" 그리고 그물지기는 사냥꾼에게 토끼가 잡혔는지 여부를 알려야 한다.

만약 산토끼가 첫 번째 추격에서 잡혔다면, 그물지기에게 사냥개에게 또 다른 산토끼를 찾으라고 지시를 내린다. 그러나 잡지 못했다면 전속력으로 산토끼를 쫓아 도망가지 못하게 해야 하며 끈질기게 추격해야 한다. (19) 만약 사냥개들이 토끼를 다시 추격한다면 그들에게 크게 외쳐야 한다. "잘한다. 잘해. 쫓아라. 사냥개야!" 만약 사냥개들이 너무 멀리 나가 뒤따라 잡을 수 없고 너무 뒤쳐졌다면, 또는 발자취길 근처 어디쯤 또는 발자취길에 머물러 움직이는데도 사냥개들을 볼 수 없다면 사냥꾼의 근처에 지나가는 사람 누구에게든 외쳐서 찾도록 한다. "여보세요, 혹시 사냥개 못 보셨나요?" (20) 사냥꾼이 사냥개들을 발견하면, 만약 사냥개들이 추격 중에 있다면 즉시 그들 곁에 서서 그들을 격려한다. 개들의 이름을 부르고, 할 수 있는 대로 여러 종류의 목소리 톤을 사용해 목소리를 높고 낮고 부드럽고 시끄럽게 부른다. 다른 목소리 중에서, 만약 사냥개들이 산에서 추격하고 있다면 "오! 사냥개여! 오!"를 부른다. 만약 사냥개들이 발자취길에는 머무르지 않은 채 쓸데없이 너무 멀리 달리고 있다면 사냥개들에게 "돌아와라. 돌아와라. 사냥개여!"라고 외친다. (21) 사냥개들이 사냥꾼 가까이 오면 즉시 그들을 동그랗게 돌려 원을 많이

---

36 산토끼가 자신이 발견된 그물 근처로 달려갈 때를 말한다. 저자는 그렇게 말하지 않았지만 그물지기 역시 곤봉을 들었다.

만들고,[37] 사냥개들이 의심하는 곳을 발견할 때마다 땅에 표시로 막대기를 꽂아 이 표시로부터 시작해 사냥개들이 발자취길을 명확히 알아차리기까지 그들을 모으고 격려하고 구슬리기를 계속한다. (22) 발자취길이 분명해지면 개들은 즉시 추격을 열정적으로 시작해 발자취길로 돌진해 나란히 뛰면서 함께 협력하고, 추측하고, 서로 신호를 보내고, 서로 간에 알아볼 수 있는 경계를 정한다. 이렇게 사냥개들이 떼를 이루어 발자취길을 따라 급히 갈 때는 그들을 압박하지 않으면서 뒤따라가야 한다. 그렇지 않으면 사냥개들은 열정이 너무 과다하게 넘쳐 너무 멀리 가게 될 것이다.

(23) 사냥개들이 산토끼 근처에 있어 사냥꾼에게 산토끼가 있다는 사실의 분명한 증거를 전하면 사냥꾼은 즉시 주의를 기울여야 한다. 그렇지 않으면 사냥개들을 무서워한 나머지 산토끼는 슬쩍 빠져나와 달아날 것이다. 사냥개들은 꼬리를 흔들며 서로 부딪치고 자주 서로를 뛰어넘으며 크게 짖고 고개를 들어 사냥꾼을 바라보며 자신들이 지금 진짜로 발견했다고 분명하게 보여 준다. (24) 만약 산토끼가 추격그물 속으로 뛰어들거나 그물의 안쪽이나 바깥쪽에서 그물을 지나쳐 도망간다면 그물지기는 어떤 경우에서든 소리를 쳐서 알려야 한다. 만약 산토끼가 잡혔다면 격려하는 같은 방법을 사용해 추격을 계속한다.

(25) 사냥개들이 추격에 지치고 날이 상당히 기울었다면 그때는 사냥꾼이 산토끼를 찾아 나설 때이다. 산토끼는 기진맥진해서 땅에서 솟아나 있는 것은 아무것도 넘지 못하거나 바닥에 누워 있거나 자신을 발

---

37 오늘날에는 사냥개들이 사냥감을 스스로 알아서 찾아가도록 놔둔다. 추격로로 다시 돌아오지 못할 때에만 도와줄 뿐이다.

견하지 못하고 간 것이 두려운 나머지 끊임없이 뒷걸음친다. 이 동물은 작은 공간에서 쉬며, 너무나 지치고 두려운 나머지 일어날 수도 없다. 사냥꾼은 사냥개를 데리고 가서 성질이 온화한 녀석은 자주, 고집이 센 녀석은 드물게, 보통의 성질을 지닌 녀석은 적당히 격려하고 훈계해 최선을 다해 산토끼를 죽이거나 추격그물 속으로 몰아넣게 한다.

(26) 이것을 마친 후에 추격그물과 건초를 걷고, 사냥개들을 쓰다듬고 사냥터를 떠난다. 만약 그때가 여름날의 오후라면 사냥개의 발이 길에서 열에 상하지 않도록 기다린 후에 간다.

7장

(1) 새끼를 낳을 목적이라면 겨울 동안에는 암캐에게 일을 시키지 말아야 한다. 겨울에 쉬면 암캐가 봄에 훌륭한 새끼를 낳는 데 도움이 되며, 봄은 사냥개가 자라기 가장 좋은 계절이다. 암캐의 발정기는 14일이다. (2) 발정기가 끝날 무렵 좋은 수캐와 교배를 시킨다. 그러면 보다 빨리 새끼를 밸 것이다. 새끼를 낳을 시점이 되어서는 사냥에 계속해서 데리고 가지 말아야 한다. 오직 가끔 데리고 가야 한다. 그렇지 않으면 유산할 수 있다. 임신 기간은 60일이다. (3) 강아지가 태어났을 때는 어미와 분리시켜 다른 암캐 밑에 두지 않는다. 수양어미에게 길러지는 것은 성장을 촉진하지 않는다. 반면에 제 어미의 젖과 숨은 새끼의 성장에 좋으며, 새끼들은 어미가 쓰다듬어 주는 것을 좋아한다. (4) 새끼들이 돌아다니기 시작하면 젖은 1년간 먹인다. 젖은 새끼들의 정규 식사이고 다른

것은 없다. 무거운 음식을 먹이면 강아지의 다리가 비틀어지고 몸 안에 질병의 씨앗을 뿌리는 격으로 속이 병들게 된다.

(5) 사냥개에게는 쉽게 부를 수 있는 짧은 이름을 지어 준다. 적합한 종류의 것으로는 다음이 있다.[38]

Ψυχή(영혼/Psyche)

Θυμός(분노/Thymus)

Πόρπαξ(방패의 빗장/Porpax)

Στύραξ(창 개머리판에 있는 뾰족한 못/Styrax)

Λογχή(창/Lonché)

Λόχος(매복 또는 중대/Lochus)

Φρουρά(경계/Phrura)

Φύλαξ(보호/Phylax)

Τάξις(서열, 전열, 위치, 여단/Taxis)

Ξίφων(검객/Xiphon)

Φόναξ(도살자/Phonax)

Φλέγων(전파자, 선전자/Phlegon)

Ἀλκή(용맹, 승리/Alcé)

---

[38] 이 이름들은 사냥개의 색깔, 힘, 기질, 민첩성, 행동에서 특별한 의미가 있다. Hebe와 Psyche는 오늘날에도 암캐의 이름으로 쓰인다. 그리고 다른 이름의 현대식 이름도 쓰이고 있다. 예를 들어, Lance(Lonché), Sentinel(Phylax), Ecstasy(Chara), Blueskin(Oenas), Crafty(Medas), Hasty(Sperchon), Vigorous(Thallon), Impetus(Hormé), Counsellor(Noës), Bustler(수캐) 또는 Hasty(암캐), Sperchon 참조.

Τεύχων(장인[匠人]/Teuchon)

Ὑλεύς(나무꾼/Hyleus)

Μήδας(조언자/Medas)

Πόρθων(약탈자/Porthon)

Σπέρχων(급행자, 로켓/Sperchon)

Ὀργή(분노/Orgé)

Βρέμων(으르렁거림/Bremon)

Ὕβρις(오만/Hybris)

Θάλλων(한창인, 번쩍번쩍 빛나는/Thallon)

Ῥώμη(힘, 미남자/Rhomé)

Ἀνθεύς(만발[滿發]/Antheus)

Ἥβα(젊음/Hebe)

Γηθεύς(유쾌한/Getheus)

Χαρά(기쁨/Chara)

Λεύσων(응시하는 사람/Leusson)

Αὐγώ(햇살/Augo)

Πολεύς(많음/Polys)

Βία(힘/Bia)

Στίχων(열과 행에 끼어들다/Stichon)

Σπουδή(야단법석/Spudé)

Βρύας(용솟음침/Bryas)

Οἰνάς(포도나무, 양비둘기/Oenas)

Στέρρος(완고함/Sterrus)

Κραύγη(외치는 소리, 시끄럽게 떠듦/Craugé)

Καίνων(킬러[Killer]/Caenon)

Τύρβας(뒤죽박죽/Tyrbas)

Σθένων(강자/Sthenon)

Αἰθήρ(정기[精氣], 영기[靈氣]/Aether)

Ἀκτίς(광선/Actis)

Αἰχμή(창끝/Aechmé)

Νόης(똑똑한 소녀/Noës)

Γνώμη(금언/Gnomé)

Στίβων(추적자/Stibon)

Ὁρμή(돌진/Hormé)

(6) 암캐들은 생후 8개월에 사냥터에 데리고 가고, 수캐들은 10개월에 데리고 간다. 그들을 산토끼의 서식처로 이어지는 길에서 추격하게 하지 말고, 추격하는 사냥개들을 따라 긴 거리를 유지하며 따르게 하고, 어린 사냥개들에게 발자취길을 앞뒤로 뛰어 다니게 놔둔다.[39] (7) 사냥개가 산토끼를 발견하면, 달리기 좋은 몸을 갖췄다 하더라도 즉시 달리게 하지 말고 산토끼가 너무 앞서 달려 사냥개가 산토끼를 보지 못하게 되는 순간에 그들을 따라 보낸다. (8) 산토끼 가까이에 잘생기고 용기 있는 녀석을 풀어 주면, 사냥개의 몸이 아직 튼튼하지 않기 때문에 산토끼를 보고서 무리하여 건강을 해치고 몸을 망가뜨릴 수 있다. 따라서 사냥

---

39 그렇지만 사냥꾼은 사냥개가 산토끼의 은신처로 이어지는 발자취길에 있는지 아니면 달리는 산토끼를 추격하는지 어떻게 알 수 있을까?

꾼은 이것을 매우 조심해야 한다. (9) 그러나 잘 달리지 못하는 사냥개일지라도 달리게 하지 말아야 할 이유는 없다. 사냥개가 처음부터 산토끼를 잡을 수 있을 거라는 희망을 갖지 못한다면, 이런 상황을 마주하려고 하지 않을 것이다. 한편, 어린 사냥개들은 토끼가 달리는 발자취길을 따라 산토끼를 잡을 때까지 달리게 한다. 산토끼가 잡히면 그들에게 주어 나누어 가지게 한다.[40] (10) 사냥개가 산토끼 추격에 집중하지 않고 이리저리 흩어지기 시작하면, 사냥개가 산토끼를 찾기까지 계속하는 것에 익숙하게 자랄 때까지 그들을 불러들인다. 그들이 산토끼를 찾을 때 잘못된 행동, 즉 나쁜 버릇인 주변을 맴도는 녀석으로 끝나지 않도록 하기 위해서이기도 하다.

(11) 사냥개가 아직 어릴 때는 추격그물이 쳐 있는 동안에는 그물 근처에서 밥을 먹도록 한다. 그러면 경험 부족으로 사냥터에서 길을 잃을지라도 안전하게 돌아와 식사할 수 있다. 이것은 사냥개가 산토끼를 적으로 인식하기 시작하면 사라질 것이다. 그들은 사냥에 너무 열중한 나머지 밥 생각도 잊을 것이다. (12) 일반적으로, 사냥개가 배고파하면 사냥개 주인이 직접 밥을 주어야 한다. 배가 고프지 않을 때는 누구에게 가면 밥을 먹을 수 있는지 알지 못하지만, 배가 고프고 밥을 얻을 때면 주는 사람을 사랑하기 때문이다.

---

40 그러나 먹지는 말라고 명령한다. 어떤 사냥꾼들은 이 명령에 비교적 강력하게 반대한다. 블래인은 인용한 버크포드의 《사냥에 대한 생각》은 이렇게 말한다. "나는 사냥개에게 때때로 산토끼를 주는 것이 바람직하다고 생각한다. 사냥개가 받을 만한 자격이 된다고 생각하면 항상 그들이 죽인 맨 마지막의 토끼를 주곤 했다."

8장

(1) 눈이 오면 땅이 눈으로 덮이기 때문에 산토끼를 열심히 쫓는다. 그러나 눈 사이로 검은 땅이 보이면 산토끼를 발견하기 힘들다. 날씨가 흐리고 북쪽에서 바람이 불면 발자취길은 표면에 오랫동안 선명하게 남지만, 남쪽에서 바람이 불고 햇빛이 빛나면 곧 녹아 없어지므로 짧은 시간 동안만 남는다.

그러나 눈이 쉬지 않고 내리면 길이 눈으로 덮이기 때문에 추격을 하지 않는다. 바람에 세게 불어도 나가지 않는다. 그러면 눈보라에 길이 묻히기 때문이다. (2) 어떤 이유로든 그럴 때에는 개를 데리고 사냥을 나가지 않는다. 눈은 사냥개의 코와 발을 얼게 만들고 눈이 만드는 된서리 때문에 냄새를 없애 버린다. 대신 건초를 들고 다른 사람과 함께 산을 가고, 경작지를 지나며, 발자취길이 발견되면 즉시 그곳을 뒤따라간다. (3) 발자취길이 복잡하면 같은 수의 발자취길에서 동일한 장소로 후퇴해 원을 그리면서 점검하며 발자취길이 어디로 이어지는지 확인한다. 산토끼는 어디서 쉬어야 할지를 모르면 주위를 배회한다. 게다가 이런 방법으로 끊임없이 쫓기기 때문에 움직임을 헷갈리게 하는 버릇이 있다. (4) 발자취길이 분명하지면 앞으로 쭉 밀고 나간다. 그러면 두꺼운 나무 숲이나 급한 경사의 내리막과 이어질 것이다. 세찬 바람은 눈을 그런 곳으로 옮기고, 결과적으로 쉴 곳이 많이 남았으며 산토끼는 이런 곳들을 찾는다. (5) 발자취길이 그런 곳으로 이어지면 그 즉시 가까이 가려고 하지 말아야 한다. 그러면 산토끼는 달아날 것이다. 대신 주위를 둥글게 탐색한다.⁴¹ 산토끼는 아마도 거기에 있을 것이며, 분명 거기에 있을 것이다. 발자취길은 그런 곳에서 아무 데로도 이어지지 않는다. (6) 토끼가 거기에 있는 것이 분명하면 일단 그대로 놔두고(토끼는 동요하지 않을 것이다.) 발자취길이 모호해지기 전까지 다른 산토끼를 찾는다. 그리고 다른 산토끼를 찾았으면 그물로 그들을 둘러쌀 충분한 낮 시간이 남았는지 주의해야 한다. (7) 시간이 되었으면 건초를 눈이 없는 곳에서 하던 것처럼 각 서식처 주위에 동그랗게 펼치고, 산토끼 주위에 있는 것은 모두 둘러싸며, 건초를 세운 뒤 즉시 산토끼에게 접근해 쫓기 시작한다. (8) 만약 산토끼가 건초 바깥에서 꿈틀거리면 발자취길을 따라 토끼를 달려 추격한다. 토끼는 눈 속을 억지로 밀치고 들어가지 않는 한 같은 종류의 다른 은신처를 찾을 것이다. 토끼가 어디에 있든지 그곳을 표시하고 포위한다. 만약 토끼가 기다리지 않는다면 추격을 재촉한다. 토끼는 그물이 없을지라도 생포될 것이다. 깊숙이 들어가는 눈과 털이 많은 발 까닭에 달라붙은 커다란 눈덩어리에 금세 지치기 때문이다.

9장

(1) 새끼 사슴과 사슴⁴²을 사냥할 때는 인도 사냥개⁴³를 이용한다. 인도 사냥개는 힘이 세고, 몸집이 크며, 속도가 빠르고, 용기가 있다. 이런

---

41 목적은 길이 정말로 거기서 끝나는지 확인하기 위해서이다.
42 빨강 사슴을 말한다.
43 그라티우스는 티베트 개로 불렀다.

특징들로 인해 그들은 힘든 일을 할 수 있다. 새끼 사슴은 봄에 태어나기 때문에 봄에 사냥한다. (2) 먼저 목초지를 가서 정찰하여 암사슴이 가장 많은 곳을 발견한다. 그런 곳을 발견하면 사냥개지기[44]에게 사냥개와 투창을 들고 동이 트기 전에 그곳에 가도록 시킨다. 사냥개는 떨어진 곳의 나무에 묶어 개 짖는 소리와 암사슴의 시야에서 떨어져 돌출된 유리한 지점에서 지켜보도록 한다. (3) 동이 틀 때 사냥개지기는 모든 암사슴들이 새끼 사슴을 쉬는 곳에 이끄는 것을 볼 것이다. 암사슴들이 새끼들을 눕히고 젖을 먹이고 주위를 둘러보고 아무 것도 없는 것을 확인한 뒤, 앞쪽으로 나가면서 새끼들을 본다. (4) 이것을 확인하면 즉시 사냥개들을 풀고 투창을 들고서 새끼 사슴이 누워 있는 가장 가까운 곳으로 접근해 실수를 하지 않을 위치를 조심스럽게 확인한다. 새끼 사슴은 가까이 와서 보면 먼 거리에서 보았던 것과 꽤 다르기 때문이다. (5) 새끼 사슴을 보면 즉시 가까이 다가간다. 새끼 사슴은 여전히 가만히 있을 것이다. 땅이 충분히 젖지 않는 이상, 몸을 바닥에 바짝 밀착시키면서 몸을 위로 들어 올릴 것이다. 땅이 젖으면 몸속에서 습기가 급격하게 응축하기 때문에 급히 달아날 것이다. (6) 그렇다 할지라도 사냥개가 격렬하게 추격하면 잡힐 것이다. 새끼 사슴을 잡으면 그물지기에게 넘기도록 한다. 새끼 사슴은 울 것이고, 그 모습과 소리를 들은 암사슴은 새끼를 구하려는 간절한 마음에 그물지기에게 달려올 것이다. (7) 그때가 암사슴에게 사냥개를 붙이고 투창을 부지런히 던질 때이다. 이렇게 하나를 끝내면 사냥개지기에게 같은 사냥법으로 나머지 사슴을 계속 해치우라고

---

44 "사냥개지기"는 산토끼 사냥에서는 언급되지 않았다. 사냥개지기는 분명 이 모든 교육을 받았다.

시킨다.

(8) 어린 새끼 사슴은 이 방법으로 잡는다. 그러나 큰 사슴은 잡기가 어렵다. 그들은 어른 사슴과 동료 사슴과 함께 풀을 뜯는다. 추격을 받으면 그들은 무리 가운데에서, 때로는 앞에서, 드물게는 뒤에서 도망간다. (9) 암사슴은 새끼를 보호하려고 사냥개를 짓밟는다. 결과적으로 새끼들을 잡기가 어려우므로 그들 가운데를 즉각 덮쳐[45] 분산시킨 뒤 새끼 한 마리를 고립시키는 식으로 해야 한다. (10) 이런 포획을 할 때 사냥개는 처음에는 새끼 사슴들 뒤에 처져 달리는 수고를 겪게 되지만 어미가 없는 관계로 새끼들이 공포에 휩싸이고, 그 연령대의 새끼 사슴은 속도에서 사냥개의 적수가 되지 못한다. 새끼 사슴은 두 번째 또는 세 번째 도망쳐 달릴 때는 그런 힘든 도주를 견딜 만큼 성숙하지 못하기 때문에 곧 잡히고 만다.

(11) 사슴 덫은 산 속, 목초지와 개울, 작은 빈터 주위와 그들이 자주 나타나는 오솔길이나 농지에 놓는다. (12) 덫은 주목나무 많은 것으로 만들되 썩지 않기 위해 껍질을 벗긴다. 덫에는 원형 관(冠)이 있어야 하고 테두리를 따라 철과 나무로 만든 못이 번갈아 있어야 한다. 철못은 좀 더 길어야 하는데 나무못이 발에 부러지면 철못이 상처를 내야 하기 때문이다. (13) 관에는 올가미 끈을 매달되, 끈은 녹이 슬지 않기 위해 양골당초로 짜야 한다. 올가미와 끈은 모두 튼튼해야 하며, 매다는 통나무는 보통 또는 상록의 떡갈나무로서 68센티미터 길이에, 껍질을 벗기지 말고, 두께는 7센티미터여야 한다.

---

45 저자는 어떻게 이것이 될 수 있는지 설명하기를 생략했다.

(14) 덫을 세우기 위해서는 땅에 38센티미터 길이의 둥근 구멍을 판다. 구멍 위의 크기는 덫의 관과 같아야 하지만 밑으로 내려갈수록 점점 가늘어야 한다. 끈과 통나무를 놓을 얕은 구멍들도 만든다. (15) 이것을 마친 후 덫은 구멍 위에 땅 표면보다 약간 낮게 놓고 평평하게 한 다음 맨 위 주위로 올가미 줄을 놓는다. 끈과 통나무를 각각의 위치에 놓고 위에 물레가락나무의 잔가지를 얹되 원 밖으로 나가 눈에 잘 띄어서는 안 되며 계절에 맞는 밝은 색 잎이 있어야 한다. (16) 다음으로 그 위에 흙을 약간 뿌리되 구멍을 팔 때 얻은 표토로 시작해 멀리 있는 손대지 않은 흙을 조금 뿌린다. 사슴이 위치를 완전히 못 알아보기 위해서이다. 남아 있는 흙은 덫에서 일정 거리에 있는 곳에 갖다 버린다. 사슴은 최초에 판 흙의 냄새를 맡으면 그곳을 피하며, 그 냄새를 맡는 데 굼뜨지 않다. (17) 개를 데리고 산에 있는 덫을 점검한다. 동틀 무렵이 좋고 (낮이라면 또한 다른 시간에 해야만 한다.), 농경지라면 일찍 하도록 한다. 왜냐하면 사슴은 산에서 사람의 인기척이 없기 때문에 밤뿐 아니라 낮에도 덫에 걸릴 수 있지만, 낮에는 사람을 두려워하기 때문에 농경지에서는 오직 밤에만 걸린다.

(18) 덫이 뒤집어진 것을 발견했을 때는 사냥개를 풀어 고무하면서 쫓도록 한다. 통나무의 흔적을 따라 어디로 가는지를 목격한다. 대부분 그것으로 충분히 분명할 것이다. 돌들이 이리 저리 옮겨져 있고 통나무의 흔적은 경작지에서 분명할 것이기 때문이다.

(19) 만약 사슴이 울퉁불퉁한 곳을 지나간다면, 통나무가 바위에 부딪쳐 찢어지며 내는 소리로 추격은 훨씬 쉬어질 것이다. 만약 사슴의 앞다리가 걸렸다면 금방 붙잡힐 것이다. 도망가는 동안 통나무가 몸의 모

든 부분과 얼굴을 때리기 때문이다. 뒷다리에 걸리면 통나무를 질질 끄는 것이 온몸을 방해할 것이며, 때로 앞이 갈라진 나뭇가지에 돌진하면 끈을 끊지 않는 이상 그곳에서 붙잡힌다. (20) 그러나 이런 식으로 사슴을 잡거나, 아니면 지쳐 떨어지게 하거나, 어느 경우든 사슴 가까이는 가지 마라. 수사슴이면 들이받고 암사슴이면 발로 찰 것이다. 따라서 먼 거리에서 투창을 던져야 한다.

여름 동안에는 덫의 도움 없이도 추격해서 잡을 수 있다. 사슴들이 너무 피곤해 죽을 지경이어서 선 채로 투창에 맞는다. 너무 세차게 추격할 때는 당황한 나머지 심지어 바다나 물속으로 뛰어들기도 하며, 때로는 호흡이 부족해 쓰러지기도 한다.

10장

(1) 멧돼지를 사냥하려면 인도, 크레타, 로크리스, 라코니아 사냥개와 멧돼지 잡는 그물, 투창, 창, 덫을 갖춘다. 먼저 각 종의 사냥개들은 야수와 싸울 수 있는 최고의 자질이 있는 사냥개여야 한다. (2) 그물도 산토끼를 잡을 때 쓰던 것과 같은 아마로 만들어야 하며 45개의 실을 3겹으로 꼬되, 3겹은 15개의 실로 이루어져야 한다. 그물의 높이는 위에서 쟀을 때 매듭이 10개여야 하며,[46] 깊이는 38센티미터여야 한다. 꼭대기와 바닥에 있는 줄은 다시 그물 두께의 절반이어야 한다. 그물 모서리에는

---

46 그물의 높이가 대략 381센티미터일 것으로 본다.

금속 고리가 있어야 하고, 밧줄은 그물 밑에 넣어져야 하고,[47] 밧줄의 끝은 고리를 통과해 펼쳐져야 한다. 15개의 그물이면 충분하다.[48]

(3) 투창은 모든 종류를 갖추어야 하고, 날은 넓고 예리하며, 손잡이는 튼튼해야 한다. 창은 38센티미터 길이의 날이 있어야 하고 날을 꽂는 구멍 중간에 튼튼한 이빨이 있되 통으로 벼려서 만들고 돌출되어야 한다. 창 손잡이는 산딸나무로 만들고 군용 창처럼 두꺼워야 한다. 덫은 사슴을 사냥할 때 쓰던 것과 비슷해야 한다. 사냥꾼은 몇몇 있어야 한다. 야수를 잡는 일은 사람 수가 많을지라도 가벼운 일이 아니다. 이제 나는 사냥팀이 어떻게 각 도구를 사용해야 할지를 설명할 것이다.

(4) 먼저 멧돼지가 숨어 있을 것으로 예상되는 곳에 도착하면, 다른 개들은 끈으로 묶어 두고 라코니아 개 한 마리를 풀어 멧돼지의 은신처 주위를 맴돌게 한다. (5) 사냥개가 멧돼지의 발자취길을 발견하면 즉시 뒤따르도록 한다. 한 사냥개 뒤에 다른 사냥개를 세우고 길을 그대로 따라가기를 재촉한다. 사냥꾼 또한 사냥감이 남긴 증거를 많이 발견할 것이다. 부드러운 땅에 난 길의 흔적, 덤불이 두꺼운 곳에 있는 부러진 나뭇가지, 나무가 있는 곳에 있는 어금니의 흔적들이 그것이다. (6) 발자취길을 따르는 사냥개는 일반적으로 나무가 우거진 지점에 도착할 것이다. 야수는 보통 그런 장소에 누워 있다. 겨울에는 따듯하고 여름에는 시원하기 때문이다. 사냥개가 멧돼지의 은신처에 도착하면 즉시 짖을 것이다. (7) 그러나 대부분의 경우 멧돼지는 일어나지 않는다. 따라서 사냥개를 데리고 와 다른 사냥개와 함께 은신처에서 멀리 떨어진 곳에 묶어 둔다.

---

47 그물 위쪽의 밧줄은 그물을 서로 조이는 데 쓰인 것으로 보인다.
48 저자가 그물의 길이를 언급하지 않은 것이 이상하다.

그리고 그물을 갈라진 나뭇가지 위에 매달아 편리한 곳에 펼친다. 그리고 그물 안에 막대기를 양쪽으로 두 개 넣어 길게 솟은 가슴 모양으로 만든다. 목적은 낮의 햇빛이 그물 안으로 최대한 많이 들어가 멧돼지가 그 안으로 달려 들어갈 때 내부가 최대한 밝게 보이게 하기 위해서이다. (아래) 줄을 덤불이 아닌 튼튼한 나무에 묶는다. 덤불은 나무가 없는 곳에서는 견디지 못한다. 그물과 땅 사이에 틈이 있으면 그곳을 나무로 막아 쉴 곳이 되지 못하게 한다. 목적은 멧돼지가 그곳으로 들어가 빠져나오지 못하게 하기 위해서이다.

(8) 그물을 세우면 일행을 사냥개 있는 곳으로 보내 개들을 모두 풀고 투창과 창을 들고 앞으로 나아간다. 가장 경험 있는 사람에게 사냥개를 독촉하게 하고, 다른 사람은 질서를 지키며 멧돼지가 사람들 사이를 자유롭게 지나갈 수 있도록 서로 간에 충분한 거리를 두고 뒤따라간다. 멧돼지가 갑작스럽게 도망가 사람들 사이로 돌진하면 마주보는 아무에게나 분노를 쏟기 때문에 들이받힐 위험이 있다.

(9) 사냥개들이 멧돼지 가까이 있게 되면 멧돼지를 향해 달려갈 것이다. 소음이 들리면 멧돼지는 일어날 것이고 정면에서 공격해 오는 사냥개들을 퉁겨 낼 것이다. 멧돼지는 그물을 향해 딸려 뛰어들 것이고, 그렇지 않다면 추격해야 한다. 비록 경사진 땅에서 그물에 붙잡힐지라도 멧돼지는 금방 일어날 것이며, 평지에서 붙잡힌다면 즉시 제자리에 멈춰 자신에게 닥친 일에 몰두할 것이다. (10) 이 순간, 사냥개들은 공격을 계속할 것이고, 사냥꾼들은 방심하지 말고 멧돼지에게 투창을 날리고 돌을 던지며, 적당한 거리에 떨어져 멧돼지 뒤에 동그랗게 모여 멧돼지가 그물을 밀쳐 그물 끈을 팽팽하게 당기기까지 계속한다. 그런 뒤 사

냥꾼 중에서 가장 경험 있고 가장 힘센 사람을 앞으로 보내 창으로 멧돼지를 찌르게 한다. (11) 투창과 돌을 던져도 멧돼지가 끈을 잡아당기지 않는다면 뒤로 물러나 주위를 돌면서 멧돼지를 찌를 사람을 지명한다. 그 경우 멧돼지에게 접근하는 사람은 왼손으로 창의 앞쪽을 잡고 오른손으로 창의 뒤쪽을 잡는다. 오른손으로 창을 움직일 때 왼손이 창을 지탱해 주기 때문이다. 왼발은 앞으로 찌르는 오른손을 뒤따라야 하고 오른발은 왼손을 뒤따르게 한다. (12) 앞으로 나아갈 때는 창을 몸 앞으로 쥐게 하고, 다리는 레슬링 할 때보다 넓게 벌려서는 안 되며, 몸의 왼쪽은 왼손으로 돌리고, 야수의 눈을 바라보면서 동료의 머리 움직임을 주시한다. 멧돼지에게 창을 찌르면서 멧돼지가 고개를 홱 움직여 손에서 창을 놓치지 않도록 주의한다. 창을 갑자기 놓치면 멧돼지는 이에 반응해 힘 있게 나올 것이다. (13) 만약 이런 사고가 발생하면 즉시 땅바닥에 엎드려 바닥을 굳건히 잡는다. 야수는 이 자세에서 공격할 때에 어금니의 굽은 각도 때문에 사람을 위로 들어 올릴 수 없기 때문이다. 만약 사람이 땅 위에 서 있다면 어금니로 들이받힐 것은 분명하다. 따라서 멧돼지는 사냥꾼을 들어 올리려고 할 것이고, 하지 못한다면 위에 올라 짓밟으려고 할 것이다. (14) 그런 위급한 상황에 처한 사람이 재앙에서 빠져나갈 길이 딱 하나 있다. 동료 사냥꾼 중의 한 사람이 창을 들고 멧돼지에게 접근해 마치 던질 것처럼 해서 멧돼지를 화나게 해야 한다. 그러나 창을 던져서는 안 된다. 그랬다간 바닥에 있는 사람을 맞출지도 모른다. (15) 이것을 보면 멧돼지는 밑에 있는 사람을 떠나 괴롭히는 사람에게 돌아서 사납고 미친 듯이 나올 것이다. 엎드렸던 사람은 손에 창을 쥐는 것을 잊지 말고서 즉시 벌떡 일어나야 한다. 승리 없는 안전이란 명예롭지 않기 때문이다. (16) 그는 다시 전과 같이 창을 들이밀어야 하고, 숨통이 있는 날갯죽지 안으로 찔러 넣어 있는 힘껏 밀어야 한다. 화가 난 야수는 앞으로 나올 것이고, 창날에 톱날이 없었다면 창 손잡이를 따라 앞으로 밀치며 창을 잡고 있는 사람에 닿을 거리보다 훨씬 많이 밀고 나왔을 것이다.

(17) 멧돼지는 힘이 세고 사람이 상상하지 못할 몇몇 특징이 있다. 만약 머리카락을 멧돼지가 죽은 뒤 곧바로 어금니에 놓으면 쪼글쪼글 해진다. 그만큼 어금니의 열이 뜨겁다. 살아 있을 때는 화가 날 때마다 어금니가 매우 뜨거워진다. 그렇지 않다면 멧돼지가 사냥개를 들이받으려고 했지만 놓쳤을 때 사냥개의 털 표면이 그렇게 그슬리지 않았을 것이다.

(18) 수퇘지는 잡히기 전에 이 모든 문제, 심지어 그보다 더한 문제를 야기한다. 만약 고통을 당하는 멧돼지가 암컷이라면 쫓아가서 잡으려고 할 때 넘어지지 않도록 주의해야 한다. 그런 사고가 생기면 분명 짓밟히고 물어뜯길 것이다. 따라서 될 수 있으면 암퇘지 앞에서 넘어지지 마라. 그러나 의도하지 않게 그런 자세에 처하면 멧돼지 앞에서 넘어졌던 사람을 구하는 데 썼던 것과 같은 방법을 쓴다. 다시 일어났을 때는 암퇘지를 죽이기까지 부지런히 창을 던져야 한다.

(19) 멧돼지를 잡는 또 다른 방법은 다음과 같다. 멧돼지 잡는 그물은 협곡에서 참나무 숲으로 이어지는 작은 골짜기와 거친 땅, 목초지 외곽, 소택지와 물가에 세운다. 그물지기는 손에 창을 들고서 그물을 지킨다. 사냥꾼은 사냥개를 데리고 사냥감이 가장 있을 만한 장소를 찾는다. 멧돼지를 발견하면 즉시 추격한다. (20) 멧돼지가 그물 안으로 들어가면 그물지기는 창을 들고 멧돼지에게 다가가 내가 설명했던 대로 창을 쏜

다. 멧돼지는 또한 뜨거운 날씨에 사냥개에 쫓겨 잡히기도 한다. 엄청난 힘에도 불구하고 멧돼지는 거친 호흡 때문에 지친다. (21) 이런 종류의 사냥에서 사냥개가 많이 목숨을 잃는다. 사냥꾼도 추격하는 과정에서 손에 창을 들고 멧돼지에게 접근해야 할 때 위험에 처한다. 멧돼지가 지치거나, 물속에 서 있거나, 급격한 경사면에 있거나, 덤불 밖으로 나오려고 하지 않을 때가 그렇다. 그물이나 다른 무엇도 누구든 가까이 다가오는 대상에 멧돼지가 돌진하는 것을 막지 못한다. 그럼에도 사냥꾼은 이런 상황에서 멧돼지에게 접근해야 하며, 이런 취미를 갖도록 그들을 이끌었던 용기를 보여 주어야 한다. (22) 그들은 창을 사용해 앞서 설명한 전진 자세를 취해야 한다. 그런데도 완전히 실패로 끝난다면 그건 잘못된 방법으로 했기 때문은 아닐 것이다.

덫 또한 사슴을 잡을 때 썼던 방법과 장소에 세운다. 탐색 경로와 추격, 접근 방법, 창 사용법도 같다.

(23) 어린 멧돼지라고 해서 수월하게 잡을 수 있는 것은 아니다. 왜냐하면 아직 어릴 동안에는 홀로 남겨지지 않기 때문이며, 사냥개가 그들을 발견하거나 뭔가 다가오는 것을 보았을 때는 즉시 숲속으로 사라진다. 일반적으로 부모와 함께 다니며, 그런 상황에 처하면 사납게 변하며, 어린 자식을 위해 기꺼이 싸우려고 한다.

11장

(1) 사자, 표범, 스라소니, 검은 표범, 곰 또는 비슷한 종류의 야수들은 외국에서 사로잡는다. 그 장소로는 마케도니아 북쪽에 있는 판가이오스 산과 시투스 산 주위, 시리아 북쪽의 뉴세 산, 미시아의 올림포스 산과 핀도스 산, 그리고 그런 동물들이 서식할 수 있는 다른 산들이다. (2) 그 산들에서 야수들은 척박한 땅 때문에 종종 부자(附子) 독으로 사로잡는다. 사냥꾼은 부자를 야수들이 가장 좋아하는 음식과 섞어 웅덩이와 그들이 자주 출몰하는 곳에 놓는다. (3) 때로는 야수들이 밤에 평지로 내려가면서 말을 타고 무장한 사람들에 의해 사로잡히기도 한다. 이것은 야수를 사로잡는 위험한 방법이다. (4) 때로 사냥꾼은 크고 둥글고 깊은 구멍을 파서 그 앞에 기둥을 놓는다. 사냥꾼은 염소를 묶어 밤에 기둥에 매달고 구멍 주위에 입구를 만들지 않은 채 나무를 박아 야수가 앞에 무엇이 있는지 볼 수 없게 한다. 밤에 염소가 매 하고 우는 소리를 듣고서 나무 장벽 주위를 돌다 입구가 없는 것을 발견하고서 그 안으로 넘어 들어가 사로잡힌다.

12장

(1) 사냥의 실행에 대해서는 설명을 마쳤다. 그러나 사냥을 좋아하는 사람이 얻는 유익이 많다. 사냥은 몸을 건강하게 만들고, 시력과 청력을 향상시키며, 노화를 막는다. 또한 사냥은 전쟁을 위한 최고의 훈련이다.

(2) 첫째, 거친 길을 무장을 하고 행진할 때 그들은 지치지 않을 것이다. 야수를 잡으려고 무기를 가지고 다니는 것에 익숙해졌기 때문에 맡은 일을 견딜 것이다. 또한 그들은 불편한 침대에서 잠을 잘 수 있으며 자기에게 맡겨진 장소를 잘 지킬 수 있다. (3) 적을 공격할 때 자신을 위해 앞으로 나아갈 수 있으며, 동시에 이어 내려오는 명령들을 수행할 수 있다. 사냥감을 잡을 때 자력으로 그 같은 일을 하는 데 익숙해졌기 때문이다. 그들의 위치가 선두일지라도 견딜 수 있기 때문에 그곳을 버리지 않을 것이다. (4) 어떤 종류의 땅일지라도 익숙하기 때문에 적을 궤멸하기 위해 적을 향해 곧바로 무난히 갈 것이다. 만약 자신의 군대 일부와 숲과 산속 좁은 길 또는 기타의 어려움 때문에 재난을 만나면, 그들은 명예를 잃지 않고 자신과 다른 사람을 구하려고 할 것이다. 사냥에 익숙하기 때문에 다른 사람에게는 없는 지식이 있다. (5) 실제로 그것은 예전에 일어났다. 거대한 일군의 동맹군이 패해 달아났을 때, 단련되고 확신에 찼던 소수의 그런 군사들이 전투의 상황을 새롭게 바꾸어 승기를 잡았고, 땅에서의 어려움 때문에 실수를 하던 적은 완패하였다. 몸과 마음이 튼튼한 사람은 언제든 성공의 문턱에 올라설 수 있다. (6) 그들은, 적을 상대로 성공을 거둘 수 있는 것은 우리 조상들이 젊은이에게 관심을 기울였던 그런 자질 때문이라는 것을 안다. 곡식이 부족할지라도 사냥을 한다면 곡식이 자라는 곳에서 사냥을 막지 않는 것이 초기부터 이어오는 관습이었다. (7) 게다가 사냥 기술이 있는 사람이 젊은이의 사냥물을 빼앗지 못하게 하기 위해 도시에서 반경 201미터 이내에서는 밤에 사냥을 금지했다. 사실 그들은 사냥이야말로 젊은이가 즐기는 쾌락 중에서 풍성한 축복을 낳는 유일한 것으로 보았다. 사냥은 젊은이를 진지하

고 올바르게 만든다. 그들은 진리학파에서 훈련받았다[49](다른 문제에서 와 마찬가지로 전쟁 승리가 이들 젊은이에게 달려 있다고 인식했다). (8) 그리고 사냥은 그들이 배우지 말아야 할 다른 사악한 쾌락이 하듯이 젊은이에게서 그들이 추구하기를 원하는 어떤 명예로운 일도 빼앗지 않았다. 따라서 그런 젊은이는 훌륭한 군인, 훌륭한 장군이 된다. (9) 그들은 수고를 통해 사악하고 외고집인 것은 무엇이든 몸과 마음에서 없애고 그들이 있는 곳에서 미덕이 번성하기를 갈망한다. 그들은 그들의 도시에 대한 불의나 그들의 땅에 대한 침해를 용납하지 않을 것이기 때문에 최고이다.

(10) 어떤 이는 사냥이 가사를 소홀히 하므로 사냥을 좋아하는 것이 옳지 않다고 말한다. 그들은 도시와 친구를 이롭게 하는 자들은 모두 누구보다 더 열정적으로 가사를 살핀다는 사실을 알지 못한다. (11) 사냥 애호가가 중요한 순간의 문제에서 자신의 조국에 도움이 되도록 자신을 맞춘다면 개인사에도 태만하지 않을 것이다. 왜냐하면 국가는 필연적으로 각 가정의 안전과 파멸에 관계되기 때문이다. 결과적으로 그런 사람은 자신의 재산뿐만 아니라 다른 사람의 재산도 구한다. (12) 그러나 그렇게 말하는 많은 사람은 다른 사람의 미덕에 의해 구원받기보다는 질투심에 눈이 멀어 자신의 악에 의해 파멸되기를 선택한다. 대부분의 쾌락은 악하기 때문에, 그리고 이런 쾌락들에 굴복함으로써 나쁜 것을 말하거나 실행하도록 자극을 받는다. (13) 그리고 나서 경솔한 말로써 적을 만들고 사악한 행동으로써 그들 자신과 자녀들과 친구들에게 질병

---

49 인격을 정말로 세우는 훈련을 말한다. 소피스트의 교육 사기(詐欺)와 대조를 암시하고 있다.

과 손실과 죽음을 주며, 악을 인식하지 못하며 무엇보다 쾌락을 더 인식한다. 국가를 구하기 위해 누가 이런 자들을 선택하겠는가? (14) 그러나 내가 추천했던 것을 사랑하는 사람은 누구나 악으로부터 떨어져 거리를 둘 것이다. 왜냐하면 좋은 교육은 사람이 법을 지키고 정의로운 것을 말하고 듣기를 가르치기 때문이다. (15) 그렇다면 계속된 수고와 배움에 스스로 전념했던 사람은 힘겨운 교육과 훈련에도 자신의 자리를 지키는 한편 자신의 도시의 안전도 지킨다. 그러나 수고스럽기 때문에 교육을 받기를 거절하고 시기적으로 부적절한 쾌락 속에서 살기를 선호하는 사람은 본성상 철저히 하지 않는다. (16) 그들은 법과 선한 말에 복종하지 않고 수고하지 않기 때문에, 훌륭한 사람이 어떤 사람인지 알지 못한다. 그리고 교육을 받지 않았기 때문에 교육받은 사람의 잘못을 끊임없이 찾는다. (17) 따라서 이들이 하는 일에는 아무것도 번창할 수 없다. 인류에게 유익을 주었던 모든 발견은 더 나은 부류의 사람들 덕분이다.[50] 더 나은 부류의 사람들은 더 기꺼이 수고를 감내하려는 사람들이다. 그리고 이것은 한 위대한 사례를 통해 증명되었다. (18) 고대인 중에서 내가 언급했던 케이론의 동료들은 사냥에서 시작해 어렸을 때부터 고귀한 가르침을 많이 받았다. 이 가르침을 통해 그들 안에는 큰 미덕이 자랐고, 이것이 오늘날까지 칭송받는 이유이다. 모든 사람이 이 미덕을 갈망하는 것은 분명하다. 그러나 미덕을 얻으려면 수고를 해야 하기 때문에 많은 사람이 떨어져 나갔다. (19) 미덕의 여신을 차지할지 여부는 가려져 분명

---

50 여기의 "더 나은 부류"는 "수고하는 사람들"로 해야 더 낫다는 주장이 있다. 그러면 다음 말은 "수고를 기꺼이 감내하려는 사람들이 다 나은 사람들이다."가 될 것이다.

하지 않지만, 미덕을 성취[51]하는 데 불가결한 수고는 분명하기 때문이다.

만약 미덕의 여신의 몸이 눈에 보인다면, 사람은 그들이 미덕을 보는 것처럼 미덕도 그들을 가까이서 보고 있다는 것을 알기 때문에 미덕에 무관심하지 않을 것이다. (20) 사랑하는 사람이 보고 있다면 사람은 모두 자신을 넘어서려고 하고, 볼지도 모른다는 두려움에 추하고 악한 말이나 행동을 삼간다. (21) 그러나 사람은 미덕의 여신 앞에서도 미덕의 여신을 보지 못하기 때문에, 미덕의 여신도 그들을 인식하지 못한다고 여겨 사악하고 추한 일을 많이 한다. 그러나 미덕의 여신은 불멸하기 때문에 모든 곳에 존재하며, 그녀는 그녀를 기쁘게 하는 사람을 명예롭게 하고 그녀를 기분 나쁘게 하는 사람을 던져 버린다. (22) 따라서 미덕의 여신이 보고 있다는 것을 안다면, 그들은 미덕의 여신이 좀처럼 잡히지 않는 수고와 훈련을 받으려고 안달할 것이며, 결국 그녀를 차지할 것이다.

13장

(1) 나는 소피스트라고 불리는 자들이, 그들 대부분이 젊은이를 미덕으로 이끈다고 고백하면서도, 실제로는 정반대로 이끌면서도 그렇게 불리는 것을 보고 깜짝 놀랐다. 우리는 우리 시대의 소피스트 때문에 선해졌다고 하는 사람을 어디서도 보지 못했다. 학문에 대한 그들의 기여도

---

51 성취는 곧 향상일 것이다.

사람을 선하게 만들지 못한다. (2) 그들은 경박한 주제들에 대한 책을 많이 썼다. 그 책들은 젊은이에게 허황된 쾌락을 주었을 뿐 아니라 덕을 주지도 않았다. 무언가를 얻으려는 희망에서 그 책을 읽는 것은 시간 낭비일 뿐이며, 그 책들은 유용한 일을 하기를 막고 나쁜 것을 가르친다. (3) 따라서 그들의 무수한 잘못은 그들에 대해 무수한 비난을 하게 한다. 그들의 문체에 대해 말하자면, 그들의 말은 설득력이 없고 젊은이에게 미덕을 훈련하게 만들 만한 건전한 격언의 흔적을 찾을 수 없다. (4) 나는 대단한 사람은 아니지만, 스스로의 본성에 의해 선한 것을 배우는 것이 최고이고, 그 다음으로는 속이는 기술의 대가에게서 배우는 대신 무언가 선한 것을 정말로 아는 사람에게서 배우는 것이 좋다는 것을 안다. (5) 굳이 이야기하자면, 나는 소피스트들이 쓰는 언어로 표현하지 않을 것이다. 그것은 나의 목적이 아니다. 나의 목적은 오히려 독자들이 미덕을 잘 배우기를 바라는 욕구를 충족시킬 건전한 생각들을 말하려는 것이다. 말은 사람을 교육하지 않지만 올바른 지식은 사람을 교육한다. (6) 나 외의 다른 많은 사람이 우리 시대의 소피스트들을 비난한다. 나는 그들을 철학자로 부르지 않을 것이다. 왜냐하면 그들이 고백하는 지혜는 생각이 아니라 말로 이루어졌기 때문이다.

나는, 훌륭하고 질서 있게 쓰인[52] 것을 그렇지 않다고 말할 누군가, 아마도 이 부류[53]에 있는 몇몇 사람을 잘 알고 있다. 그들은 성급하고 잘못된 비난을 쉽게 받을 것이다. (7) 그러나 나의 글쓰기 목적은 되게 아는 척하는 것이 아니라 현명하고 선한 사람을 만들 완전한 작품을 생산

---

52 사고는 쓰인 것을 기초로 커다란 향상이 있을 것이다.
53 소피스트를 말한다. 그러나 뒤따르는 본문은 의심의 여지가 있다.

하는 데 있다. 나는 나의 작품이 유용해 보이는 것이 아닌 실제로 유용해 모든 시대를 통해 반박받지 않기를 희망한다. (8) 소피스트는 속이기 위해 말하고 사익을 챙기기 위해 글을 쓰며 누구에게도 유익한 일을 하지 않는다. 그들에게는 현명한 사람이 없고, 이전에도 결코 없었으며, 그들 모두가 소피스트로 불리기를 만족하는데, 그 말은 지각 있는 사람들 사이에서는 비난의 용어다. (9) 따라서 나의 조언은 이렇다. 소피스트의 훈계를 피하고 철학자의 결론을 경시하지 마라. 왜냐하면 소피스트는 부자와 젊은이를 꾀지만 철학자는 모든 사람에게 똑같이 친구이기 때문이다. 철학자는 사람의 운명을 떠받들지도 경시하지도 않는다.

(10) 사생활이나 공적 생활에서 무분별하게 사익을 추구하는 사람[54]을 부러워하지 마라. 그들 중 최고의 사람은 호의적으로 평가를 받을지라도 질시를 받고, 나쁜 사람은 더욱 나쁘고 비호의적으로 평가를 받는다는 것을 기억하라. (11) 개인의 재산을 빼앗거나 국가를 약탈하는 일에 열중한 나머지 그들은 공공의 안전을 확보하려는 계획이 진행 중일 때에도 일반 개인보다 봉사를 덜하며,[55] 그들의 신체는 수고를 감당할 수 없기 때문에 불명예스럽게도 전쟁에 적합하지 않다. 그러나 사냥을 좋아하는 사람은 시민에게 봉사하기 위해 그들의 생명과 재산을 온전한 상태로 내놓는다. (12) 이들은 야수를 공격하지만 다른 사람은 그들의 친구를 공격한다. 그리고 친구를 공격하는 그 사람이 만장일치로 오명을 얻는 대신, 야수를 공격하는 사냥꾼은 좋은 평판을 얻는다. 그들은 야수를 사로잡으며 적대적인 힘에 승리를 거둔다. 설령 실패해도 칭찬을 받

---

54 직업 정치인을 말한다.
55 그들의 주머니를 채우려고 노력한다는 말이다.

는다. 왜냐하면 첫째로 그들은 전 공동체에 적대적으로 나오는 힘을 공격했기 때문이고, 둘째로 사람을 해치거나 부정한 소득을 얻으려고 나가지 않았기 때문이다. (13) 게다가 바로 그 시도가 그들을 더 낫고 현명하게 만들었다. 그리고 우리는 그 이유를 알려 줄 것이다. 그들은 수고와 발명과 주의 조치를 충분히 하지 않는 한 야수를 사로잡지 못한다. (14) 그들과 다투는 세력은 그들의 생명과 집을 차지하려고 싸우기 때문에 힘이 매우 세다. 따라서 사냥꾼이 더 큰 인내와 더 많은 지식으로 그들을 제압할 수 있지 않는 이상 사냥꾼의 노력은 허사다.

(15) 결국 정치인의 목적이 친구를 상대로 승리를 거두려는 이기적인 실행이라면, 사냥꾼의 목적은 공동의 적과 싸워 이기는 것이다. 이 실행은 더 나은 사람으로 만들지만, 정치인의 실행은 다른 모든 적과 싸워야 하는 훨씬 더 안 좋은 싸움꾼으로 만든다. 사냥꾼은 추격에서 동료들을 신중하게 대하지만, 정치인은 야비하고 경솔하다. (16) 사냥꾼은 악의와 탐욕을 경멸할 수 있지만 정치인은 그렇지 못하다. 사냥꾼의 언어는 우아하지만[56] 정치인의 언어는 추하다. 종교에 대해 말하자면, 아무것도 정치인의 불경을 제지하지 못하지만, 사냥꾼은 경건한 태도에서 두드러진다. (17) 사실, 신들은 추격을 뒤따라가고 구경하기 때문에 사냥을 즐거워한다는 고대의 이야기가 있다. 따라서 이것들을 고려할 때, 내가 강력하게 권하는 것을 실천하는 젊은이는 신들과 경건한 사람들에게 사랑을 받을 것이며, 그들의 행동을 지켜보는 신들 누군가의 눈에 띌 것이다. 이들 젊은이는 부모에게 유익하고, 모든 도시에 유익하고, 그들의 친구와

---

56 친절하고 즐겁다. 정치인의 말처럼 난폭하고 후안무치하지 않다.

동료 시민 모두에게 유익할 것이다. (18) 사냥을 좋아하는 모든 남자는 훌륭했다. 그리고 남자 뿐 아니라 여신[57]이 축복을 내렸던 여성들, 즉 아틀란타와 프로크리스, 그리고 그들과 같은 다른 여성들도 훌륭했다.

---

57 아르테미스를 말한다.

아테네의 국제

파나테나이코 암포라 © The Metropolitan Museum of Art

1장

(1) 아테네인이 그런 국제를 선택한 사실에 대해, 나는 그 선택이 가장 나쁜 사람이 좋은 사람보다 더 잘살게 하므로 좋게 생각하지 않는다. 따라서 이런 이유로 나는 그들의 국제를 좋게 생각하지 않는다. 그러나 그들이 그렇게 하기로 결정했으므로, 나는 그들이 자신들의 국제를 얼마나 잘 유지하고 있고, 나머지 그리스인들이 비난하는 다른 것들을 그들이 어떻게 성취했는지 지적하고자 한다.[1]

(2) 우선 나는 이것을 말하고 싶다. 이 나라에서는 빈자와 서민이 귀족과 부자보다 더 많이 소유하는 것을 일반적으로 옳다고 생각한다. 이유는, 배를 저어 도시에 힘을 부여하는 사람들이기 때문이다. 조타수, 갑판장, 부갑판장, 감시탑 장교, 배 대목은 중장보병, 귀족, 성공한 사람보다 도시에 훨씬 더 많은 힘을 부여한다. 이런 사정 때문에 모든 사람이 추첨과 선거를 통해 정권에 참여하는 것이 당연한 것 같고, 누구든 하고

---

[1] 여기서 저자는 이 글의 두 가지 주제를 가리키면서, 첫 번째 주제에 대한 이야기를 마친 뒤 3장 1절에서 이 단락에 대해 암시한다.

싶은 말을 할 수 있다.

(3) 그런데 정권도 전체적으로 어떻게 잘 관리되느냐에 따라 민중에게 안전을 줄 수도 위험을 줄 수도 있다. 그렇지만 민중은 참여를 주장하지 않는다(그들은 장군이나 기병대 사령관의 직무에 자신들이 뽑혀야 한다고 생각하지 않는다). 왜냐하면 그들은 정권에 참여하지 않고 대신 가장 영향력 있는 사람들 손에 정권을 맡기는 것이 얻을 것이 더 많다는 것을 알기 때문이다. 그러나 보수를 받거나 집에 이득이 되는 자리는 차지하려고 열망한다.

(4) 그런데 어떤 사람은 아테네에서 특별한 점을 발견할 것이다. 그들은 모든 곳에 훌륭한 사람보다 나쁜 사람, 가난한 사람, 대중적으로 인기 있는 사람을 앉힌다. 바로 이 점에서 그들이 대중적으로 민주주의를 유지시키고 있는 것이 분명하다는 것을 알 수 있다. 가난한 사람, 보통 사람, 천민의 숫자가 많고 그들이 부유한 환경에 있다면 민주정은 촉진될 것이다. 그러나 부자와 훌륭한 사람이 부유한 환경에 있다면 사람들은 그들을 향해 강하게 반발할 것이다. (5) 지구상의 모든 곳에서 최선의 것은 민주정과 반대된다. 훌륭한 사람 중에는 방종하고 부정한 사람이 최소로 있지만, 절대 다수는 선한 것을 좇는다. 반면, 민중은 그들 중 절대 다수가 무지하고 무질서하며 사악하다. 가난이 오히려 그들을 불명예스러운 행동을 하게 만들고, 일부는 돈이 없기 때문에 교육을 받지 못해 무지하다.

(6) 어떤 이는, 모두가 같은 조건으로 말하고 민회의 일원으로 역할을 하도록 해서는 안 되며, 대신에 똑똑한 사람과 훌륭한 사람만 할 수 있도록 해야 한다고 할지 모른다. 그러나 그들의 제도는 열등한 사람도

발언하도록 허락한다는 바로 이 점에서 또한 훌륭하다. 만약 훌륭한 사람이 발언을 하고 정책을 만든다면 그 자신과 동료에게 좋겠지만 민중에게는 그렇지 않다. 그러나 현재로서는 어떤 형편없는 사람도 하고자 한다면 일어나 발언하고 그 자신과 동료에게 유익한 것을 얻을 수 있다. (7) 혹자는 말할 것이다. "그런 사람이 자신과 민중을 위해 무엇을 할 수 있단 말인가?" 그러나 아테네인은 이 사람의 무지, 열악함, 선의가 훌륭한 사람의 덕, 지혜, 악의보다 더 이득이 된다는 것을 안다. (8) 그런 생활방식에 기초하는 것이 도시에 최선은 아니지만, 민주정은 그런 식으로 가장 잘 유지될 것이다. 왜냐하면 민중은, 훌륭하다 해도 자신들이 노예가 되는 정부를 원치 않기 때문이다. 민중은 자유롭고 지배하기를 원하다. 민중은 나쁜 정부에 대해 별로 걱정하지 않는다. 당신이 생각하는 나쁜 정부가 바로 민중이 권력과 자유를 얻는 근원이다. (9) 당신이 찾는 것이 좋은 정부라면, 당신은 먼저 현명한 자들이 그들의 이익을 위해 법률을 만드는 것을 볼 것이다. 그런 뒤 좋은 사람들이 나쁜 사람들을 처벌할 것이다. 그들은 도시를 위한 정책을 만들고, 미치광이들이 민회에 참여하거나 마음속에 있는 생각을 말하거나 민회에서 만나는 것을 허락하지 않을 것이다. 이러한 훌륭한 조치의 결과로서, 민중은 신속하게 노예 상태로 빠져들 것이다.

(10) 지금 아테네에 있는 노예와 거류 외국인은 그 방자함이 하늘을 찌를 듯하다. 그들을 때릴 수 없고, 노예는 길을 비키지도 않는다. 이것이 왜 그들의 습관이 되었는지를 설명할 것이다. 만일 자유민이 노예(또는 거류 외국인이나 해방 노예)를 때리는 것이 관습이라면, 아테네인도 노예로 착각해 실수로 때릴 것이다. 왜냐하면 아테네에서 민중은 노

예나 거류 외국인보다 옷차림이 좋지 않으며, 더 잘생기지도 않기 때문이다. (11) 누구든 아테네인이 노예를 사치스럽게, 일부 노예는 화려하게 살도록 놔두는 사실에 놀란다면, 그것은 아테네인이 일부러 그렇게 한다는 것이 분명하다. 해군력이 필요한 곳에서는 재정적인 고려 사항으로 노예가 벌어들일 수입의 일부를 차지하기 위해 노예의 노예가 되도록 하는데, 그러면 노예가 자유롭게 어디로 가든지 놔둘 필요가 있다.[2] 그리고 부자 노예가 있는 곳에서 내 노예가 당신을 두려워한다면 그런 곳은 더 이상 수입에 도움이 되지 않는다. 스파르타에서는 내 노예가 당신을 두려워할 것이다. 만약 당신의 노예가 나를 두려워한다면, 그 노예는 더 이상 걱정하지 않기 위해 그가 가진 돈을 넘기려고 할 것이다. (12) 이런 이유로 우리는 노예와 자유민 사이에, 거류 외국인과 시민 사이에 평등을 확립하였다. 도시는 수많은 무역과 함대를 위해 거류 외국인이 필요하다. 그렇다면 우리는 거류 외국인을 위해서도 유사한 평등을 확립하는 것이 합리적이다.

(13) 아테네 민중은 체육과 음악 활동을 그들에게 맞지 않다는 이유로 억압했다(그들은 그것들을 할 줄 몰랐다).[3] 그들은 극 합창단의 훈련과 체육 경기의 개최, 삼단노선의 출항 준비에서, 부자가 합창단을 이끌고 민중은 그들의 지휘를 받으며, 부자가 체육 경기의 비용을 대고 민중은 삼단노선과 경주에서 그들의 지휘를 받는다는 것을 안다. 민중은 최소한 자신들이 노래, 달리기, 춤, 항해를 하면서 돈을 받을 만한 자격이 된다

---

2 이 문장의 본문은 훼손된 부분이 있어 뜻하는 바가 정말로 이것인지 확신할 수 없다.
3 이 문장은 본문은 훼손되었다.

고 생각한다. 그 결과 민중은 부자가 되고 부자는 점점 가난해진다. 그리고 법원에서는 정의보다는 그들의 사익에 더 관심이 있다.

(14) 그들의 동맹국에 대해서는 이렇다. 아테네인은 듣던 대로 국외에 나가서도 소송을 건다. 그들은 귀족을 미워한다. 지배자는 필연적으로 피지배자의 미움을 받게 마련이고, 만약 부자와 귀족이 도시에서 세력이 강하면 아테네에서 민중에 의한 지배는 아주 짧은 시간만 지속될 것이라는 것을 알기 때문이다. 이것이 왜 그들이 귀족의 공민권을 빼앗고, 그들의 돈을 몰수하며, 국외로 추방하고 죽이며, 하층 계급의 이익을 증대시키는 이유이다. 아테네 귀족은 각 나라의 상류 계급을 보호하는 것이 결국 자신들의 이익이 된다는 것을 인식하기에 동맹국의 귀족을 보호한다.

(15) 어떤 사람은 아테네의 힘은 돈을 기부할 줄 아는 동맹국의 능력에 있다고 말할지 모른다. 그러나 이 패도한 무리는 아테네인 각자가 동맹국의 자원을 소유하고, 동맹국은 겨우 생존할 정도만을 소유하며 동맹을 탈퇴할 능력이 없는 채로 봉사하는 것이 이득이라고 생각한다.

(16) 또한 아테네인은 다른 점에서 무분별하게 행동한다. 그들은 동맹국 국민에게 아테네에 와서 재판을 받으라고 강요한다.[4] 그러나 동맹국 국민은 아테네인이 그걸로 이득을 본다고 응수한다. 첫째, 아테네인은 법

---

4 이 부분에 대한 저자의 기술이 맞는지의 여부는 논쟁 중에 있다. 아테네와 그 동맹국 간의 사법 관계의 논쟁에 대해서는 G. M. E. de Ste. Corix의 "아테네 제국의 사법권에 대해", *CQ*, N.S. 11 (1961), 94페이지와 그 다음, 268페이지와 그 다음을 참조하라. 소송을 일삼기 좋아하는 아테네인에 대한 이야기는 투키디데스의 책 제1권 77장 1절의 난해한 단락을 주목하라.

정 공탁금에서 나오는 돈으로 일 년 내내 재판관 보수를 받는다. 그럼으로써 고국에 앉아 배를 타고 밖으로 나가지 않은 채 동맹국 도시의 일에 관여한다. 그들은 법정에서 민주정 옹호자를 보호하고 반대자를 파멸시킨다. 만약 동맹국이 아테네인이 성가시기 때문에 각자 자기 지역에서 재판을 받으려고 한다면 아테네인과 절친한 시민들을 파멸시킬 것이다. (17) 게다가 아테네인은 동맹국의 재판이 아테네에서 열림으로써 다음과 같은 방법으로 이득을 본다. 첫째, 피레에프스에서 도시를 위해 징수하는 세금이 1퍼센트 포인트 많아진다.[5] 둘째, 숙박소를 갖고 있는 사람은 보다 돈을 잘 번다. 우마(牛馬)와 노예를 빌려줄 수 있는 사람도 마찬가지다. (18) 나아가 민회의 전령도 동맹국 국민이 도시에 있을 때 더 이익을 본다. 만약 재판을 받으러 오지 않는다면 동맹국 국민은 오직 아테네에서 밖으로 나가는 사람들, 즉 장군, 삼단노선의 함장, 대사들에게만 존경을 표할 것이다. 그렇지만 지금 동맹국 국민은 아테네 민중에게 아첨을 하지 않으면 안 된다. 재판을 받으러 아테네에 오는 사람은 누구든 재판 결과가 아테네 민중의 손에 달려 있다는 것을 알기 때문이다. 동맹국 국민은 법정에 들어오는 아테네인은 누구든 가리지 않고 애원해야 하며, 그들의 손을 붙잡아야 한다. 이런 식으로 동맹국 국민은 아테네 민중의 노예가 된다.

(19) 그들은 해외에 있는 그들의 재산과 해외에 나가서 봐야 하는 공무 때문에 부지부식 간에 노 젓는 법을 배우게 된다. 왜냐하면 바다로 자주 나가는 사람은 그들의 노예가 하는 것처럼 어쩔 수 없이 노를 잡게

---

5 1퍼센트의 세금에 대해서는 아리스토파네스의 《벌》을 참조하라. 분명 일종의 관세였다.

되고, 선박 용어를 알게 된다. (20) 항해의 경험과 훈련을 통해 훌륭한 조타수가 된다. 보통의 배에서, 다른 이는 상선에서, 또는 그런 경험을 마친 후 삼단노선에서 조타수로 복무하며 훈련을 받는다. 많은 사람이 그들의 전 인생에 걸쳐 미리 훈련을 받았기에 배를 타자마자 노를 저을 줄 안다.

2장

(1) 그러나 매우 약체라는 평판이 있는 아테네 중장보병은 아주 계획적으로 구성되었다. 그들은 자신들이 적보다 약하고 숫자가 적다는 것을 알고 있지만, 그들에게 공납하는 동맹국 중에는 가장 강력한 지상군을 보유하고 있으며, 동맹국보다 강하려면 중장보병으로 충분하다고 생각한다.

(2) 그 외에도 그들에게 해당되는 다음과 같은 우연한 상황이 있다. 지상의 피지배민은 소수의 도시를 묶어 집단으로 싸울 수 있지만,[6] 바다의 피지배민은 섬사람이기 때문에 도시를 한 단위로 묶을 수가 없다. 바다가 도시 가운데 있으므로 바다의 지배자는 제해권자(制海權者)이다. 만약 섬사람이 몰래 한 섬에 모인다 해도, 그들은 굶어 죽을 것이다. (3) 본토에 있는 아테네의 피지배 도시는, 규모가 큰 도시는 두려움 때문에, 규모가 작은 도시는 필요 때문에 아테네에 복종한다. 수입이나 수출이

---

[6] 기원전 432년의 칼키디케 동맹의 형성(투키디데스, 제1권 58장 2절)을 참조하라. 그러나 이 말은 그에 대한 암시를 그다지 필요로 하지 않는다.

필요하지 않는 도시는 없으며, 바다의 지배자에게 복종하지 않는 한 도시를 위한 어떠한 활동도 불가능하기 때문이다.

(4) 게다가 바다의 지배자는 때때로 육지의 지배자가 할 수 있는 것을 똑같이 할 수 있다. 즉, 그들은 자기보다 강한 적의 국경을 유린할 수 있다.[7] 국경에 적이 없거나(또는 적이 적은) 곳은 어디든 해안을 따라 들어갈 수 있고, 만약 공격이 있다면 배에 올라타 빨리 갈 수 있다. 해군은, 중장보병을 데리고 지원하러 오는 지상군보다 훨씬 피해를 덜 입는다. (5) 나아가 바다의 지배자는 자신의 땅에서 배를 타고 어디든지 아주 쉽게 갈 수 있지만, 지상의 세력은 자신의 국경에서 겨우 며칠 거리의 이동만 할 수 있을 뿐이다.[8] 지상군의 진행은 느리며, 걸어서 가면 오랜 기간 필요한 식량을 충분히 가지고 갈 수 없다. 걸어서 가는 군대는 우호적인 땅을 통과해야 하며, 만약 적대적인 땅을 만난다면 싸워서 이겨야 한다. 반면에 배를 타고 가는 군대는, 힘의 우위를 갖고 있는 곳이라면 어디든 해안에 상륙할 수 있고,[9] 해안을 따라 우호적인 지역이나 아니면 자신보다 약한 세력의 지역에 다다를 때까지 항해한다. (6) 나아가 가장 강력한 지상군이라 할지라도 농작물에서 발생하는 불시의 질병에 심각하게

---

7 투키디데스 제1권 143장 3절의 페리클레스와 아테네의 펠로폰네소스 해안에 대한 공격(기원전 431년, 투키디데스 제2권 23장 1절)을 참조하라. 저자는 여기서 펠로폰네소스 전쟁에 대해 언급할 필요가 없었다. 기원전 455년 톨미데스 또한 그 점을 증명하였다(투키디데스 제1권 108장 5절).
8 이 주장은 기원전 424년 브라시다스의 북쪽 행진을 통해 잘못되었다고 증명되었다. 따라서 이 글은 그해 전에 작성되었을 것이다. 이 의견은 W. 로셰의 《생활, 일, 그리고 투키디데스 시대》(1842), 529페이지에서 기인한다.
9 이 문장에는 누락된 부분이 있다.

피해를 입지만, 바다의 군대는 그것을 쉽게 견뎌 낸다. 왜냐하면 모든 땅이 동시에 병에 걸리지는 않으며, 바다의 지배자는 생육이 좋은 땅에서 곡물을 가져올 수 있기 때문이다.

(7) 약간 사소한 문제를 이야기하자면,[10] 첫째로 아테네인은 해군력 덕분에 다양한 사람들과 교류하여 화려한 양식(樣式)들을 발견했다. 시실리아, 이탈리아, 키프로스, 이집트, 아이길토스, 리디아, 폰투스, 펠로폰네소스와 그 외 어느 곳이든 진귀한 것들을 해군력 때문에 모두 한곳에 모았다. (8) 나아가 모든 종류의 언어를 들으면서 각 언어로부터 무언가를 얻었다. 그리스인은 각자 독자의 언어와 생활방식, 옷차림을 하는 경향이 있지만, 아테네인은 그리스인과 비그리스인의 것을 혼합해서 쓰고 있다. (9) 아테네 민중은 가난한 사람 각자가 희생제사를 올리고 풍성한 축제를 개최하며 신전을 세우고 도시를 아름답고 웅장하게 관리하는 것이 불가능하다는 것을 깨닫고서, 어떻게 하면 희생제사, 신전, 축제, 이런 것들을 할 수 있는지를 찾았다. 아테네는 공공 경비로 희생제물을 많이 마련해 제사를 올리지만, 축제를 즐기고 희생제물을 나누어 받는 것은 민중이다. (10) 일부 부자는 개인 체육관, 목욕탕, 의복실을 가지고 있지만, 아테네 민중은 자신들이 쓰기 위해 레슬링 경기장, 의복실, 공중목욕탕을 많이 짓는다. 이 시끄러운 무리는 상류계급의 부유한 일원보다 이것들을 더 많이 누린다.

(11) 그리스인과 이방인 중에서 오직 아테네인만이 부를 소유할 수 있다. 만약 어떤 도시가 배 만드는 데 쓰는 목재가 풍부하다 해도 바다

---

10 아테네의 화려함과 즐거움과 모든 곳에서 가져오는 좋은 물건의 존재에 대해 말하는 페리클레스의 장례식 조사를 참조하라. 투키디데스 제2권 38장.

의 지배자가 동의하지 않으면 어디로 그것을 운송하겠는가? 또한 어떤 도시가 철, 구리, 아마포가 풍부하다 해도, 바다의 지배자가 동의하지 않으면 어디로 그것을 보내겠는가? 바로 이런 것들 때문에 배를 소유하는 것이다. 한 곳에서 목재를, 다른 곳에서 철, 구리, 아마포, 밀랍을 실어 온다. (12) 게다가 아테네인은 우리의 적이 있는 곳은 어디나 그곳에 물건을 수출하는 것을 금한다. 그렇지 않으면 바다를 봉쇄하겠다고 위협한다. 그리고 아무 것도 하지 않으면서 바다 덕분에 땅에 있는 이 모든 것을 가진다. 이것들 중에 두 가지 모두를 가지고 있는 도시는 없다. 즉, 같은 도시에 목재와 아마포가 모두 있는 곳은 없으며, 아마포가 가장 많이 나는 평범한 땅에는 나무가 없다. 심지어 철과 구리가 모두 나는 도시가 없다. 이곳에는 이것이 나며 다른 곳에는 다른 것이 난다.

(13) 나아가 모든 본토는 갑(岬) 또는 연안섬, 해협 중 하나가 있어 해군이 그곳에 들어가 육지에 거하는 군대에 피해를 줄 수 있다.[11]

(14) 그러나 아테네인에게는 부족한 것이 하나 있다.[12] 만약 아테네인이 섬에 거주하는 해상 지배자라면, 원한다면 아무런 피해도 입지 않고, 즉 적에게 땅을 빼앗기지 않고 피해를 주는 것이 가능할 것이다. 그러나 지금 아테네 농부와 부자는 적에게 구애를 하고 있지만, 아테네 민중은 자신들의 소유 중 아무것도 불에 타거나 잘리지 않을 것을 알기에 두려움 없이 살며 적에게 아부하기를 것을 거부한다. (15) 나아가 아테네인이

---

11 비슷한 생각이 투키디데스 제1권 142장에 나온다. 이 단락에서는 필로스 사건을 암시하는 어떤 것들이 보이지만, 필연적인 것은 아니다.
12 가짜 크세노폰이 말하는 이 부분은 투키디데스 제1권 143장 5절에 나오는 페리클레스의 언급과 놀랍게도 유사하다.

섬에 살았더라면 그들은 또 다른 두려움에서 벗어났을 것이다. 즉, 과두정치가가 도시를 배신해 적에게 넘기거나, 도시의 성문을 활짝 열어젖히거나, 적이 침입해 들어오는 두려움이다. (이런 일이 어떻게 섬에 사는 사람들에게 일어나겠는가?) 그 외에도 그들이 섬에 산다면 아무도 민주정에 대해 반역을 일으키지 않을 것이다. 현 상황에서는, 내분이 있다면 반역자들은 육지를 통해 적을 불러들이려고 할 것이다. 그들이 섬에 산다면 이것은 그들에게 걱정거리도 아닐 것이다. (16) 그러나 처음부터 우연하게도 섬에 살지 않았고, 지금 다음의 것을 하고 있다. 그들은 해상지배권을 믿고서 그들의 재산을 섬에 보관하며 적에게 유린되도록 놔둔다. 왜냐하면, 만약 그들이 아티카 땅에 집착한다면 더 큰 것을 잃게 될 것을 알기 때문이다.[13]

(17) 나아가 과두정치 하의 도시에서는 동맹 관계와 서약을 유지할 필요가 있다. 그들이 협정을 지키지 않거나 부정을 행한다면, 그 협정을 맺은 소수의 과두정치가가 비난을 받는다. 그러나 아테네 민중이 협정을 맺은 것은 무엇이든 일어나 발언하거나 표결에 부쳤던 사람에게 책임을 떠넘기는 한편, 그 협정이 전원 출석의 민회에서 의결된 것을 알면서도 "나는 그곳에 없었거나 그 협정에 찬성하지 않았다."고 하면서 협정을 거부한다.[14] 만약 그 협정이 발효되기를 원치 않는다면, 그들은 원치 않는 것을 하지 않기 위해 무수히 많은 구실을 만들어 낸다. 그리고 결정

---

13 펠로폰네소스 전쟁이 시작되었을 때 아테네인은 분명 재산을 유보이아 섬으로 옮겼다(투키디데스 제2권 14장 1절). 그리고 아티카 본토는 아테네인의 저항을 받지 않고 스파르타인에게 유린되었다(투키디데스 제2권 23장 1절).
14 이 문장에는 훼손이 있지만 분명하다.

한 계획의 결과가 나쁠 때, 민중은 소수의 사람들이 자신들을 반대해 계획을 망쳤다고 비난한다. 그러나 결과가 좋으면 자신들의 공으로 돌린다.

(18) 민중은 자신들에 대한 악평을 들으려 하지 않기 때문에 희극에서 자신들을 나쁘게 말하는 것을 허락하지 않는다.[15] 그러나 어떤 개인을 우스꽝스럽게 희극에서 공격하려고 한다면 그렇게 하라고 시킨다. 그들은 희극에서 그렇게 다루어지는 사람이 대부분 서민과 민중 출신이 아니라 부자나 귀족이거나 영향력 있는 사람이라는 것을 잘 알고 있다. 소수의 가난한 사람과 하층민도 희극에서 공격을 받는데, 그럴 경우는 그들이 남의 일에 참견하거나 그들의 계급을 뛰어넘으려고 시도할 때만 그렇게 비난을 받는다. 그럼으로써 민중은 그런 사람들이 희극에서 공격을 받는 것을 보고서도 아무런 괴로움을 느끼지 않는다.

(19) 아테네인은 어떤 시민이 선하고 악한지를 알고 있지만, 아는 것과는 상관없이 설령 악한 사람일지라도 그들에게 고분고분하고 도움이 되는 사람은 키워주며, 선한 사람은 미워하는 경향이 있다는 것이 내 의견이다. 왜냐하면, 미덕을 본래 그들에게 이득이 되지 않고 해가 된다고 생각하기 때문이다. 한편 어떤 사람은 진정 민중의 편을 들지만 민주적이지 않기도 하다. (20) 나는 민중이 스스로를 위해 민주정을 선택하는 것을 인정한다. 자신의 이익을 추구하는 사람은 누구나 용인해 주어야

---

15 이 단락은 기원전 440(39)~437(6)년 또는 기원전 415년에 있은 희극 금지와는 관련이 없다. K. I. 겔처, 《아테네 도시에 나온 경전》(1937) 71페이지와 128~132페이지. 그러나 겔처의 강력한 주장에도 불구하고 이 문제에 대한 논쟁은 여전하다. 아리스토파네스의 《기사》(기원전 424년 작성)에 민중이 등장인물이라는 것을 주목하라.

한다. 그러나 민중의 편이 아니면서 과두정보다 민주정에서 살기를 더 선호하는 사람이 있다면, 그는 나쁜 짓을 할 각오가 되어 있는 사람이고, 나쁜 사람이 과두정보다 민주정에서 더 빠져나가기 쉽다는 것을 깨달은 것이다.

3장

(1) 나는 아테네의 국제를 좋게 평가하지 않는다. 그러나 그들이 민주정을 선택한 이후로 그들은 내가 언급한 수단들을 통해 민주정을 잘 지켜 왔다.

또한 아테네 국제를 반대하는 이유는, 어떤 사람이 일 년 내내 기다린다 해도 평의회나 민회와 협의를 할 수 없기 때문이다. 이런 일이 아테네에서 발생하는 이유는, 처리해야 할 일이 너무 많아 기다리는 사람을 돌려보낼 수밖에 없기 때문이다. (2) 어떻게 이것을 할 수 있겠는가? 우선, 그들은 다른 어떤 그리스 도시보다 더 많은 축제를 개최한다(이들 축제 동안 나랏일이 처리되기란 거의 불가능하다). 다음으로 그들은 모든 사람의 역량을 모을지라도 처리가 불가능할 정도의 민사, 형사 재판을 하고 회계 감사를 한다. 또한 평의회는 전쟁, 세입, 입법, 수시로 일어나는 국가의 사건을 처리해야 하며, 동맹국을 대신해 어떤 현안들을 처리하고, 공물을 받는 일과 조선소와 신전 일도 챙겨야 한다. 이렇게 많은 일들이 있기 때문에, 그들이 모든 사람과 협의를 할 수 없어도 놀랄 이유가 없다. (3) 그렇지만 어떤 사람은 이렇게 말한다. "만약 돈을 들고 평의회나 민회를 가면 당신의 일은 해결될 수 있을 것이다." 나는 그렇게 말하는 사람의 말에 동의한다. 아테네에서는 돈이면 많은 일이 해결되고, 돈을 더 주면 더 많은 일이 해결된다. 그렇지만 나는 아무리 많은 금과 은을 준다 할지라도 도시가 모든 사람의 요구를 들어줄 수는 없다는 것을 잘 안다. (4) 그들은 또한 어떤 사람이 배를 수리하지 않거나 무언가 공공건물을 지어야 할 때 결정을 내려야 한다. 게다가 매년 디오니소스, 타르젤리아, 파나테나이아, 프로메티아, 헤파에스티아 축제에서 합창 비용의 부담 문제를 결정해야만 한다.

해마다 400명의 삼단노선 함장이 임명되는데, 제기하기를 원하는 사람은 누구든 분쟁을 해결해 주어야 한다.[16] 게다가 행정관을 임명하고 그들 사이의 분쟁을 해결해야 하며, 고아를 인정하고, 간수를 임명해야 한다. 그리고 이런 일들은 매년 일어난다. (5) 때로는 군역을 피해 도망가는 것과 다른 예상치 못한 부정한 행위, 그것이 예정에 없던 부정하거나 신에 대한 불경한 행위일지라도 처리해야 한다.

내가 또한 언급하기를 생략한 것이 많다. 공물의 결정을 제외한 가장 중요한 것은 이미 언급하였다. 공물의 결정은 보통 4년에 한 번씩 한다.[17] (6) 그렇다면 이 모든 것에 대한 결정을 내리지 말아야만 할까? 어떤 사

---

16 투키디데스 제2권 13장 8절과 아리스토파네스의 《아르카나이 사람》 545에서는 삼단노선의 함장을 300명으로 예상한다. 우리가 가지고 있는 안도키네스의 원고 3장 9절에는 400척의 배로 나오지만, 안도키네스가 아이스키네스를 표절한 곳(2장 175절)에서는 본래 300척으로 나온다. 아마 가짜 크세노폰도 마찬가지였을 것이다.

17 문자 그대로는 다섯 번째 해로서, 올림픽 게임처럼 통틀어 5년 주기이다. 최초의 불규칙적 공물의 결정은 443년에 발생했다. *HSCP* 71 (1966) 38 참조.

람은 결정하지 말아야 한다고 한다. 한편, 어떤 사람은 일 년 내내 판결하는 지금도 범죄를 저지르는 이들이 너무 많아 그들을 저지할 수 없으므로 이 모든 것이 필요하다는 데 동의한다. (7) 그렇지만 어떤 사람은 사건을 판결해야 하지만 그보다 적은 수의 사람이 해야 한다고 말할 것이다. 그렇다면 법원이 단 몇 군데만 있지 않는 이상, 필연적으로 각 법원에는 재판관이 적을 수밖에 없으며, 그 결과 소수의 재판관에 대해서만 대책을 세우고 그들에게 뇌물을 주는 것이 쉬울 것이며, 판결을 보다 공정하지 않게 내리는 것이 쉬울 것이다. (8) 나아가 어떤 이는 법원이 쉬는 때에만 축제를 개최해야 한다고 생각한다. 그들은 다른 나라가 개최하는 것의 2배나 많은 축제를 개최한다. 나는 축제를 가장 드물게 개최하는 나라들만 들었을 뿐이다. 따라서 그런 상황에서 아테네에서 일어나는 일은 오늘과 달라질 가능성이 없으며, 여기서 조금 떼어다 저기에 조금 붙이는 식만 가능하다. 근본적인 변화는 민주정의 몇몇 부분을 없애지 않고는 불가능하다. (9) 아테네 국제를 개선시킬 방법을 많이 찾기란 가능하다. 그러나 내가 방금 말한 것처럼, 조금씩 더하거나 빼는 것을 제외하고 민주정이 계속 존재하고 동시에 보다 나은 국제가 되기에 충분한 방법을 찾기란 쉽지 않다.

(10) 또한 아테네인은 내분에 휩싸인 도시에서 하층계급의 편을 든다는 점에서도 잘못 행동하는 것 같다. 만약 그들이 상류계급을 선호했다면, 그들은 그들과 다른 성향의 사람들을 선호했을 것이다. 우월한 성분의 사람들이 민중에 대해 좋게 생각하는 성향이 있는 도시는 없으며, 각 도시마다 가장 나쁜 사람들이 민중에 대해 좋게 생각하는 성향이 있다. 왜냐하면 같은 사람들끼리 서로에 대해 좋게 생각하기 때문이다. 따라서

아테네인은 자신들에게 호의적인 사람들을 선호한다. (11) 민중이 상류계급 편을 들려고 시도했지만 그 결과는 항상 민중에게 안 좋은 쪽으로 되곤 했다. 보이오티아 민중은 순식간에 노예가 되었다.[18] 비슷하게, 그들은 밀레토스 상류계급 편에 붙었지만 밀레토스 상류계급은 배신해 그들을 살해했다.[19] 비슷하게도 그들은 메세니아에 대항하기 위해 스파르타 편에 붙었지만 스파르타는 순식간에 메세니아를 정복하고 아테네와 전쟁을 하였다.[20]

(12) 누군가는, 아테네에서는 아무도 부당하게 시민권을 빼앗기지 않는다고 불쑥 말을 던질지 모르겠다. 그러나 아주 소수이기는 해도 부당하게 시민권을 빼앗기는 사람이 분명 있다. 아테네 민주정을 공격하려면 많은 사람이 필요하다. 이런 사정 때문에 정당하게 시민권을 박탈당한 사람은 고려할 필요는 없고, 오직 부당하게 박탈당한 사람을 고려해야 한다. (13) 민중이 통치하는 아테네에서 많은 사람이 부당하게 시민권을 박탈당했다고 누가 생각할 수 있겠는가? 아테네에서 시민권을 박탈당하는 사람은 올바르게 통치하지 않거나 정의를 주장하지 않거나 실천하지 않는 자들이다. 이것을 고려한다면 아테네에서 시민권이 박탈당할 위험이 조금이라도 있다고 생각해서는 안 된다.

---

18 짐작건대 이것은 456~446년의 어느 때에 일어났다. *HSCP*, 71 (1966), 35~6페이지 참조.
19 아마도 446년 직후에 일어났다. *JHS*, 82 (1962), 1페이지와 그 다음 페이지 참조. 예전에는 450년대 후반으로 추정하였다.
20 460년대에 있었던 메세니아의 반란에 아테네가 스파르타를 도왔다는 것을 암시한다.

| 부록 1 |

크세노폰에 대해 알 수 있는 자료로는 크게 세 가지가 있다. 첫째는 크세노폰이 직접 쓴 저작물이고, 둘째는 다른 사람이 쓴 고대의 기록, 셋째는 근현대의 비평가들이 만든 기록이다. 가치 면에서는 첫 번째가 제일 중요하지만, 둘째와 셋째도 크세노폰에 대해 알 수 있는 중요한 자료가 된다. 이 중 두 번째의 기록 중에서 디오게네스 라에르티오스가 쓴 *The Lives of Eminent Philosophers*는 크세노폰에 대해 알 수 있는 중요한 자료이다. "철학자 열전"으로 번역되는 이 책은 고대 철학자들의 인생에 대해 간결하게 쓴 것으로 크세노폰에 대해 알려고 할 때 반드시 참조하는 기록이다. 책 중에서 크세노폰에 해당되는 부분만 골라서 번역한다. 번역 원전은 Diogenes Laertius. Hicks, R. D, trans. *The Lives of Eminent Philosophers,* Vol. 1. Loeb Classical Library 184. Cambridge, Mass.: Harvard University Press, 1925. 176-189이다.

6장

크세노폰

(426?~354 B.C.)

디오게네스 라에르티오스

    크세노폰은 아테네 시민 그릴루스의 아들로서 에르키아 구(區)에서 살았다. 그는 매우 겸손하면서도 아주 잘생긴 남자였다. 그가 소크라테스를 만났던 이야기는 이렇다. 소크라테스는 좁은 길에서 크세노폰을 만나 지팡이를 뻗어 길을 가로막으며 모든 종류의 식품을 파는 곳이 어디인지를 물었다. 크세노폰이 대답을 하자 소크라테스가 또 질문을 했다. "그리고 사람이 훌륭하고 명예롭게 될 수 있는 곳은 어디인가?" 크세노폰은 매우 당황하였다. "그렇다면 나를 따라와 배우게."라고 소크라테스는 말했다고 한다. 그때부터 크세노폰은 소크라테스의 제자였다. 그는 소크라테스와의 대화를 기억해 《소크라테스 회상》이라는 책으로 세상에 처음 내놓은 사람이었다. 게다가 그는 철학자들의 역사를 처음으로 기록한 인물이기도 했다.

    아리스티포스는 《고대인의 화려함에 관하여》라는 그의 책 제4권에서 크세노폰이 클리니아스를 사랑했다고 선언하면서 그에 대해 말한다. "세상에 있는 다른 모든 좋은 것을 보는 것보다 그를 보는 것이 더 달콤하다네. 그를 나 혼자만 볼 수 있다면 다른 모든 것을 볼 수 없다 해도 만족하네. 클리니아스를 볼 수 없기 때문에 밤과 잠자는 것이 짜증이 나네. 그리고 그를 나에게 보여 주기 때문에 해와 낮이 가장 고맙다네."

크세노폰은 키루스와의 우정을 다음과 같은 방법으로 얻었다. 그는 프로크세노스라는 친구와 막역한 사이였다. 프로크세노스는 보이오티아인으로서 레온티니의 고르기아스의 제자이자 키루스의 친구였다. 사르디스에 있는 키루스의 궁전에서 살던 프로크세노스는 아테네에 있는 크세노폰에게 편지를 보내 이리 와서 키루스와 친구가 되라고 초청한다. 크세노폰은 그 편지를 소크라테스에게 보여 주면서 조언을 구했다. 그러자 소크라테스는 델포이에 가서 신탁을 구해야 한다고 했다. 크세노폰은 그 말을 따라 신 앞에 섰다. 그러나 그는 가서 키루스를 보필해야 할지 말지를 구한 것이 아니라 어떤 방식으로 가야만 하는지를 구했다. 이것 때문에 소크라테스는 크세노폰을 나무랐지만 동시에 그에게 가기를 조언했다. 크세노폰이 키루스의 궁전에 도착했을 때 그는 프로크세노스가 했던 것처럼 키루스에게 따뜻한 애착을 느꼈다. 우리에게는 원정과 귀국 과정에 있었던 모든 일에 대한 이야기가 충분히 있다. 그는 용병 장군이던 파르살로스의 메논과 원정 중에 반목이 있었고, 다른 잘못 중에서도 그가 가장 나쁜 종류의 방탕에 탐닉한 것을 비난했다. 크세노폰은 또한 아폴로니데스가 말로써 그를 힘들게 했던 것을 비난했다.[1]

원정과 폰투스에서 일어났던 재앙과 오드뤼사이 왕 세우테스의 휴전 협정 파기 후에 크세노폰은 아시아로 돌아와 키루스 군대에 용병으로

---

1 《아나바시스》 제3권 1장 26~31절

복무하던 스파르타 왕 아게실라오스에 합류해 그에게 헌신했다. 이 무렵 그는 스파르타 편에 섰다는 이유로 아테네에서 추방당한다. 크세노폰이 에페소스에서 살 때 그는 돈이 있었는데, 절반을 아르테미스 여신의 사제였던 메가비주스에게 돌아올 때까지 맡겼고, 만약 그가 돌아오지 않는다면 그 여신을 기리어 동상을 하나 세우라고 부탁했다. 그리고 나머지 절반은 델포이 신전에 봉헌금으로 바쳤다. 그 뒤에 그는 테베와의 전쟁을 수행하기 위해 호출되었던 아게실라오스와 함께 그리스에 왔다. 라케다이몬인들을 그에게 특별한 지위를 부여했다.

그 후 그는 아게실라오스를 떠나 스킬루스로 갔다. 그곳은 엘리스인의 지역에 있었고 도시에서 멀리 떨어지지 않았다. 마그네시아의 데메트리오스에 따르면 크세노폰은 부인 펠레시아와 함께 갔다고 한다. 그리고 크세노폰이 의무를 소홀이 했다고 고발했던 자유민을 위해 디나르쿠스가 썼던 연설문에서 크세노폰의 두 아들 그릴루스와 디오도로스가 크세노폰과 함께 갔다고 하는데, 그 두 아들은 디오스쿠로이라고 불리었다. 메가비주스가 축제에 참가하기 위해 도착했고, 크세노폰은 그가 맡겨 놓은 돈을 돌려받고 강이 흐르는 땅을 사서 여신에게 바쳤다. 그 강은 에페소스에 있던 강과 같은 셀리누스라는 이름이 붙었다. 그 후로부터 그는 사냥을 하고 친구들과 즐기며 아무런 간섭 없이 역사 저술을 하였다. 그러나 디나르쿠스는 라케다이몬인들이 그에게 집과 땅을 주었다고 주장한다.

동시에 우리는 스파르타인 필로디파스가 스킬루스에 있는 크세노폰에게 다르다노스에서 사로잡은 노예들을 선물로 주었고, 크세노폰이 그가 생각하기에 적합한 곳에 그들을 배치했으며, 엘리스인들이 스킬루스를 향해 진격해 오고 스파르타인들이 그곳을 도우러 오는 데 꾸물거리자, 아들들을 몇몇 하인과 함께 레프레움으로 보냈고, 자신도 예전에 가본 적 있는 엘리스로 가서 아들들과 합류하기 위해 레프레움으로 간 뒤 레프레움을 탈출해 코린토스로 가서 그곳에 정착했다고 듣는다. 그러는 사이에 아테네는 스파르타를 돕자는 법안을 통과시켰고, 크세노폰은 그의 두 아들을 스파르타를 돕는 군대에 참가시키려 아테네에 보냈다. 디오클레스의 《철학자들의 인생》에 따르면 그들은 스파르타에서 훈련받았다고 한다. 디오도로스는 특별한 전공이 없이 무사히 돌아와 그의 형과 이름이 같은 아들(그릴루스)을 낳았다. 그러나 그릴루스는 기병대에 배치되어 만티네이아 부근에서 있던 전투에서 용감하게 싸우다 전사했다. 에포루스가 그의 다섯 번째 책에서 언급하듯이 켈리소도로소가 기병 연대장이었고, 레게실라오스가 기병대 사령관이었다. 이 전투에서 에파미논다스 또한 전사했다. 이 전투 후에 크세노폰은 머리에 화관을 쓰고서 희생제사를 드리고 있었다고 한다. 아들의 사망 소식이 전해지자 그는 화관을 벗었고, 명예롭게 전사했다는 것을 알고서 화관을 머리에 다시 썼다고 한다. 어떤 이는 그가 눈물조차 흘리지 않은 채 이렇게 외쳤다고 한다. "나는 아들이 죽을 것을 알고 있었다네." 아리스토텔레스는 그릴루스에 대한 묘비명과 찬사를 쓴 작가들이 수도 없이 많았으며 개중에는 그의 아버지를 흐뭇하게 하기 위한 것도 있었다고 말한다. 헤르미푸스 또한 그의 《테오프라스토스의 인생》에서 심지어 이소크라테스조차 그릴루스에 대한 찬사를 썼다고 말한다. 그러나 티몬은 이런 말로 크

세노폰을 조롱한다.²

"크세노폰이나 아이스키네스 같은 대작가도 그런 유치한 2행연구시나 3행연구시 또는 그 이상의 연구시를 쓸 수 있다."

이것이 그의 인생이었다. 그는 94기 올림피아드의 네 번째 해가 절정기였으며,³ 소크라테스가 죽기 한 해 전 크세나에네투스가 집정관이던 때에 키루스의 원정에 참가하였다.

아테네의 크테시클리데스⁴가 작성한 집정관과 올림피아드 우승자 명단에 따르면, 크세노폰은 105기 올림피아드의 첫 번째 해이자 칼리데미데스가 집정관이던 해,⁵ 아민타스의 아들 필리포스가 마케도니아의 왕자에 오르던 해에 죽었다. 그는 마그네시아의 데메트리오스가 말하듯이 분명 고령의 나이에 코린토스에서 죽었다. 그는 모든 점에서 탁월한 사람이었으며, 말과 개를 매우 좋아했고, 그의 글에서 분명히 드러나듯이 위대한 전술가였다. 그는 신앙심이 깊은 사람으로서 신들께 희생제사 드리기를 좋아했으며, 희생제사의 결과가 무엇인지를 알아맞히는 데 전문가였다. 그리고 그는 소크라테스를 열렬히 칭송하며 따라 했다.

---

2 Fr. 26 D.
3 기원전 401~400년
4 크테시클리데스는 그의《연대기》6장 272c와 10장 445d를 인용한 아테나에우스를 통해 우리에게 알려졌다. 여기서 그에게 이의를 제기하는 것은 성급한 듯하나, 비슷한 오류가 분명한 4장 5절을 참조하라.
5 기원전 360~359년

그는 합하여 40여권의 책을 썼지만 비평가마다 나누기를 달리한다.

《아나바시스》는 전체에 대한 하나의 서문이 아니라 각 권마다 서문이 붙어 있다.

《키로파에디아》

《헬레니카》

《소크라테스 회상》

《오이코노미쿠스》

《기마술》

《사냥술》

《기병대 사령관》

《소크라테스의 변명》

《수단과 방법》

《히에론》 또는 《폭정에 관하여》

《아게실라오스》

《라케다이몬과 아테네의 국제》

마그네시아의 데메트리오스는 이들 중 마지막 작품이 크세노폰의 것이 아니라고 한다. 그가 투키디데스의 알려지지 않은 책들을 몰래 가지고 있다가 그것들을 출판함으로써 투키디데스를 유명하게 만들었다는 구전이 있다. 크세노폰의 서술이 감미로운 관계로 그는 아티카의 뮤즈라는 명성을 얻었다. 그런 이유로 플라톤을 다루는 장에서 언급할 예정이듯이, 크세노폰과 플라톤은 서로를 질시하였다.

내가 그에 대해 지은 경구가 있다.[6]

"영광스러운 기억의 긴 행군 속에서 크세노폰은 명예에 이르는 가파른 길을 오르기 위해 고생했다. 그리스의 행적에 비춘 그의 가르침은 얼마나 밝던가. 소크라테스에게서 보았던 지혜는 얼마나 훌륭하던가!"[7]

그의 죽음의 정황에 관한 또 다른 것이 있다.[8]

"크라나오스와 케크롭스의 동포들이 그대 크세노폰을 비난해 키루스와 친하게 지냈다는 이유로 그대를 추방했을지라도, 친절한 코린토스인들은 그대를 환영했고, 그대는 그 도시에서 즐겁게 지내는 것에 너무 만족해 거기서 쉬기로 결심했네."

다른 권위 있는 출처에 따르면, 그는 다른 소크라테스의 문하생과 더불어 89기 올림피아드 때에[9] 번성했고, 이소크라테스는 그가 에우불로스에 의해 추방당했고 에우불로스에 의해 추방이 철회되었다고 확언한다.

---

6 《앤솔러지아 팔라티나》 7장 97절
7 평범한 산문으로는 이렇다. "크세노폰은 키루스를 위해 페르시아로 올라갔을 뿐만 아니라, 제우스의 거처로 이어지는 길을 찾기 위해 가기도 했다. 그는 그리스의 위대한 행적들이 그의 훈련의 결과임을 보여 줌으로써 소크라테스의 지혜가 훌륭하다는 것을 상기시킨다."
8 《앤솔러지아 팔라티나》 7장 98절
9 이때는 기원전 424~420년으로서, 크세노폰이나 플라톤의 절정기로 하기에는 분명 터무니없다.

크세노폰이라는 이름을 가진 사람은 일곱 명이 있었다. 첫 번째는 우리의 주인공인 크세노폰이고, 두 번째는《테세이드》를 쓴 피토스트라투스의 형제인 아테네인인데, 그 자신도 에파미논다스와 펠로피다스의 전기를 쓴 작가이다. 세 번째는 코스의 의사이고, 네 번째는 한니발의 역사를 기록한 작가이고, 다섯 번째는 전설적인 업적을 담은 책을 쓴 작가이고, 여섯 번째는 파로스의 조각가이고, 일곱 번째는 구희극의 시인이다.

| 부록 2 |

오른쪽에 있는 크세노폰의 연보는 Xenophon. Dakyns, H. G, trans. *The works of Xenophon*, Vol. 1. London: Macmillan and co., 1890. lxix-lxx에 나오는 내용을 번역해 만든 것이다.

크세노폰 연보

기원전 431년 경

출생. 출생한 해가 펠로폰네소스 전쟁 원년이었음.

기원전 431~424년(나이 1~7세)

펠로폰네소스 전쟁 8년까지 아마도 아테네에서 살았으며, 최소한 봄과 여름에는 아테네에 있었음.

기원전 423~415년(나이 8~16세)

아마도 현재의 스파타에 해당하는 에르키아에서 부분적으로 삶. 종교 훈련을 받음(《아나바시스》 제7권 8장 5절). 오래된 아티카 단어를 습득함. 음악, 체육, 글자 교육을 받음. 믿기지 않을 정도로 현명하고 궤변적이어서 케오스의 프로디쿠스가 하는 것처럼 들렸을 것임. 소크라테스를 만남.

기원전 415~413년(나이 16~18세)
소크라테스 밑에서 훈련을 받음.《소크라테스 회상》,《향연》,《오이코노미쿠스》에 나옴

기원전 413~411년(나이 18~20세)
사냥 교육을 받음.《사냥술》에 나옴

기원전 411~405년(나이 20~26세)
정치에 관심이 있었음.《헬레니카》 제1권과 제2권(A부분)에 나옴.

기원전 405~403년(나이 26~28세)
《소크라테스 회상》(제2권 8장, 7장)에는 각각 "전쟁이 끝난 해"와 "무정부의 해"로 이름이 붙은 기원전 405년과 기원전 404~403년에 관한 두 개의 대화가 있음을 유념하라.

기원전 403~401년(나이 28~30세)
사면(赦免)에서부터 키레이 원정까지 정치적 전망들이 있었음.《사냥술》이 아마 이때 출간됨.《헬레니카》 제1권~제2권 3장 10절 부분을 나중에 사용하려고 한쪽에 두었거나, 아니면 투키디데스의 작품 속편으로 출간할 준비를 하고 있었음.

기원전 401~399년(나이 30~32세)
전성기. 키루스와 함께 내륙으로 진군했다 만인대와 함께 퇴각함. 트라키

아 작전. 남은 키레이인 6천명이 티브론에게 항복함. 《아나바시스》, 《키로파에디아》, 《헬레니카》 제3권(B부분)에 나옴.

기원전 399~394년(나이 32~37세)
이 시기(기원전 399년 봄)의 활동은 불확실함. 《헬레니카》 제1권과 제2권(A부분)이 출간됨. 스파르타 장군 티브론(?), 데르시리다스, 아게실라오스와 함께 아시아에서 군사 작전을 함. 결혼함. 추방당함. 아들들 출생. 코로네이아 전투 전 기원전 394년에 유럽으로 돌아옴. 《헬레니카》 제3권 4장(B부분)에 나옴.

기원전 394~387년(나이 37~44세)
스파르타에서 아게실라오스와 함께 있으면서 군사 작전(?)을 함. 아들들이 스파르타식 훈련으로 교육받음. 아마도 안탈키다스의 강화(?)까지 머묾. 《헬레니카》 제4권 5장 1~36(B부분)과 《라케다이몬의 국제》에 나옴.

기원전 387~371년(나이 44~60세)
이 무렵(어쩌면 이보다 전인 기원전 389년) 스파르타 당국으로부터 스킬루스에 집과 땅을 선물 받음. 그곳에서 여러 해를 보내며 그곳 책임자의 역할을 했을 것임. 지적 전성기였음. 위대한 문학적 시기였음. 여러 형태의 그의 글에 나옴. 많은 책들, 예를 들어 《소크라테스 회상》, 《향연》, 《오이코노미쿠스》, 《히에론》이 그곳에서 출간됨. 《헬레니카》의 나머지 부분을 위한 자료가 고려 없이 하나로 합쳐짐. 후기 작품들을 위한 자료가 수정됨. 《아나바시스》가 그 사례임.

기원전 371~369년(나이 60~62세)
레욱트라 전투. 스킬루스에서 탈출한 뒤에 《아나바시스》가 출간되었고, 《헬레니카》 B부분(제2권 3장 11절~제5권 1장 36절)이 아마도 기원전 371년 레욱트라 전투 이후 크세노폰 가족이 최종 정착했던 코린토스에서 출간됨. 크세노폰의 아들들은 크세노폰에 대한 추방이 철회된 후인 아마도 기원전 369년에 아테네로 돌아갔고, 기원전 362년 만티네이아 전투에서 아테네 기병대에서 복무함.

기원전 369~362년(나이 62~69세)
추방이 철회됨. 저술 노력을 코린토스에서 계속함(때로는 아테네에서 했을 수 있음). 《기병대 사령관》과 그 속편인 《기마술》이 출간됨. 《키로파에디아》와 《헬레니카》 C부분(제5권 2장부터 끝까지)이 형태를 갖추어 마침내 기원전 365년과 357년 사이에 출간됨(《키로파에디아》의 에필로그는 기원전 364년에 출간됨). 기원전 362년 만티네이아 전투 전에 아들 그릴루스가 죽음.

기원전 362~354년(나이 69~77세)
그의 마지막 작품 《수단과 방법》이 기원전 355년에 출간됨.

기원전 354년 경(나이 77세)
코린토스에서 사망(구전으로 전해짐). 디오게네스 라에르티오스의 《크세노폰의 생애》에 나오는 마그네시아 데메트리오스의 말을 참조.

| 역자 후기 |

서양 고전에서 크세노폰의 작품은 플라톤에 비해 수준이 떨어지는 것으로 여겨진다. 플라톤의 《국가》는 대학생이 읽어야 할 고전 목록에 빠지지 않고 등장하지만 크세노폰의 작품은 좀처럼 찾기 힘들다. 또한 플라톤은 높이고 크세노폰은 깎아내리는 것이 지식인 세계의 정서인 것 같다. 예를 들어 버트런드 러셀은 그의 책 《서양철학사》에서 크세노폰을 이렇게 혹평했다.

"크세노폰은 사실이 아닌 것은 무엇이든 생각해 낼 재치가 없기 때문에 그가 말한 것은 모두 사실일 거라고 여기는 경향이 있다. 이것은 아주 근거 없는 논지다. 똑똑한 사람이 말한 것에 대한 멍청한 사람의 보고는 결코 정확할 수 없는데, 이유는 멍청한 사람은 그가 듣는 것을 무의식적으로 그가 이해할 수 있는 무언가로 바꾸기 때문이다. 나는 철학을 모르는 친구보다 오히려 철학자들 속에 있는 가장 혹독한 적에 의해 보고될 것이다. 따라서 우리는 크세노폰이 말한 것이 어떤 철학적 난

점이나 소크라테스가 부당하게 선고를 받았다고 증명할 만한 주장의 일부를 포함하고 있다고 인정할 수 없다."

한편 플라톤은 크세노폰과는 달리 우호적으로 평가했다.

"플라톤은 픽션 작가로 탁월하기에 역사가로서의 그는 의심스럽다. 플라톤의 소크라테스는 일관성 있고 매우 흥미로운 인물로서, 보통 사람이 내는 능력을 훨씬 뛰어넘는다. 나는 플라톤이 소크라테스를 만들어 냈을 수도 있다고 본다. 물론 플라톤이 그렇게 했는지의 여부는 별개의 문제다."

그러나 두 사람은 소크라테스를 스승으로 둔 동료였다. 둘은 소크라테스의 제자가 될 만큼 자질이 뛰어난 사람들이었지만, 서로 사이가 좋지 못했다. 디오게네스 라에르티오스는 그의 책 《철학자 열전》에서 두 사람이 라이벌 관계였다고 말한다. 여기서 갑자기 엉뚱한 호기심이 든다. 그렇다면 소크라테스는 누구를 더 아꼈을까? 디오게네스 라에르티오스의 책을 통해서 추측건대, 소크라테스는 크세노폰을 더 아꼈던 것 같다. 어느 날 소크라테스가 꿈을 꾸었는데 꿈속에 백조 한 마리가 자기 무릎에 있었다. 그런데 그 백조가 갑자기 날개를 펴더니 달콤한 소리를 크게 내고는 날아가 버렸다. 다음날 플라톤이 제자가 되겠다고 찾아왔고, 소크라테스는 플라톤 속에서 꿈속의 백조를 발견했다.

상상건대, 둘은 사이가 나쁠 수밖에 없었다. 두 사람은 기질이 달라 쉽게 어울릴 수 없었다. 플라톤은 정적이고 지적인 반면 크세노폰은 동적이고 감성적이었다. 그랬기에 크세노폰이 소(小)키루스를 따라 페르시아로 갔을 것이다. 역시 상상이지만 크세노폰은 자기가 잘하는 분야에서 성공해 플라톤을 누르고 싶었을 것이다. 그리고 그 분야는 영웅 밑에서 전공을 세워 현실 정치에서 높은 사람이 되는 것이었다. 그 절호의 기회가 소키루스의 반란 원정이었고, 이어서 거기서 만난 스파르타 왕 아게실라오스의 추종자가 되는 것이었다.

그렇지만 그의 뜻대로 되지 못했다. 소키루스는 형 아르타크세르크세스 2세에게 잡혀 죽었고, 가까스로 살아남아 새로운 주군으로 모셨던 아게실라오스는 크세노폰의 조국이던 아테네와 전쟁을 하게 된다. 이때 크세노폰은 아게실라오스 편에 서서 싸운 이유로 아테네에서 추방당한다.

꼬일 대로 꼬인 그의 인생은 아게실라오스가 마련해 준 스킬루스의 땅과 집에서 조금 풀린 듯하나, 여전히 그는 자신의 인생에 대한 아쉬움을 떨치지 못한 듯하다. 그래서 그는 거기서 많은 작품을 쓴다.

그는 작품을 쓰면서 감정이 복잡했을 것이다. 존경하는 스승이 가라고 했던 원정은 실패로 끝났고, 돌아와 보니 스승은 말도 안 되는 죄목으로 사형을 당했고, 적지 페르시아에서 자신을 돌봐줬던 주군에 대한 충성은 저버릴 수 없었으며, 아들마저 잃었다. 분노와 회한을 다스리며 자신의 과거를 옹호하는 글과 자신을 내쳤던 조국에 도움이 되는 글을 썼다.

그는 내면이 부르는 소리에 충실한 사람이었다. 그의 동기에 야망이 없으리라고 절대 부정하지 못한다. 그는 야망이 넘치는 사람이었고, 그것을 충실히 행동에 옮겼다. 그 행동이 어떤 결과를 낼지, 물론 희망이 컸겠지만 불안 또한 있었을 것이다. 그럼에도 그는 행동했고, 그 행동의 결과를 담담히 받아들였다.

행동하는 사람답게 그의 글은 《키로파에디아》와 《아나바시스》를 제외하고 모두 짧다. 그는 이론이나 사상을 전하려고 글을 쓴 것이 아니라 어떻게 하면 실제적인 결과를 낼 것인가를 중점에 두었다. 그래서 그의 글이 주는 메시지는 실제적이다.

이 책에서 소개하는 8개의 소작품이 주는 메시지도 마찬가지다. 짧게나마 그것을 언급해 보자.

《히에론》은 폭력과 공포로 통치하는 참주의 삶이 어떤 것인지를 시모니데스와의 대화를 통해 보여 줌으로써, 진정한 리더란 어떤 사람이어야 하는지를 알려 준다.

《아게실라오스》는 크세노폰의 주군이었던 아게실라오스 2세를 칭송하는 내용이다. 그는 이 글을 통해 자신의 주군에 대한 악평을 누르려고 부단히 노력한다.

《라케다이몬의 국제》는 리쿠르고스가 만든 스파르타의 체제가 다른 나라와 어떻게 다른지를 설명한다. 스파르타의 교육, 문화, 전술 등을 간략하게 설명한다.

《수단과 방법》은 재정 파탄의 위기에 있는 아테네가 어떻게 하면 그 위기에서 벗어날 수 있는지 대안을 제시한다. 거류 외국인을 융숭하게 대접해 거기서 나오는 세금으로 재원을 확보하고, 은광을 개발해 추가적인 재정 수입을 얻으라는 조언이 흥미롭다.

《기병대 사령관》은 기병의 구성과 전술에 대한 간략한 설명으로써, 꼭 기병이 아닐지라도 소규모 부대의 운용에 관한 유용한 팁을 제공한다.

《기마술》은 말을 어떻게 구매하고 관리할지를 설명한다. 망아지를 훌륭한 전마로 만드는 방법을 설명하는 부분은 사람을 어떻게 교육해야 하는지에 대한 가르침을 얻는 것 같아 매우 흥미롭다.

《사냥술》은 산토끼, 멧돼지, 사슴을 잡는 방법을 설명한다. 그러면서 책 마지막 부분에 엉뚱하게도 소피스트들을 공격함으로써, 사냥이야말로 가정과 국가에 유용한 것이라고 주장한다.

《아테네의 국제》는 아테네 민주정이 왜 나쁜지를 설명한다. 포퓰리즘이라는 용어가 당시에는 없었겠지만, 이 글을 읽다 보면 참여민주주의에 반드시 따라붙게 되는 야단법석과 포퓰리즘이 당시에도 골칫거리였다는 점을 알 수 있다. 칭찬하면서도 비꼬는 저자의 문체가 흥미롭다.

책을 번역하면서 과연 이 번역서가 현대에 어떤 도움이 될까를 많이 고민했다. 아무 도움도 되지 않고 자원만 낭비하는 것이 아닌가 하는 생각도 들었다. 그러나 번역을 끝낸 지금 그런 생각은 들지 않는다. 이 책에 실린 소작품은 정도의 차이가 있을 뿐 인간과 현실 세계에 의미 있는 가르침을 준다고 확신한다.

이 책은 그리스어가 아닌 영어로 된 원서를 번역했다. 번역 원서는 Xenophon. *Xenophon scripta minora,* Vol. 7. Loeb Classical Library 183. Cambridge, Mass.: Harvard University Press, 1925이다.

2016년 4월
역자 이은종

| 색인 |

인·지명

ㄱ
고르기아스　　　　6, 17~18, 37~38, 316

ㄴ
나르타시움　　　　94
나이스　　　　　　245
네스토르　　　　　245~247
뉴세　　　　　　　286
니키아스　　　　　163

ㄷ
다이로코스　　　　57
데메트리오스　　　7~8, 39~40, 317, 319~320, 328
데켈레이아　　　　165
델포이　　　　　　91, 139, 172~173, 316~317
도도나　　　　　　173
디오니소스　　　　12~13, 186, 310
디오메데스　　　　245, 247

ㄹ
라케다이몬　　　　7~8, 18~21, 37, 84, 86, 94, 98~99, 105~106, 109, 111~113, 121,
　라케다이몬인　　125, 140, 143~150, 170~171, 183, 198, 205, 241, 317, 320, 327, 332

레아	245
레오티키다스	84
레욱트라	20, 99, 328
리케이온	185~186
리쿠르고스	16, 18~20, 22, 125~128, 130~131, 134~145, 147~152

ㅁ

마카온	245, 247
만티네이아 만티네이아인	26, 99, 159, 318, 328
메가라	169
메네스테우스	245, 247
메세니아	312
메일라니온	245~246
멜레아그로스	245~246
밀레토스	312

ㅂ

베사	169
보이오티아 보이오티아인	30, 93~94, 98~99, 130, 198, 239, 312, 316

ㅅ

사르디스	90~91, 316
세팔루스	245~246
소아시아	15, 31, 84~86, 91~93, 97
소크라테스	7, 10~13, 15, 17~18, 21~22, 24~27,37~38, 107, 110, 206, 247, 315~316, 319~321, 325~327, 330
소키아스	163
스키리타이 스키리타이인	146, 148

스파르타	8~9, 15~16, 18~19, 20~22, 41~43, 84, 92, 99~102, 113, 125,
스파르타인	127~131, 134~135, 137~139, 142, 146, 183~184, 251, 300, 307,
	312, 317~318, 327, 331~332
시라쿠스	11~12, 38
시스카니아	21
시실리아	38, 305
시투스	286

ㅇ

아기스	84, 105
아나프리스토스	169
아르고스	94~95, 97~99
아르고스인	
아르카디아	99, 159
아르카디아인	
아르키다모스	84
아르테미스	21, 89, 129, 245~246, 258, 266, 293, 317
아리스토데모스	113
아리스토텔레스	8, 14, 27~28, 318
아리스토파네스	302, 308
아뮈클라이	97, 114
아스클레피우스	245~246
아이네아스	245, 248
아카르나니아	98~99
아카르나니아인	
아카이오스	94
아킬레우스	245, 248
아테네	5, 7~8, 10, 15, 18, 22~28, 30, 36~37, 39~44, 92, 94, 134, 155~158,
아테네인	160, 165~169, 171~172, 183, 197, 209, 297~312, 315~320, 322,
	325, 328, 331~333
아틀란타	246, 294
아티카	7, 9~10, 31, 40, 43, 155~157, 307, 320, 325
아폴론	97, 245, 266
안틸로코스	245, 247

알카토오스	246
암피아라오스	245~246
에우불로스	23~25, 321
에페소스	86, 88, 317
에포로스	19, 92, 133, 139, 143, 148, 151~152
엘레우시니온	186, 209
오드뤼사이	229, 316
오드뤼사이인	
오디세우스	245, 247
올림포스	286
율리우스 폴룩스	9, 39~40, 261
이소크라테스	8, 12~14, 16~18, 22, 25, 318, 321
이집트	101, 121, 305

ㅈ

제우스	107, 147, 245~246, 321

ㅋ

카리아	86, 89
카스토르	245, 247
케이론	34, 39, 245~248, 288
케피소스	94
코로네이아	15, 95, 108, 327
코린토스	7, 23, 94, 97~98, 111, 318~319, 321, 328
코린토스인	
콜키스	249
크레타	279
키노스세팔라이	99
키니스카	115
키니코스	8, 37
키레이	94, 326~327
키레이인	
키케로	7~9, 18, 39

키프로스	16, 305

ㅌ

타르젤리아	310
테베	20, 25, 94~99, 169, 171, 197, 246, 317
테베인	
테살리아	12~13, 93, 99
테세우스	39, 245~246
테티스	246
텔라몬	29, 245~246
투키디데스	6, 22, 41~44, 301, 303~307, 310, 320, 326
트로이	246~248
티사페르네스	15, 85~87, 89, 91
티트라우스테스	91, 105

ㅍ

파나테나이아	310
파르나바주스	88, 102~103
파시안	249
팍톨로스	90
판가이오스	286
팔라메데스	17, 39, 245~247
팔레룸	185
페르시아	5, 12, 28, 84~86, 90~94, 101~103, 106, 111~115, 171, 181, 223,
페르시아인	229, 241, 321, 331
페리보이아	246
펠레우스	245~246
펠로폰네소스	43, 97, 304~305, 307, 325
포다레이리우스	245, 247
포키스	94, 99, 172
포키스인	
폰투스	305, 316
폴리데우케스	245, 247

프레이우스　　　98
프로메티아　　　310
프티아　　　　　94
플라톤　　　　　8, 12~14, 17, 22, 37, 320~321, 329~331
피레에프스　　　20, 24, 97~98, 159~160, 302
피티오스　　　　151
핀도스　　　　　286
필레모니데스　　164

ㅎ

헤라클레스　　　83, 113, 142, 246
헤르메스　　　　186
헤시오네　　　　246
헤파에스티아　　310
헬레스폰트　　　86, 93, 95
　헬레스폰트인
헬리콘　　　　　95~96
히아킨토스　　　97, 114
히포드롬　　　　185, 187
히폴리투스　　　245~246

크세노폰 소작품집

초판1쇄 발행 | 2016년 4월 1일

지은이 | 크세노폰
옮긴이 | 이은종

발행처 | 주영사
발행인 | 이은종
등록번호 | 제379-3530000251002006000005호
등록일 | 2006년 7월 4일(최초 등록일 2006년 3월 7일)
주 소 | 경기도 성남시 수정구 산성대로 437번길 7, 112동 103호
전 화 | 031-626-3466
팩 스 | 0505-300-2087
홈페이지 | http://juyoungsa.net
이메일 | juyoungsa@gmail.com

ISBN 978-89-94508-22-1 03920

* 잘못된 책은 바꾸어 드립니다.
* 책값은 표지에 있습니다.

국립중앙도서관 출판예정도서목록(CIP)

크세노폰 소작품집 / 지은이: 크세노폰 ; 옮긴이: 이은종. -
- 성남 : 주영사, 2016
    p. ;   cm

원저자명: Xenophon
권말부록: 크세노폰의 생애
"크세노폰 연보 "와 색인수록
영어로 번역된 그리스어 원작을 한국어로 중역
ISBN 978-89-94508-22-1 03920 : ₩19500

그리스사[--史]

921-KDC6
938-DDC23   CIP2016005185